Alen Bosankic

Transnationale Unternehmen als Friedensstifter:
Eine Analyse zur
Coporate Security Responsibility

Alen Bosankic

TRANSNATIONALE UNTERNEHMEN ALS FRIEDENSSTIFTER:
EINE ANALYSE ZUR
COPORATE SECURITY RESPONSIBILITY

ibidem-Verlag
Stuttgart

Bibliografische Information der Deutschen Nationalbibliothek
Die Deutsche Nationalbibliothek verzeichnet diese Publikation in der Deutschen Nationalbibliografie; detaillierte bibliografische Daten sind im Internet über http://dnb.d-nb.de abrufbar.

Bibliographic information published by the Deutsche Nationalbibliothek
Die Deutsche Nationalbibliothek lists this publication in the Deutsche Nationalbibliografie; detailed bibliographic data are available in the Internet at http://dnb.d-nb.de.

Coverabbildung: © Katharina Wieland / pixelio.de

∞

Gedruckt auf alterungsbeständigem, säurefreien Papier
Printed on acid-free paper

ISBN-13: 978-3-8382-0650-9

© *ibidem*-Verlag
Stuttgart 2014

Alle Rechte vorbehalten

Printed in Germany

Inhaltsverzeichnis

Vorwort

Transnationale Unternehmen sind aus unserem globalisierten Alltag nicht mehr wegzudenken. Beeindruckt von ihrer Größe, ihrer gesellschaftlichen, politischen und wirtschaftlichen Wirkung und gleichzeitig, als Student der Internationalen Beziehungen, an den neuen Formen des Regierens etwa unter Einbezug solcher privater Akteure, mit und jenseits des Staates, interessiert, habe ich 2012 den Entschluss gefasst, mich empirisch eingehender mit diesen Themen in meiner Abschlussarbeit zu befassen.

Da ich innerhalb der wissenschaftlichen Debatte, (un)glücklicherweise, nicht der einzige mit diesem Interesse war und es im Rahmen der Qualifikationsarbeit galt, eine wenn auch nur kleine Forschungslücke zu identifizieren, durchforstete ich den politikwissenschaftlichen Diskurs nach einem vermeintlichen Mehrwert, den meine Abschlussarbeit liefern sollte.

Das Resultat war die Identifikation eines neuartigen Konzeptes in den Internationalen Beziehungen bzw. der Friedens- und Konfliktforschung, nämlich die Corporate Security Responsibility – *CSecR*, zu welcher es bislang nur eine umfassende empirische Studie gab. Daraus ergab sich sodann der Mehrwert meiner Arbeit: einerseits eine weitere empirische Studie mit alternativen Fällen zu diesem Konzept und somit dessen Plausibilitätsprüfung, andererseits, und hierin liegt der innovative Moment im Besonderen, eine alternative empirisch-methodische Herangehensweise.

Mit diesem identifizierten Mehrwert machte ich mich an die Erstellung meiner Abschlussarbeit, die jegliche vorab angestellten arbeits- und zeitökonomischen Überlegungen über Bord warf. Nicht zuletzt dadurch war sie sowohl eine große Herausforderung als auch persönlich bereichernde Erfahrung. Den zahlreichen Menschen, die mich in vielfältiger Art und Weise dabei unterstützt haben sowie den Weggefährten, die mich während dieser Zeit begleitet und mir Rückhalt gegeben haben, möchte ich an dieser Stelle ganz herzlich danken.

Mein Dank gilt zunächst meiner Betreuerin und Erstgutachterin, Frau Professor Dr. Tanja Brühl, für ihr Engagement und ihre fachliche Unterstützung. Durch ihre jederzeitige Diskussionsbereitschaft hat sie entscheidend zum

Gelingen meiner Arbeit beigetragen. Mein besonderer Dank gilt meiner Familie und meinen Freunden, die mich in all meinen Entscheidungen unterstützt, immer wieder ermutigt und mit zahlreichen Tipps einen wesentlichen Teil zum Gelingen dieser Arbeit beigetragen haben. Ohne sie wäre diese Arbeit nicht zustande gekommen und hätte sicherlich nicht die Preisauszeichnung als beste Abschlussarbeit des Wintersemesters 2012 / 2013 erhalten.

Diese Auszeichnung, welche durch eine Jury von fünf Professoren unterschiedlicher Fachrichtungen vergeben wurde, ist m.E. zumindest ein kleiner Indikator für eine gelungene Arbeit, sodass ich mich dazu entschlossen habe, das darin enthalten Wissen in einem Verlag zu publizieren und weiter zu verbreiten. Das Resultat halten Sie nun in Ihren Händen.

Vorliegendes Werk richtet sich nicht nur an StudentInnen der Internationalen Beziehungen oder gar Sozial- / PolitikwissenschaftlerInnen, sondern vor allem an Interessierte und PraktikerInnen, da Vorkenntnisse über die jeweiligen politikwissenschaftlichen Konzepte oder Methoden nicht vorausgesetzt werden. In diesem Sinne hoffe ich auf rege Verbreitung und wünsche, neben der notwendigen Ausdauer, zahlreiche freudige „Aha"-Erlebnisse.

Alen Bosankic

Frankfurt am Main, April 2014

Anmerkung zur Ausgabe als Buch

Den Gütekriterien wissenschaftlicher Praxis entsprechend, werden selbstverständlich auch alle in vorliegender Arbeit verwendeten Primär- und Sekundärdaten der empirischen Analyse belegt. Dafür wurde zunächst die Darstellung im sog. Annex der Arbeit beabsichtigt, die jedoch aufgrund des wider Erwarten großen Umfangs sowie der Komplexität des zur Analyse verwendeten Datensatzes aus arbeitsökonomischen Gründen verworfen werden musste.[1] Dies vorausgeschickt, finden sich im Anhang an das Literaturverzeichnis lediglich diejenigen Daten in gedruckter Form, die für das unmittelbare Verständnis der Arbeit unabdingbar sind. Alle weiteren Daten(sätze) können vollständig im Internet unter der eigens dafür eingerichteten Seiten heruntergeladen werden:

http://csecr.bplaced.net/

Zur Unterscheidung der jeweiligen Annex-Variante wird im Fließtext die gedruckte Form mit römischer Nummerierung (Annex III: im Anhang) und die internetbasierte Form mit arabischer Nummerierung (Annex 3: im Internet) angegeben.

Last but not least: Niemand ist perfekt und so kann auch der Autor nicht ausschließen, dass sich auf den über 250 Seiten der ein oder andere Fehler eingeschlichen hat oder etwas außer Acht gelassen wurde. Ob Sie das „Haar in der Suppe" gefunden haben sollten oder eine sachlich fundierte Kritik äußern wollen, über jegliches *Feedback* freue ich mich unter: csecr@freenet.de.

---

[1] Der zugrundeliegende Datensatz forderte die zeitgemäße und durchaus leistungsstarke EDV bereits während der Analyse erheblich heraus, was sich hauptsächlich in langen Wartezeiten bei den Kalkulationen, der Ausgabe der Lösungen und dem Laden der sog. „Tosmana Reports" niederschlug. Zumindest Letzteres wird sicherlich jede Leserin und jeder Leser bei Verwendung der von der Internetseite herunterladbaren Inhalte selbst erfahren. Dazu sowie zu eigenen Kontrollberechnungen mit vorliegendem Datensatz wird explizit eingeladen!

Ordner	Dokument	Inhalt
Analyse	-	(Roh)Daten der Tosmana-Analyse und -Berechnungen
Annex	Annex 1	UNCTAD: TOP 100 non-financial TNCs
	Annex 2	TOP 100 non-financial TNCs (sortiert nach Branche)
	Annex 3	Operationsländer aus Annex 2
	Annex 4	Alle UCDP Konflikte von 2001-2011
	Annex 5	Beendete UCDP Konflikte in 2001-2011
	Annex 6	Aktive UCPD Konflikte von 2001-2011
	Annex 7	Intensitätsbetrachtung der aktiven UCPD Konflikte 2001-2011
	Annex 8	Durch Friedensvertrag beendete UCPD Konflikte 2001-2011
	Annex 9	Operationsländer der Unternehmen (*Post-Konflikt-Phase*)
	Annex 10	Operationsländer der Unternehmen (*Pre-Konflikt-Phase*)
	Annex 11	Operationsländer der Unternehmen (*In-Konflikt-Phase*)
	Annex 12	Fallauswahl: Zahl der Länder in jeweiligen Konfliktphasen
	Annex 13	Allgemeine Variablenkodierung für mvQCA-Analyse
	Annex 14	Aufbereitetes Ergebnis Minimierungskalkualtion 1
	Annex 15	Tosmana-Report: Minimierungskalkulation 1 ohne R
	Annex 16	Tosmana-Report: Minimierungskalkulation 1 mit R
	Annex 17	Tosmana-Report: Minimierungskalkulation 2 ohne R
	Annex 18	Tosmana-Report: Minimierungskalkulation 2 mit R
	Annex 19	Tosmana-Report: Minimierungskalkulation 3 ohne R
	Annex 20	Tosmana-Report: Minimierungskalkulation 3 mit R
	Annex 21	Tosmana-Report: Zusätzliche Minimierungskalkulation Wert 1
	Annex 22	Tosmana-Report: Zusätzliche Minimierungskalkulation Wert 0
	Annex 23	Aufbereitetes Ergebnis: Zusätzliche Minimierungskalkulation Wert 1
	Annex 24	Aufbereitetes Ergebnis: Zusätzliche Minimierungskalkulation Wert 0
	Annex 25	Wahrheitstafel *CSecR* dichotom
	Annex 26	Failed State Index Data 2011
	Annex 27	Anzahl der Teilnehmer (auf dem Markt / HHI)
	Annex 28	Indikator: Konfliktgegenstand (Weltbank-Datenbank)
Format	-	(Roh)Daten der Aufbereitungen für den Fließtext
TNC	-	Rohdaten der TNC-Erhebung (*CSecR*)

„The United Nations once dealt with Governments. By now we know that peace and prosperity cannot be achieved without partnerships involving Governments, international organizations, the business community and civil society. In today's world, we depend on each other."

Kofi Annan, 31.12.1998

Abkürzungsverzeichnis

AV	Abhängige Variable
ABB	TNC: Asea Brown Boveri
BASF	TNC: (ehemals) Badische Anilin- und Soda-Fabrik
Bspw.	Beispielsweise
CC	Corporate Citizenship
CSecR	Corporate Security Responsibility
CSR	Corporate Social Responsibility
D.h.	Das heißt
EADS	TNC: European Aeronautic Defence and Space Company
EDV	Elektronische Datenverarbeitung
G8	Gruppe der Acht (größten Industrienationen)
GC	Global Compact
GDF	Global Development Finance
GE	TNC: General Electric
GRI	Global Reporting Initiative
GSI	Geographical Spread Index
H	Hypothese
HHI	Herfindahl-Hirschmann-Index
IB	Internationale Beziehungen
ID	Identification Number
IGO	Intergovernmental Organization
ILO	International Labour Organization
INUS	Insufficient Necessary Unnecessary Sufficient
(mv)QCA	Multi Value Qualitative Comparative Analysis
NGO	Non-Governmental Organization
NN	Normalnull
O.Ä.	Oder Ähnliche(n / m / r / s)
OECD	Organization for Economic Co-operation and Development
OSIWA	Open Society for West Africa
PMC	Private Military Companies / Private Military Contractors
PPP	Public Private Partnership
PRIO	Peace Research Institute Oslo
QCA	Qualitative Comparative Analysis
Sog.	Sogenannte(n / m / r / s)
TNC	Transnational Corporation

U.a.	Unter anderem
UCDP	Uppsala Conflict Data Program
UF	Unterfrage
UN	United Nations
UNCTAD	United Nations Conference on Trade and Development
UV	Unabhängige Variable
WANGO	World Association of Non-Governmental Organizations
WDI	World Development Indicators
WPP	TNC: (ehemals) Wire and Plastic Products plc

Abbildungsverzeichnis

1 Einleitung

1.1 Thema

Seit dem Ende des Ost-West-Konflikts bestimmt das Phänomen „Globalisierung" unbestritten das Weltgeschehen. Einerseits profitiert die Weltbevölkerung dabei von bisher nicht gekannten Entwicklungschancen und rapidem Fortschritt, andererseits sieht sie sich Veränderungen gegenüber, die eine große Herausforderung für effizientes und effektives Regieren in der Welt darstellen und der Regulierung bedürfen.

Diese bisher nicht gekannten Entwicklungschancen sind, unter anderem, der Liberalisierung der Märkte sowie der Öffnung nationaler Ökonomien geschuldet, die zunehmend auch Transnationale Unternehmen (TNCs) hervorgebracht haben.[2] Letztere stellen *per se* zwar kein neues Phänomen unserer Zeit dar, allerdings hat ihre Präsenz und Bedeutung im Zuge des Globalisierungsprozesses stark zugenommen.[3] Laut der „United Nations Conference on Trade and Development" (UNCTAD) gab es 2010 insgesamt 103.788 TNCs mit 882.114 ausländischen Unternehmensteilen bzw. –einheiten, die mehr als 70 Millionen Menschen beschäftigten und gemeinsam rund 16 Billionen Dollar Umsatz erwirtschafteten, was rund 25 % des Weltsozialprodukts in 2010 glich.[4] So positiv es zunächst klingen mag, dass TNCs im Lichte dessen ihre Profite über nationalstaatliche Grenzen hinweg maximieren, so ist diese Entwicklung gleichzeitig zu problematisieren.

---

[2] Vgl. Chandler und Mazlish 2005; May 2006. Transnationalen Unternehmen sind unterschiedlich definiert. Welche Definition in vorliegender Arbeit Verwendung findet, wird im Weiteren noch deutlich dargelegt. Zunächst sei jedoch darauf hingewiesen, dass der Begriff fortan mit der angelsächsischen Abkürzung für Transnationale Unternehmen („Transnational Corporations" (TNCs)) notiert wird, da diese sowohl in der internationalen als auch deutschen Fachliteratur geläufiger ist.

[3] Vgl. Dörrenbächer und Plehwe 2000. Transnationale Unternehmen sind kein modernes Phänomen oder etwa ein „Globalisierungsprodukt". Die ersten Formen solcher Unternehmen wurden bereits Ende des 18. Jahrhunderts gegründet und für die expansive Politik der Kolonialmächte instrumentalisiert (in diesem Sinne seien auch die Hanse, die Fugger, die Welser und die Medici genannt). Ein guter geschichtlicher Überblick ist zu finden bei Chandler und Mazlish 2005.

[4] Vgl. Annex table 34: Number of parent corporations and foreign affiliates, by region and economy, latest available year, 28/07/11 in United Nations Conference on Trade and Development 2010c.

Fragt man etwa danach, wie und wo die Güter produziert werden, die nahezu überall auf der Welt gekauft werden können, unter welchen Arbeitsbedingungen die Mitarbeiter beschäftigt werden, die diese Produkte fertigen bzw. woher und zu welchen Konditionen die entsprechenden Rohstoffe bezogen werden, offenbart sich die andere Seite der Medaille „Globalisierung". Nämlich jene, die Externalitäten bzw. negative Effekte und soziale Kosten schafft und die die internationale Politik vor immense Herausforderungen stellt.

Vor diesem Hintergrund sind TNCs längst integraler Bestandteil der politikwissenschaftlichen Forschungsagenda im Allgemeinen und der *Global Governance*-Debatte im Besonderen, innerhalb welcher vornehmlich der negative Charakter des Geschäftsgebarens von TNCs sowie deren rasche und effektiven Regulierung thematisiert wurden.

In diesem Sinne und Dank einer zunehmend kritischen Zivilbevölkerung, die vermehrt nach der Verantwortung wirtschaftlicher Tätigkeit fragte, haben sich Unternehmen, insbesondere TNCs, seit rund zwei Dekaden zur Übernahme gesellschaftlicher Verantwortung unter dem *Label* der *Corporate Social Responsibility* (*CSR*) entschieden.[5] Aus dieser Wendung zum verantwortungsvollen Wirtschaften ergaben sich neue Steuerungsmechanismen für die Politik, etwa in Form von *Public Private Partnerships* (*PPP*), Netzwerk- und *Multi-Stakeholder*-Ansätzen, die sich trotz kontroverser Diskussion in der Bewältigung von diversen Globalisierungsprozessen fest verankert und für effizientes bzw. effektives Regieren in der Politik bewährt haben.[6] Mittlerweile stellen TNCs nicht mehr nur Regulationsadressaten dar, sondern gelten als Partner im Setzen von Standards, in der Implementierung von Regulierungen sowie in der Bereitstellung von öffentlichen Gütern, wobei letztere bislang vornehmlich auf sog. *low politics* wie Sozial-, Gesundheits- und Umweltpolitik fokussierte.[7]

---

[5] Vgl. Conzelmann und Wolf 2007, 2008. Für einen aktuellen und umfassenden Überblick zum Konzept der *CSR* sowie der wissenschaftlichen *CSR*-Debatte vgl. bspw. Mühle 2010; Crane 2008; Visser et al. 2008.

[6] Vgl. Wolf 2005, S. 52. Eingehend untersucht hat dies u.a. Tanja Brühl, vgl. hierzu bspw. Brühl 2001, 2004; Brühl und Liese 2004.

[7] Vgl. Wolf 2005; Schuppert 2006a; Hasenclever und Rittberger 2007; Deitelhoff und Wolf 2010a.

Parallel zu dem beschriebenen ökonomischen Globalisierungsprozess sowie der nationalstaatlichen Einladung nicht-staatlicher Akteure zum partnerschaftlichen Regieren jenseits des Staates, hat sich das internationale Konfliktgeschehen grundlegend verändert. Heute dominieren nicht mehr zwischenstaatliche Konflikte das Weltgeschehen, sondern vielmehr innerstaatliche und „transnationale".[8] Diese machen mehr als zwei Drittel aller Gewaltkonflikte aus, finden meist in Entwicklungs- bzw. Transitionsstaaten statt und verlaufen oftmals nicht linear, sondern zyklisch.[9] Definiert als „neue Kriege" stellen diese Konfliktbeziehungen zwar vornehmlich eine Herausforderung für die internationale Staatengemeinschaft in der Kriegs- und Konfliktprävention dar, tangieren aber unmittelbar auch TNCs, die als globale Akteure unter anderem in konfliktgeschüttelten Regionen operieren.[10]

Diese Tatsache rückte TNCs in den letzten Jahren zunehmend auch in den Fokus der Friedens- und Konfliktforschung.[11] Denn genauso wie deren Operationen in Friedenszeiten eine ambivalente Wirkung auf die ökonomische, politische und soziale Situation jener Regionen zu entfalten vermögen, in denen sie operieren, gilt dies in Konfliktzeiten.[12] Im wissenschaftlichen Diskurs haben sich dabei zwei Erkenntnisse etabliert: Einerseits können TNCs eine befriedende Wirkung auf den Konflikt(gegenstand) entfalten, indem sie bspw. eine Unternehmensstrategie annehmen, welche vom bereits erwähnten „good citizen"- bzw. *CSR*-Grundsatz geleitet ist;[13] andererseits können

---

[8]   Vgl. Weller 2006; Geis 2006.

[9]   Vgl. Weller 2006; Geis 2006.

[10] Vgl. zu „neuen Kriegen" Geis 2006. Eine gute Übersicht der Entwicklung von Kriegen bzw. der Kriegsführung findet sich bspw. auch bei Kaldor 1999. Dort wird auch der Topos „neue Kriege" explizit aufgegriffen.

[11] Vgl. bspw. Frynas 1998; Pegg 1999; Cilliers und Mason 1999; Nelson 2000; Sherman 2001; Orts 2001; Cilliers 2001; Guáqueta 2002; Ross 2003; Ballentine 2003; Bouillon 2004; Ballentine 2004; Carius et al. 2005; Banfield 2005; Banfield et al. 2005; Shankleman 2006; Böge 2006; Suder op. 2008; Omeje 2008; Haufler 2008.

[12] Berdal und Mousavizadeh 2010, S. 37f.

[13] Vgl. bspw. die Arbeiten von Nelson 2000; Gerson 2001; Fort und Schipani 2001; Organisation for Economic Co-operation and Development 2002; Bennett 2002; Wenger und Möckli 2003; Goulbourne 2003; Fort und Schipani 2003b, 2003a; Collaborative Learning Projects (CDA) 2003; Rieth und Zimmer 2004; Rettberg 2004; Ite 2004; Lungu und Mulenga 2005; Killick et al. 2005; Barbara 2006; Banfield et al. 2006; Scherer und Palazzo 2007; Joras 2007; Fort 2007; Eweje 2007; Ballentine 2007; Amao 2008; Iff 2010; Deitelhoff und Wolf 2010b; Deitelhoff und Wolf 2011.

sie, und dies ist leider der dominantere Befund empirischer Forschung, zur Verschärfung der Situation beitragen und Konflikte schüren, indem sie bspw. Konfliktparteien finanzieren („Beschwichtigungspolitik"), mit konfliktrelevanten Gütern handeln („Blutdiamanten") bzw. proaktiv in der Kriegsökonomie tätig sind („Rohstoffindustrie").[14]

Von einer pragmatisch-rationalen Perspektive aus wäre zu erwarten, dass eine verantwortungsvolle Unternehmensführung, unter Berücksichtigung des Kosten-Nutzen-Kalküls, dem Risiko eines Totalverlustes des Investments Tribut zollt und sich ohnehin für den Produktions- bzw. Marktaustritt aus dieser konfliktgeschüttelten Region entscheidet. Die Realität folgt diesem Muster jedoch nicht allzu stringent.[15]

In diesem Sinne und um Herr etwaiger negativer Auswirkungen von Unternehmensoperationen in Konfliktregionen zu werden, hat sowohl die internationale Staatengemeinschaft als auch die kritische Zivilgesellschaft den politischen Druck, insbesondere auf TNCs erhöht, damit diese in Konfliktgebieten, in denen sie geschäftstätig sind, verantwortungsvoll wirtschaften, konfliktsensitive Geschäftsstrategien annehmen und idealerweise einen Beitrag zu Konfliktprävention, Friedenssicherung bzw. Friedenskonsolidierung leisten.[16]

Diesem realpolitischen Impuls ist auch die wissenschaftlichen Debatte gefolgt und geht seit ca. einer Dekade der Frage nach, ob privatwirtschaftliche

---

[14]   Vgl. Deitelhoff und Wolf 2010a, S. 7, 2011, S. 168f. Zur Rolle des Privatsektors im Kontext der Friedens- und Konfliktforschung besteht eine kontroverse Debatte in Wissenschaft und Öffentlichkeit. Hierzu wurde ein breites Spektrum an Arbeiten publiziert, wobei die Diskussion hauptsächlich von Publikationen dominiert wird, die dem Privatsektor einen negativen Einfluss auf den Konflikt(gegenstand) attestieren; vgl. bspw. Frynas 1998; Pegg 1999; Manby et al. 1999; Cilliers und Mason 1999; Jean und Rufin 1999; Berdal und Malone 2000; Nelson 2000; Sherman 2001; Orts 2001; Ikelegbe 2001; Cilliers 2001; Swanson 2002; Guáqueta 2002; Campbell 2002; Ross 2003; Ballentine 2003; Ganser 2004; Miguel et al. 2004; Christian Aid 2004; Ballentine 2004; Banfield et al. 2005; Ballentine und Nitzschke 2005; Shankleman 2006; Böge 2006; Suder op. 2008; Omeje 2008; Kaleck und Saage-Maaß 2008; Haufler 2008; Ganser 2009.

[15]   Vgl. bspw. Rieth und Zimmer 2004, S. 2 ff.

[16]   Vgl. Rieth 2009, S. 18; Deitelhoff und Wolf 2011, S. 168.

Akteure bzw. TNCs, analog zu ihrer bisherigen *CSR*-geleiteten „good citizen"-Haltung im Bereich der *low politics*, nun auch für „delikatere" Politikbereiche einen *Governance*-Beitrag leisten können bzw. ob sie, insbesondere in Konfliktgebieten, öffentliche Güter bereitzustellen (ver)mögen, die vornehmlich mit Konfliktprävention, Friedenssicherung bzw. Friedenskonsolidierung assoziiert sind (etwa Sicherheit),[17] gleich wenn sie, trotz prekärer Staatlichkeit bzw. Sicherheitslage, einen *Exit* vermeiden und weiterhin dort operieren.[18]

Doch wo liegt die Grenze der Verantwortung privatwirtschaftlicher Akteure in Bereichen, die bislang als staatliches Monopol und exklusive Staatskompetenz galten und wo beginnt die Verantwortung der Nationalstaaten? Können TNCs mit ihrer neu gewonnenen und offenbar stetig zunehmenden Bedeutung eine bislang hoheitliche Staatsaufgabe erfüllen und Gemeingüter bereitstellen, die Frieden bringen? Können sie diejenige Lücke schließen, die in den *high politics* verortet, staatliche bzw. öffentliche Institutionen nicht zu schließen (ver)mögen und somit entscheidend positiven Einfluss auf das Konfliktpotenzial nehmen? Gesetzt den Fall, dass sie diesen Beitrag zu leisten im Stande sind, unter welchen Voraussetzungen ist dieser zu erwarten? Reichen auch in „delikaten" Politikbereichen die Stichworte „Vermeidung von Reputationsschaden" und *Shareholder Value* als Anreize aus, um privatwirtschaftliche Akteure bzw. TNCs, analog der bisherigen *CSR*, zu konfliktsensiblen Geschäftsstrategien zu bewegen?[19]

Dass privatwirtschaftliche Akteure Sicherheit bereitstellen können, zeigen die mehr als 100.000 Angestellten privater Militär- und Sicherheitsunternehmen (PMCs).[20] Diese sind allerdings nicht Gegenstand des Interesses und eher im Diskurs der Privatisierung bzw. dem *Outsourcen* von Kriegsführung

---

17 Vgl. Wolf et al. 2007, S. 300; Krahmann 2003, S. 8–14. Je nachdem wie Sicherheit konzeptualisiert wird, welche Perspektive eingenommen wird bzw. um welchen Diskurs es sich handelt, ist es nicht *per se* ein öffentliches Gut.

18 Vgl. Wenger und Möckli 2003, S. 5. Siehe hierzu insbesondere die Initiative im Rahmen des GCs „Business and Peace": http://www.unglobalcompact.org/issues/conflict_prevention/index.html, abgerufen am 17.04.2011.

19 Vgl. für den Aspekt der Anreize für Unternehmen im Sinne von Unternehmenskommunikation bspw. Buß 2007.

20 Vgl. Deitelhoff 2009; Deitelhoff und Wolf 2010a. Diese Art von Unternehmen umfasst in der Politologie und interdisziplinär mittlerweile einen eigenen Forschungsbereich

und der damit „mandatierten" Bereitstellung von Sicherheit zu verorten.
Vielmehr besteht ein großes Interesse an dem etwaigen Bereitstellen des öffentlichen Gutes „Sicherheit" in Konfliktgebieten im Vordergrund, das nicht
„mandatiert" ist, sondern im Sinne einer *CSR*-Initiative (eines auf Selbstregulierung und Selbstorganisation basierenden und nicht „mandatierten" Engagements von privatwirtschaftlichen Unternehmen zu Sicherheit bzw. Frieden und somit in Form eines *Governance*-Beitrags) erbracht wird.

1.2 Fragestellung

Die Erforschung eines solchen Beitrags ist das Thema vorliegender Arbeit.
Vordergründig interessieren die Bedingungen und Umstände, unter denen
ein Engagement zu erwarten ist bzw. beobachtet werden kann. Dabei soll
geklärt werden, welche Bedingungen und Umstände für einen friedensstiftenden Beitrag von Unternehmen, genauer gesagt von TNCs, relevant sind.
Können bestimmte Bedingungen bzw. Charakteristika ausgemacht werden,
die dafür ausschlaggebend sind? Die konkret interessierende Fragestellung
dazu lautet:

**Besteht ein Zusammenhang zwischen bestimmten Bedingungen
bzw. spezifischen Charakteristika und einem Beitrag von TNCs zu
Frieden und Sicherheit in Konfliktregionen?**

bzw.

**Besteht ein Zusammenhang zwischen Akteurs-, Produkt(ions)-, Um-
gebungs- bzw. Konflikt-Charakteristika und der Corporate Security
Responsibility (*CSecR*)?**

Bevor nun genauer auf die Fragestellung und ihre zugrundeliegenden Konzepte eingegangen wird und der Gang der Untersuchung aber auch ihre genauen Ziele formuliert werden, soll zunächst die Verbindung zwischen privatwirtschaftlichen Akteuren und Friedensstiftung plausibilisiert sowie zum
besseren Verständnis, die Einbettung des Untersuchungsgegenstand in die

---

und sind prominenter unter dem Konzept *Private Military Companies* (PMCs) erforscht. Ein guter und aktueller Überblick ist bei Krahmann 2010 zu finden.

wissenschaftliche Debatte, anhand einer kurzen Skizzierung des For-
schungsstandes, dargestellt werden: Ist ein unternehmerischer Beitrag zu
Frieden und Sicherheit in Konfliktgebieten überhaupt rätselhaft bzw. besteht
überhaupt ein *Puzzle* oder handelt es sich bei dem Thema und der interessierenden Fragestellung lediglich um akademische Konstrukte, die fernab der
Realität existieren?

1.3 Die Wahrnehmung von privatwirtschaftlichen Akteuren in den Internationalen Beziehungen (IB):[21] von den *bad guys* zu den *good guys*

Analysierte die Teildisziplin der IB in den 1970er Jahren Unternehmen vorrangig als strukturelles Element des (internationalen) politischen Systems,
das kritisch beäugt und bis in die 1980er Jahre dämonisiert wurde, wandte
sie sich in den 1990er Jahren vom kategorischen Feindbild ab und deutete
Unternehmen sukzessive als eigenständige Akteure. Dies war nicht zuletzt
der Überwindung des Staatszentrismus bzw. dem Wandel von Staatlichkeit
und dem *Shift* von *Governance* auf die globale Ebene geschuldet.[22] Das Zeitalter von *Global Governance* keimte auf und manifestierte sich vornehmlich in
wachsender Zahl und zunehmender Wichtigkeit von Akteuren, die nicht
mehr an nationalstaatliche Grenzen gebunden waren; ein Zeitalter internationaler Akteure, etwa internationaler zwischenstaatlicher Organisationen,
Nicht-Regierungsorganisationen (NGOs), TNCs, etc. brach an. Mit den ver-
mehrten *PPP-* und *Multi-Stakeholder*-Aktivitäten der 1990er Jahre, etablierten
sich TNCs in der Forschung schließlich als politikmächtige bzw. politisch
einflussübende Akteure.[23] Sodann wurde das Leistungspotential von privatwirtschaftlichen Akteuren in jenen Kooperationsformen mit sowohl staatlichen als auch nichtstaatlichen Akteuren untersucht; damit sollte zugleich ab-
gesteckt werden, inwiefern Unternehmen einen ordnungspolitischen Beitrag
im Nationalstaat bzw. auch jenseits dessen im *Global Governance*-Rahmen
leisten können.[24] Dies war vor allem der Tatsache geschuldet, dass die Glo-
balisierungsprozesse eine immer signifikantere Herausforderung für die

---

[21] Mit Internationale Beziehungen (IB) in Großschrift ist in vorliegender Arbeit die po-
litikwissenschaftliche Teildisziplin gemeint, hingegen bezeichnet die Kleinschrift das
realpolitische Konzept (etwa „Weltpolitik").

[22] Vgl. für einen guten Überblick Risse-Kappen 2003, S. 256 ff.

[23] Vgl. etwa May 2006; Fuchs 2005; Dörrenbächer und Plehwe 2000.

[24] Vgl. Brühl 2001, 2004; Brühl und Liese 2004; Brinkmann 2004; Wolf 2005; Rieth und
Zimmer 2007; Hasenclever und Rittberger 2007; Wolf 2008.

Steuerungskapazitäten von Nationalstaaten darstellten und sich Ordnungs-, Regulierungs- und Steuerungsprobleme längst über nationalstaatliche Grenzen hinweggesetzt haben.[25] Folglich erkannte man „[...] im Zeichen von globalisierungsbedingtem Staatsversagen, von Phänomenen der Unregierbarkeit und der Selbstüberforderung des Staates [...]"[26] verstärkt den Bedarf, von diesen Partnerschaften Gebrauch zu machen und das Steuerungs- und Regulierungspotential privatwirtschaftlicher Akteure zu nutzen. Dabei beschränkten sich die Lösungen vornehmlich auf die Durchsetzung allgemeingültiger (Branchen-)Standards bzw. Streitschlichtungen und weiteten sich allmählich zur Bereitstellung von Gemeingütern aus.[27] Dieses neue Engagement von privatwirtschaftlichen Akteuren, Gemeingüter im umwelt- bzw. sozialpolitischen Bereich bereitzustellen, ist Abbild einer veränderten sozialen Wirklichkeit, in der TNCs zunehmend an politischen Prozessen teilhaben und ihnen bei der Gestaltung und Steuerung sozialer Gemeinschaften eine entscheidende Rolle zukommt.[28] Die Wissenschaft reflektiert dies innerhalb des Diskurses *„Private Authority"* bzw. *„Transnational Private Governance"* und hat die Ordnungs- und Steuerungsleistung von privatwirtschaftlichen Akteuren im Rahmen von Selbstregulierung und Selbstorganisation als Alternative bzw. Komplement zu rein staatlicher Autorität sondiert.[29] Die Bereitstellung von Gemeingütern ist längst eine Aufgabe, die sich Staat und privatwirtschaftliche Akteure teilen, was vielfach u.a. als Reaktion auf die wachsende Kritik und den zunehmenden Anspruch für unternehmerische Verantwortung seitens der Zivilgesellschaft als auch kritischer NGOs gedeutet wird.[30] Damit ist der Staat nicht mehr allein in der Bereitstellung von öffentlichen Gütern, sondern fungiert als „Manager" von Interdependenzen; zugleich sind TNCs als „governance actors" für die (ökonomische) Globalisierung aus ihrer öffentlichen Rolle nicht mehr wegzudenken und können sich ihrer „public responsibility" nicht mehr entziehen.[31] Diese gesellschaftliche Verantwortung, ihre Beschaffenheit, ihre Anwendung und ihre Grenze,

---

25 Vgl. Zürn 2003[Leibfried und Zürn 2005; Wolf 2005[Genschel und Zangl 2007, 2008.
26 Wolf 2005, S. 52.
27 Vgl. bspw. Haufler 1993, 2001.
28 Vgl. Schuppert 2006b, S. 214.
29 Vgl. bspw. Haufler 1993; Cutler 1999; Haufler 2001; Hall und Biersteker 2002; Wolf 2005; Conzelmann und Wolf 2007, 2008; Graz und Nölke 2008.
30 Vgl. Wolf 2005; Conzelmann und Wolf 2007, 2008.
31 Vgl. Schuppert 2006a, S. 214.

wird seit gut einer Dekade interdisziplinär, vorrangig angelsächsisch geprägt, unter dem Konzept *CSR* bzw. *Corporate Citizenship* (CC) in der Wissenschaft diskutiert.[32] Dabei beschränkt sich die akademische Diskussion allerdings auf den Bereich der *low politics* und hält mit der Realpolitik leider noch nicht gänzlich Schritt, die sich diesbezüglich längst darüber hinaus entwickelt hat und in wesentliche „delikatere" Politikbereiche vorgedrungen ist. Dazu zählen Konflikte im Allgemeinen und Konfliktprävention, Friedenssicherung und Friedenskonsolidierung im Besonderen.

1.4 Friedensförderung durch TNCs bzw. „A Public Role for the Private Sector"[33]

Realpolitisch hat sich die Ausweitung von Unternehmensverantwortung im Sinne von *CSR* bzw. *CC* über die Bereiche von Sozial- und Ökologiestandards hinaus spätestens mit dem ersten „Policy Dialogue" im Rahmen des „Global Compact" (GC) der Vereinten Nationen (UN)[34] im März 2001 manifestiert. Unter dem Titel „The Role of the Private Sector in Zones of Conflict" besiegelte dieser die *liasion* zwischen öffentlichem und privatem Sektor letztlich auch auf dem Gebiet der *high politics*; in den Fokus der *Multi-Stakeholder*-Partnerschaft mit privatwirtschaftlichen Akteuren sollte zunehmend Sicherheit bzw. Friedensstiftung rücken.[35] Selbst der Sicherheitsrat der UN entdeckte daraufhin 2004 das Interesse am friedensstiftenden Potential der „Privaten" und gründete eine Arbeitsgruppe eigens für die „Role of Business in Conflict Prevention, Peacekeeping and Post-Conflict Peace Building".[36] Auch folgten bspw. Richtlinien der „Organisation for Economic Co-operation and Development" (OECD) für Unternehmen, die in konfliktgeschüttelten Gebieten bzw. instabilen Regionen operieren und selbst die *Gruppe der Acht* (G8) thematisierte auf dem Weltgipfel 2007 in Heiligendamm die zunehmende

---

[32] Vgl. bspw. McIntosh et al. 2004; Visser et al. 2008; Crane 2008; Scherer und Palazzo 2008; Scherer und Palazzo 2007; Scherer et al. 2007.

[33] Diese *Notio* wurde zuerst von Virginia Haufler genutzt und in ihrem gleichnamigen Werk eingeführt, in welchem sie die *„Private Authority"* von nichtstaatlichen Akteuren thematisiert, vgl. Haufler 2001.

[34] Siehe hierzu die Initiative im Rahmen des GCs „Business and Peace", verfügbar unter: http://www.unglobalcompact.org/issues/conflict_prevention/index.html, abgerufen am 17.04.2011.

[35] Bennett 2002, S. 394 f.

[36] Deitelhoff und Wolf 2010b, S. 3.

Rolle der Privatwirtschaft für diesbezügliche Steuerungsmechanismen im Rahmen von *Global Governance*.[37]

Wird dieses Ein- bzw. Vordringen eines ordnungspolitischen Steuerungs- und Problemlösungspotentials privatwirtschaftlicher Akteure in Konfliktge- bieten in der Realpolitik seit der Jahrhundertwende immer mehr diskutiert, muss im akademischen Diskurs explizit danach gesucht werden. Zwar folg- ten den beschriebenen realpolitischen Impulsen Fachkonferenzen, aus denen durchaus einige Publikationen zum konfliktsensitiven bzw. friedensstiften- den Potential der Unternehmen in Konfliktgebieten resultierten, allerdings sind diese vorrangig praxis- und *policy*-orientiert und wurden seitens NGOs, zwischenstaatlichen Organisationen (IGO) und *Think Tanks*, durch Aktivis- ten, Entwicklungshelfer sowie andere Praktiker aus dem Feld veröffentlicht und sind daher insgesamt interdisziplinärer und konzeptionell heterogener Natur, sodass sie weder auf einen einheitlichen Diskurs aufbauen oder re- kurrieren noch in einen solchen münden.[38]

Innerhalb der durchaus interdisziplinär ausgerichteten IB haben sich bspw. die Friedens- und Konfliktforschung, die Forschung zu Bürgerkriegsökono- mien sowie der Forschungszweig „Peace through Commerce" mit privat- wirtschaftlichen Unternehmen in Konfliktgebieten beschäftigt.[39]

---

[37] Vgl. Deitelhoff und Wolf 2010b, S. 3.

[38] Vgl. zur Initiative von Fachkonferenzen bspw. White und Albright 2002.
Vgl. zu Arbeiten von NGOs / IGOs / *Think Tanks* / Praktikern hingegen: Iff 2010; Ban- field et al. 2006; Böge 2006; Kanagaretnam und Brown 2006; Patey 2006; Banfield 2005; Banfield et al. 2005; Carius et al. 2005; Bray 2005; Killick et al. 2005; Bailes und From- melt 2004; Christian Aid 2004; Frommelt 2004a, 2004b; Rettberg 2004; Collaborative Learning Projects (CDA) 2003; Goulbourne 2003; Fort und Schipani 2003a; Organisa- tion for Economic Co-operation and Development 2002; Campbell 2002; Guáqueta 2002; Fort und Schipani 2001; Sherman 2001; Nelson 2000; Lilly 2000.
Vgl. zu Arbeiten aus der Friedens- und Konfliktforschung über TNCs (interdiszipli- när): Davis 2010; Abramov 2009; Boehm 2009; Fort 2009; Metcalfe 2009; Amao 2008; Fort 2007; Fort und Schipani 2007; Oetzel et al. 2007; Ite 2007; Gerson und Colletta 2002; Gerson 2001; Orts 2001; Nelson 2000.

[39] Vgl. bspw. die Arbeiten zu „Peace through Commerce": Fort und Gabel 2007; Willi- ams 2008; Ballentine 2007; Brown 2007; Forrer 2009; Fort 2009; Idemudia 2007; Koer- ber 2009.

Das erste Werk, das überhaupt eine Analyse zum vermeintlich friedensstiftenden und konfliktlösenden Potential privatwirtschaftlicher Akteure offerierte, verfasste Nelson.[40] In jener Arbeit, auf die alle nachfolgenden Werke aus dem Bereich der Konfliktbewältigung und Friedensstiftung privatwirtschaftlicher Akteure hauptsächlich aufbauen, argumentiert Nelson, dass die Bereitschaft der Unternehmen sich im *Peacebuilding* einzusetzen, vor allem auf die sich geweitete Marktrationalität der Unternehmen durch Image- und Rufschaden gründet.[41] Darüber hinaus führt sie sieben Faktoren an, die als Erklärungsfaktoren für privatwirtschaftliches Engagement in Friedensprozessen qualifizieren, etwa (1) die Privatisierung und der wachsende Einfluss des privaten Sektors, (2) die Liberalisierung und Öffnung der Märkte, (3) die Schwellenländer und Wachstumsmärkte in Transitionsstaaten, (4) der technologische Fortschritt, (5) die zunehmend kritische Zivilbevölkerung, (6) die globale Wettbewerbsfähigkeit sowie (7) die veränderten Regierungs- und Steuerungsstrukturen in der Politik.[42]

Ausgehend von Nelson, haben alternative Arbeiten Anreize untersucht, die privatwirtschaftliche Akteure zu konfliktsensitiven bzw. proaktiv positiven Operationen bewegen könnten. Vor dem Hintergrund, dass die uneingeschränkte Fortsetzung von Geschäftsaktivitäten innerhalb eines konfliktgeschüttelten Gebietes für Unternehmen mit einer Vielzahl an Kosten(entscheidungen) verbunden ist (etwa Sicherheits-, Sachbeschädigungs-, Opportunitäts-, Personal-, Prozesskosten bei Rechtsstreitigkeiten, etc.), gilt es, all diese Kosten aktiv gegenüber dem Privatsektor zu „vermarkten", sie also deutlich und gezielt in entsprechenden Kontexten und Branchen in den Fokus zu rücken, denn nur auf diese Weise, so die Autoren, ist unternehmerisches Engagement für Friedensprozesse zu gewinnen.[43] Eine weitere Perspektive legt nahe, dass Anreize für den Privatsektor durch drei Globalisierungstrends nahezu automatisch und unumgänglich geschaffen werden: Einerseits durch das veränderte Konfliktgeschehen (zwischenstaatlich vs. innerstaatlich), was wiederum die Kosten für Unternehmen im Zusammenhang mit Kriegsführung steigert, andererseits durch die zunehmende Miteinbeziehung von privatwirtschaftlichen Akteure in nationalstaatliche Sicherheitsagenden und

---

[40]   Vgl. Evers 2010; Nelson 2000.
[41]   Vgl. Evers 2010, S. 9; Nelson 2000, S. 15.
[42]   Vgl. Evers 2010, S. 9 f.; Nelson 2000, S. 16 ff.
[43]   Vgl. Evers 2010, S. 10 f.; Rettberg 2004, S. 48 ff.

letztlich die damit verbundene äquivalente Priorität von Konfliktprävention im *Global Governance*- als auch *Corporate Governance*-Diskurs.[44] Andere Autoren behaupten wiederum, dass es angesichts eines reziproken Zusammenhangs zwischen „business and peace", *per se* eine ökonomische Argumentation gibt, die *pro* konfliktsensitives Geschäftsgebaren bzw. unternehmerisches Engagement für Friedensprozesse spricht, da Konflikte im Allgemeinen schlecht für das Geschäft sind.[45] Konkret zeigen Fort und Schipani vier Strategien auf, mit denen Unternehmen aktiv friedensstiftend tätig werden können, nämlich mit (a) der Förderung wirtschaftlicher Entwicklung, (b) der Verfolgung von „track three diplomacy", (c) der Übernahme von Grundsätzen wie Transparenz und Rechtsstaatlichkeit sowie (d) dem Nähren eines Gemeinschaftssinnes sowohl innerhalb des Unternehmens als auch lokal bzw. regional gesehen.[46]

Dieser Argumentation teilweise folgend, behaupten Berdal und Mousavizadeh in einer Bewertung dieses neuen *Peacebuilding*-Milieus sowie der Anreize für privatwirtschaftliches Engagement, dass Unternehmen, neben der ökonomischen Begründung, durch weitere Aspekte zum Friedensstifter erzogen werden müssen, da ein unternehmerischer Beitrag in dieser Hinsicht keine generische Lösung des Konfliktproblems darstellt.[47] Folglich kann die inhärente Instabilität von *Post*-Konflikt-Gesellschaften nicht auf ökonomische Faktoren reduziert werden, sondern bedarf zugleich politischer und gesellschaftlicher Stabilisierung, die weitaus mehr als *CSR*-Initiativen verlangt.[48]

Letzteren Punkt aufgreifend, argumentiert eine weitere Perspektive, dass privatwirtschaftliche Friedenssicherung und -konsolidierung insgesamt vollkommen überbewertet wird und ein verzerrtes Bild positiver, unternehmerischer Beiträge dazu vorherrscht.[49] Deshalb bedarf es der näheren Untersuchung der politischen Implikationen des unternehmerischen Engagements

---

[44] Vgl. Evers 2010, S. 10 f.; Wenger und Möckli 2003, S. 2 ff.
[45] Vgl. Evers 2010, S. 11; Fort und Schipani 2004, S. 20 ff.
[46] Vgl. Evers 2010, S. 11; Fort und Schipani 2004, S. 26.
[47] Vgl. Evers 2010, S. 12; Berdal und Mousavizadeh 2010.
[48] Vgl. Evers 2010, S. 12 f.; Berdal und Mousavizadeh 2010, S. 52 f.
[49] Vgl. Evers 2010, S. 13; Barbara 2006.

zu Friedenssicherung und –konsolidierung, denn keineswegs zu vernachlässigen ist die politische Rolle des Privatsektors, die sich nicht nur um „bürokratische" Angelegenheiten extrahiert, in denen ihm wenig Einfluss nachgesagt wird (wie Regulierungen, Rechtstaatlichkeit, o.Ä.).[50] Zudem stellt Barbara fest, dass die internationale Gemeinschaft mit positiver Würdigung des Privatsektors, letzterem geradezu wohlwollend einen politischen Status akkreditiert und ihm somit ein Mitsprache- bzw. Mitbestimmungsrecht in Friedensschaffungs- und Nationsbildungsprozessen einräumt.[51] *Par excellence* sei damit den lobbyistischen Interessen der Unternehmen Rechnung getragen, womit genügend Anlass zur Sorge um die Kompatibilität dieser mit jenen der konfliktbetroffenen Gemeinschaften gegeben ist, sodass angesichts dessen besonders die eindeutige Anerkennung und Gestaltung der politischen Natur privatwirtschaftlicher Akteure für deren Beteiligung an Friedensprozessen relevant zu sein scheint.[52]

Weiterhin finden sich Arbeiten zum Zusammenhang zwischen Normen und unternehmerischem Engagement in der Konfliktprävention, Friedenssicherung und Friedenskonsolidierung. Innerhalb dessen wurde bspw. erforscht, unter welchen Umständen und mit welchen Motiven sich Unternehmen zu solchem Engagement entschließen.[53] Argumentiert wird, dass Unternehmen, die internationale Normen (mit)entwickelt und implementiert haben, eher geneigt sind, sich aktiv in Friedensprozessen zu engagieren. Allem voran ist dies der Verbreitung von *CSR*-Normen und der gleichzeitigen Verknüpfung verschiedener Bereiche wie Umwelt, Entwicklung und Konflikten in diesem Gebiet geschuldet. „Norm entrepreneurs", wie die UN und die Weltbank, haben diese Entwicklung vornehmlich vorangetrieben, indem sie danach trachteten, überhaupt ein friedensstiftendes Potential von Unternehmen zur Sprache zu bringen und konfliktpräventive *policies*, etwa gegen Korruption, institutionalisierten.[54] Seitdem diese Initiativen, wie bspw. der GC, haupt-

---

[50] Vgl. Evers 2010, S. 13; Barbara 2006, S. 585.
[51] Vgl. Evers 2010, S. 13; Barbara 2006, S. 585 ff.
[52] Vgl. Evers 2010, S. 13; Barbara 2006, S. 586 f.
[53] Vgl. Evers 2010, S. 14; Rieth und Zimmer 2004.
[54] Vgl. Evers 2010, S. 14; Haufler 2006, S. 15.

sächlich auf dem *Commitment* des Privatsektors fußen, haben „norm entrepreneurs" diesen Sektor zu Akteuren der Konfliktprävention ernannt.[55] So auch der ehemalige UN-Generalsekretär Kofi Annan:

> „After all, companies require a stable environment in order to conduct their operations and minimize their risks. Their reputations — not just with the public but with their own employees and shareholders — depend not just on what product or service is provided, but how it is provided. And their bottom lines can no longer be separated from some of the key goals of the United Nations: peace, development and equity. All these are compelling reasons why business should play an active role in tackling these issues, without waiting to be asked."[56]

Auch finden sich Untersuchungen, die auf einzelne privatwirtschaftliche Akteure fokussieren und erkunden, welche Unternehmen bzw. Branchen besser als Friedensstifter geeignet sind. Dabei thematisieren die Arbeiten vielfach, aus plausiblen Gründen, die Rohstoffindustrie; in Konfliktgebieten stellt sie mit Abstand die Branche dar, die mit den höchsten Kosten und den wenigstens *Exit*-Optionen assoziiert ist und darüber hinaus aufgrund ihrer Größe und Sichtbarkeit schwer zu vernachlässigen ist.[57] Leider attestierten die meisten Untersuchungen dieser Branche aber weiterhin gezielt, entgegen des sich abzeichnenden Trends einer positiven Wirkungsweise, vielfach einen negativen Charakter.[58] Dennoch können diese Faktoren oder vielmehr Schwächen als machtvolle Anreize für den Schutz der Geschäftsoperationen dieser Branche vor Konflikten sowie anderen politischen Risiken erachtet werden und bergen enormes Potential auf diesem Gebiet.[59] Auch der Finanzsektor kann, neben seiner wichtigen Rolle für das Wirtschaftswachstum, einen maßgeblichen Beitrag zum *Peacebuilding* leisten, indem Finanzunternehmen ihre Ressourcen so lenken, dass sie bspw. Menschenrechte achten, Dialoge fördern oder Kollektivgüter zur Verfügung stellen. Ein weiterer Vorschlag zu frie-

---

[55]   Vgl. Evers 2010, S. 14; Haufler 2006, S. 15 f.
[56]   Vgl. United Nations 2004.
[57]   Vgl. Evers 2010, S. 15; Sweetman 2009, S. 119 ff. Vgl. zur Rohstoffindustrie und dem *Peacebuilding*-Potential allgemein auch die Arbeiten von: Venugopal 2010; Besada 2009; Besada et al. 2009; Ganser 2009; Amao 2008; Omeje 2008; Windsor op. 2008; Eweje 2007; Ite 2007; Shankleman 2006; Banfield 2005; Lungu und Mulenga 2005; Ite 2004; Ross 2003; Swanson 2002; Ikelegbe 2001; Manby et al. 1999; Pegg 1999; Frynas 1998.
[58]   Vgl. Evers 2010, S. 15. Für eher negative Arbeiten zur extraktiven Industrie bspw.: Omeje 2008; Swanson 2002; Ikelegbe 2001; Manby et al. 1999; Pegg 1999; Frynas 1998.
[59]   Vgl. Evers 2010, S. 15; Sweetman 2009, S. 119 ff.

densstiftenden Beiträgen dieser Branche ist größere Finanztransparenz. Angesichts der Tatsache, dass der Finanzsektor den besten und umfassendsten Zugang zu Informationen überhaupt hat, kann er eine wichtige Rolle in Friedensprozessen übernehmen, indem er bspw. die konflikttreibenden Finanzströme identifiziert, unterbricht und somit die Anreize zu Friedensverhandlungen erhöht.[60]

Die meisten Studien, die zu privatwirtschaftlichem *Peacebuilding* arbeiten, beschränken sich auf TNCs, wohingegen nur wenige Untersuchungen die Bedeutsamkeit lokal ansässiger Unternehmen in nationalen bzw. regionalen Friedensprozessen erforscht haben.[61] Beispiele hierfür sind aus Kolumbien und Sub-Sahara-Afrika bekannt.[62] Herausgefunden wurde, dass Unternehmen durchaus helfen können Konflikte zu verhindern, indem sie vornehmlich die Kommunikation erleichtern und Interdependenzen in der Gesellschaft, über ethnische, religiöse und andere mögliche Gegensätze hinweg, schaffen.[63] Da lokale Unternehmen die meisten Einheimischen beschäftigen, kamen Autoren zu dem Schluss, dass diese einen guten Ausgangspunkt für Friedensprozesse darstellen. Beobachtet wurde auch, dass Unternehmen, unabhängig von den ökonomischen „Wohltaten", die sie in den Regionen erbringen, zu anderen Werten beitragen können, die möglicherweise eine konfliktpräventive Wirkung haben (wie Gleichbehandlung, Abwehr jeglicher Form von persönlicher Belästigung, gleiche Entlohnung, Unterstützung bei Betreuungsangeboten für Kinder, Beratungsfunktionen zum Informationsaustausch jeglicher Art, etc.).[64]

Alles in allem finden sich nur wenige Arbeiten zum friedensstiftenden Potential privatwirtschaftlicher Akteure in Konfliktgebieten, welche die eingangs erwähnte realpolitische Hoffnung nach einem weiteren *Governance-*

---

[60] Vgl. Evers 2010, S. 16; Guáqueta 2002, S. 2 f.

[61] Vgl. Evers 2010, S. 16. Bspw. die Arbeiten von Killick et al. 2005; Idemudia 2007; Ikelegbe 2001.

[62] Vgl. Evers 2010, S. 16 f. Für Kolumbien bspw. Rettberg 2004 und für Sub-Sahara-Afrika Idemudia 2007; Ikelegbe 2001.

[63] Vgl. Evers 2010, S. 16 f.

[64] Vgl. Evers 2010, S. 16 ff.; Fort und Schipani 2004, S. 153 f.

Potenzial privatwirtschaftlicher Akteure akademisch wiederhallen und systematisch in empirisch-analytischer Weise aufarbeiten.[65] Das bestehende *Forschungsdesideratum* fußt konkret auf zwei Aspekten: Erstens die immer noch starke Verhaftung der *Governance*-Forschung auf *low politics*, die jedoch am ehesten gefordert wäre, da sie wissenschaftlich die wohl beste Kompatibilität zum Diskurs der Erforschung eines ordnungspolitischen Steuerungs- und Problemlösungspotentials privatwirtschaftlicher Akteure in konfliktgeschüttelten Gebieten aufweist; zweitens die ausgeprägte konzeptionelle als auch methodische Heterogenität bestehender Arbeiten, die auf unterschiedliche Aspekte abzielt und für die Zielsetzung der Generierung umfassenden Wissens zum Verhalten von Unternehmen in Konfliktgebieten bzw. den Bedingungen für ein Engagement auf dem Gebiet der Konfliktprävention, Friedenssicherung bzw. Friedenskonsolidierung, aufgrund der nicht gegebenen Vergleichbarkeit, eine enorme Herausforderung darstellt.

Bis *dato* haben lediglich Deitelhoff und Wolf diese Forschungslücke systematisch zu schließen versucht, indem sie mit ihrem Konzept der *Corporate Security Responsibility* (*CSecR*) ein umfassendes, vergleichendes Forschungsprogramm entwickelt haben, das die Generierung deskriptiven und kausalen Wissen zu unternehmerischen Beiträgen und dessen Systematisierung zulässt. Ihre *CSecR*-Forschungsagenda untersucht *Governance*-Beiträge, definiert als intentional freiwillige Maßnahmen der Regulierung gesellschaftlicher Probleme, welche direkt oder indirekt auf das Gewaltlevel in einer Umgebung abzielen, die durch unmittelbar bevorstehende, anhaltende oder kürzlich beendete Interkationen physischer Gewalt charakterisiert ist.[66] Ihre Analyse konzentriert sich dabei auf die *Output*- und *Outcome*-Ebene („policies" und „activities"), da zunächst ein solcher Beitrag überhaupt etabliert und ein solides Fundament an Wissen dazu geschaffen werden muss, bevor etwa der Einfluss oder die Auswirkungen solcher Engagements und Initiativen mit Blick auf eine *Impact*-Ebene analysiert und bewertet werden können.[67] Damit wird einerseits die bestehende Grenze der Forschung zu unternehmerischem *Peacebuilding* markiert, andererseits nochmals das *Forschungsdesiderat* unterstrichen: Es fehlt nicht nur an systematischem Wissen, sondern

---

[65]   Ballentine 2004, 2007; Ballentine und Haufler 2005; Wenger und Möckli 2003; Sweetman 2009.

[66]   Vgl. Deitelhoff und Wolf 2010b, S. 13.

[67]   Vgl. Deitelhoff und Wolf 2010b, S. 13:14.

auch an analytischen Instrumenten, um den Erfolg bzw. die Wirkung von solchen Beiträgen zu erfassen und zu messen, sodass die Frage, inwiefern das neuartige Interesse an unternehmerischem *Peacebuilding* überhaupt lohnt, bislang gar nicht bzw. nur unzureichend beantwortet wird. Doch auch diesem *Desiderat* hat man sich bereits angenommen; einen ersten Ansatz zur diesbezüglichen Operationalisierung schlägt Wolf vor.[68]

Das zur *CSecR* publizierte bahnbrechende Werk zeigt allerdings, dass in nahezu allen untersuchten Fällen, die Unternehmen keinen direkten Beitrag zu Frieden bzw. Sicherheit leisten, indem sie etwa organisiert und manifest für Ordnung sorgen, sondern vielmehr ihre Ressourcen auf indirekte Beiträge, etwa in Form von Korruptionsbekämpfung, der Förderung von Gleichberechtigung oder Sozialprogrammen, verwenden, was zusammengenommen eher unter die Definition *CSR* zu subsumieren und weniger als eine Initiativen von Friedensstiftung zu erachten ist.[69] Trotz dieser ernüchternden Ergebnisse, konzeptualisieren die Autoren vier Charakteristika, die zu erklären versuchen, welche Faktoren für unternehmerische Beiträge zu Konfliktprävention, Friedenssicherung bzw. Friedenskonsolidierung ausschlaggebend sein können, nämlich (a) Unternehmenscharakteristika: Größe, Kultur, Reputationssensibilität, Produkte; (b) Produktionscharakteristika: Produktionsstätte, Personal; (c) Konfliktcharakteristika: Nähe, Intensität; (d) Geschäfts- / Gesellschafts- / Politikcharakteristika des Gast- und Heimatstaates: Regulierung, Zivilgesellschaftsaktivität, Kundenbewusstsein.[70]

1.5 Forschungsintention und Ziel der Arbeit

Mit ihrem *CSecR*-Forschungsprogramm als auch dem dazu publizierten Werk haben Deitelhoff und Wolf den Weg zur Erlangung umfassenden, deskriptiven und kausalen Wissens auf dem Gebiet der unternehmerischen Konfliktprävention, Friedenssicherung bzw. Friedenskonsolidierung geebnet. Dennoch kann dies nur der Anfang sein, da im Grunde genommen kein eigenständiges Theoriegebäude existiert und bis auf die Arbeiten des *CSecR*-Forschungsprogramms keine theoretisch fundierten Untersuchungen vorliegen; zudem stellen (Einzel-)Fallstudien alleine und wenn sie zwei duzend an

---

[68]   Vgl. Wolf 2010.
[69]   Vgl. Deitelhoff und Wolf 2010b, S. 13:203 f.
[70]   Vgl. Deitelhoff und Wolf 2010b, S. 13:205 ff.

der Zahl sind, noch kein solides und kohärentes Wissensfundament dar. Zweifelsohne und wie die Autoren selbst sagen, muss die Forschung fortgesetzt werden:

> "Needless to say, the research cannot stop here but needs to proceed to the testing of hypotheses. However, given the premature stage of research in this field, this is a first and necessary step in this research process."[71]

Davon sowie von dem vermeintlichen ordnungspolitischen Steuerungs- und Problemlösungspotential privatwirtschaftlicher Akteure in konfliktgeschüttelten Gebieten überzeugt, soll vorliegende Arbeit die skizzierte Forschungslücke ein weiteres Stück schließen. Die Forschungsintention liegt dabei einerseits im Vorantreiben der systematischen Wissensgenerierung in Form eines empirisch-analytischen Beitrags zur unternehmerischen Konfliktprävention, Friedenssicherung bzw. Friedenskonsolidierung und andererseits in der Beförderung der Theorie(entwicklung). Vor diesem Hintergrund soll vorliegende Untersuchung dem Forschungsprogramm von Deitelhoff und Wolf folgen, wobei dementgegen die Zeit als reif bewertet und zum Testen von Hypothesen vorangeschritten wird.

In diesem Sinne wird das verfügbare Modell ihrer *CSecR* als Analyserahmen genutzt und auf die darin aufgestellten theoretischen Zusammenhänge zwischen den Bedingungen (Charakteristika) bzw. Variablen zurückgegriffen. Entsprechend aufbereitet wird dieses Modell, genauer gesagt die darin hypothetisierten Zusammenhänge der Bedingungen (Variablen), anhand empirischer Daten und Fälle geprüft.

Das Ziel vorliegender Arbeit besteht somit lediglich in einem Hypothesentest bzw. einer Prüfung der dem *CSecR*-Modell zugrundeliegender Bedingungen (Charakteristika), wobei das innovative Moment der Untersuchung, das Absehen von einer vergleichenden Fallstudienanalyse und stattdessen die Verwendung einer auf größere Fallzahlen angelegten Methode ist, nämlich der *Qualitative Comparative Analysis* (QCA) bzw. ihrer Weiterentwicklung, der *Multi Value Qualitative Comparative Analysis* (mvQCA).[72]

---

[71] Deitelhoff und Wolf 2010b, S. 19.
[72] Ragin 1989.

1.6 Aufbau der Arbeit und Gang der Untersuchung

Zum gesteckten Ziel der Untersuchung bzw. zur Beantwortung der Fragestellung soll in drei Schritten vorgegangen werden. Im ersten Schritt (2 Theoretischer Rahmen) wird das Konzept des unternehmerischen Engagements zu Konfliktprävention, Friedenssicherung bzw. Friedenskonsolidierung dargestellt, die bisherigen Beobachtungen dazu dargelegt sowie die bislang bestehenden Erklärungen dafür angeführt; daran schließt die entsprechende Formulierung von Hypothesen an, die im Verlauf der Analyse geprüft werden sollen. Diese Ausführungen dienen als theoretische und analytische Rahmung der Untersuchung, indem sie den Kern der Analyse spezifizieren. Daraufhin erfolgt in einem zweiten Schritt (3 Untersuchungsdesign und Methodik) die Darstellung der Untersuchungsanlage, das zu verwendende Analyseinstrument sowie das damit verbundene Vorgehen; daran anknüpfend werden die den im vorhergehenden Schritt formulierten Hypothesen zugrundeliegenden Konzepte und Bedingungen (Variablen) „messbar" gemacht, die Datenquellen der Messung und die Auswahl der Fälle angegeben. Schließlich folgt in einem dritten Schritt (4 Empirie) der eigentliche Kern vorliegender Arbeit, in welchem auch die tatsächliche empirische Untersuchung erfolgt. Darin werden zunächst die gemessenen Werte der Bedingungen (Variablen) für die Analyse mittels Software aufbereitet und daraufhin in Beziehung zueinander gesetzt sowie ausgewertet. Anschließend erfolgt die Hypothesenprüfung und Beantwortung der ihnen zugehörigen Unterfragen, auf Grundlage des theoretischen Rahmens sowie der durch die verwendete Analysemethode erzielten Ergebnisse.

Abgerundet wird die Arbeit von einem weiteren Teil (5 Fazit), welcher eine Zusammenfassung der Untersuchungsergebnisse umfasst und einen Ausblick auf weiterführende Forschungsvorhaben gibt.

2 Theoretischer Rahmen

„Before empirical research can proceed, researchers need to have some idea of what it is they are attempting to explain and how best to explain it. All inquiry begins from certain premises, and understanding the basis of these is an essential part of inquiry."[73]

Dieses Kapitel stellt die Voraussetzung für die empirisch-analytische Untersuchung dar. Im Weiteren soll die „wissenschaftliche Brille", durch die der zugrundeliegende Sachverhalt betrachtet werden soll, präsentiert werden: Was ist unter einem privatwirtschaftlichen Beitrag zu Sicherheit und Frieden zu verstehen bzw. was ist *CSecR*? Wie kommt es überhaupt dazu einen solchen Beitrag anzunehmen? Wieso ist die Rede von *Responsibility* und warum kann eine solche erwartet bzw. von ihr ausgegangen werden? Besteht eine Gemeinsamkeit zur *CSR* oder ist diese strikt zu differenzieren? Dazu wird zunächst die privatwirtschaftliche Rolle in der Bereitstellung öffentlicher Güter im Allgemeinen und daran anknüpfend für Konfliktprävention, Friedenssicherung bzw. Friedenskonsolidierung im Besonderen betrachtet. Sodann wird das Konzept des privatwirtschaftlichen Engagements, die *CSecR*, fixiert und daraufhin die möglichen Erklärungen auf Grundlage bisheriger Forschungserkenntnisse dargelegt. Schließlich werden Hypothesen in Adaptation an des *CSecR*-Forschungsprogramm sowie forschungsleitende Unterfragen zu den jeweiligen Zusammenhängen formuliert, die im empirischen Teil der Arbeit geprüft werden sollen.

2.1 Konzeptspezifikation: Der Beitrag zu Sicherheit und Frieden – zwischen Eigennutz und Gemeinwohl

Rein definitorisch betrachtet, ergäbe sich die Erwartung einer privatwirtschaftlichen Bereitstellung von öffentlichen Gütern im Allgemeinen bzw. einem Beitrag privater Wirtschaftsunternehmen zu Sicherheit und Frieden nicht: Unternehmen sind *per definitionem* privat in Form als auch Zweck; wohingegen Staaten in Form sowie Zweck als öffentlich festgeschrieben sind. Daraus folgt, dass die Ausbringung öffentlicher Güter eine exklusive Kernkompetenz des Staates darstellt und sich für Unternehmen in diesem Feld keinerlei plausible Handlungsoption findet. Erweitert man diese Folgerung um den Aspekt der Marktrationalität, ergibt sich ein weiteres Bild, wobei

---

73 Wight 2003, S. 26.

zwischen einer engen und einer komplexen Marktrationalität differenziert werden muss.[74]

Erstere, enge Form, folgt dem Diktum von Milton Friedman „The social responsibility of business is to increase its profits" bzw. "the business of business is business" und verwirft jedwede Verantwortung von Unternehmen über die Profitmaximierung bzw. die Maximierung des Aktionärsvermögens hinaus.[75] Unterstützt wird dieses Argument von der Kollektivgütertheorie Olsons, die das Marktversagen in der Bereitstellung öffentlicher Güter bereits in den 1970ern plausibel dargelegt hat („free-rider", non-exclusivity", „non-rivalry").[76] Demnach erscheint es paradox von Unternehmen, zwischen Kostenminimierung und Leistungsoptimierung, die Bereitstellung öffentlicher Güter anzunehmen, geschweige denn Beiträge zu Sicherheit und Frieden zu erwarten.

Letztere, komplexe Form hingegen, macht ein Engagement „der Privaten" in der Bereitstellung öffentlicher Güter durchaus annehmbar. Sie folgt dem Argument, dass Unternehmen in einem öffentlichen Rahmen operieren, der nicht nur durch öffentliches Recht, sondern auch eine normativ strukturierte Umwelt charakterisiert ist.[77] Dadurch, dass diese Umwelt komplexe Anforderungen und Erwartungen hinsichtlich Markt-, Politik- und Sozialstandards an Unternehmen stellt, besitzen diese eine erhöhte Reputationssensibilität.[78] Um nachhaltig erfolgreich zu sein, müssen Unternehmen also eine Vielzahl von Faktoren in ihren Kosten-Nutzen-Kalkülen berücksichtigen, zu denen auch die Erwartungen und Voraussetzungen der unterschiedlichen *Stakeholder* zählen (Staat, Zivilgesellschaft, Kunden, Gesellschafter, Mitarbeiter, etc.).[79]

---

[74] Vgl. u.a. Wolf 2005.

[75] Vgl. Friedman 1970; Wolf 2005; Wolf et al. 2007, S. 298.

[76] Vgl. Olson 1985.

[77] Vgl. Wolf et al. 2007, S. 299f.; Deitelhoff und Wolf 2010a, S. 9f.

[78] Vgl. Crane und Matten 2007; Scherer und Palazzo 2008.

[79] Der Begriff *Stakeholder* wurde in der Wirtschaft erstmals in den 1960er Jahren benutzt. Der wissenschaftliche Ansatz der „Stakeholder Theory" wurde in den 1980er Jahren in erster Linie von Edward Freeman entwickelt. Der *Stakeholder*-Ansatz unterscheidet sich vom *CSR*-Ansatz insofern, als ersterer hauptsächlich auf das Unternehmen als solches, dessen Verantwortlichkeiten und Verpflichtungen fokussiert, wohingegen letzterer auf die verschiedenen Gruppen / Parteien (*Stakeholder*) gegenüber denen ein

Eindeutig sollte sein, welche Marktrationalität dominiert: Heutzutage ist kaum bestreitbar, dass Unternehmen eine Verantwortung weitaus über ihre Geschäftstätigkeit und –interessen besitzen. Was diese Verantwortung jedoch genau impliziert, wie weit diese geht oder gehen soll, ist dagegen durchaus umstritten, jedoch für vorliegenden Zweck nicht zu klären und wäre innerhalb dieses Rahmens nicht annähernd ausführbar.[80] Etabliert ist ferner, dass sich das *Gros* der Unternehmen dieser Verantwortung bewusst ist, sie internalisiert hat und sich mittlerweile die Bereitstellung von öffentlichen Gütern in den *low politics* mit dem Staat teilt; Unternehmen spielen längst eine öffentliche Rolle, um *Governance*-Fehler zu korrigieren und -Lücken global als auch national zu schließen.[81] Daraus resultiert ein neuer Steuerungs- und Regulierungsmodus, in dem *Corporate Governance* und *Global Governance*, einst strikt separiert, sich derweil gegenseitig durchdringen.[82]

Ob damit bald gänzlich von einer engen Marktrationalität *à la* Olson-Theorem bzw. Milton Friedman abstrahiert werden kann und die „Theorie der Unternehmung" neu gefasst wird oder Regierungen die Bereitstellung bestimmter öffentlicher Güter grundlegend *outsourcen* und dies in einen neuen Regierungsansatz mündet, sei dahingestellt. Fest steht, dass der Privatsektor insgesamt, zunehmend als vielversprechendes und dringend gebrauchtes Komplement zu den Aktivitäten verschiedener Akteure und *Stakeholder* wahrgenommen wird, was letztlich auch auf Bereiche jenseits der *low politics*, etwa der Konfliktprävention, Friedenssicherung bzw. Friedenskonsolidierung im Allgemeinen bzw. Sicherheit im Besonderen, übertragen werden

---

Unternehmen Verantwortung trägt, abzielt. Vgl. Crane und Matten 2007, S. 57ff.; Scherer und Palazzo 2008; Deitelhoff und Wolf 2010a, S. 8ff. Für einen Überblick insgesamt Crane und Matten 2007; Crane 2008.

[80] Darüber geben vielmehr die regen und gezielten Debatten der Wirtschaftsethik innerhalb der Wirtschaftswissenschaften sowie zunehmend innerhalb der interdisziplinären *CSR*-Diskurse, die seit langem geführt werden, Aufschluss; s.h. für einen Überblick aus der wirtschaftswissenschaftlichen Perspektive bzw. der Perspektive der „Business Ethics" bspw. Crane 2008; Crane und Matten 2007; Scherer und Palazzo 2008.

[81] Vgl. Scherer et al. 2007, S. 506, 523; Wolf 2005; Deitelhoff und Wolf 2010a, 2011; Dingwerth und Pattberg 2006; Cutler 1999; Haufler 1993, 2001.

[82] Vgl. Deitelhoff und Wolf 2010a, S. 10f.; Wolf 2005, S. 53; Fort und Schipani 2003a, 2003b.

kann.[83] Denn nur weil sich diese bislang auf Sozial-, Gesundheits- und Umweltbereiche beschränkt haben, sollte ein Engagement in den *high politics* keineswegs ausgeschlossen werden.[84]

Plausibilisiert wird die Annahme eines Beitrags privatwirtschaftlicher Akteure zu Konfliktprävention, Friedenssicherung und Friedenskonsolidierung im Allgemeinen bzw. die Bereitstellung des öffentlichen Gutes „Sicherheit" im Besonderen nämlich nicht etwa in einem westlich -demokratischen „Regierungsmodus" in Friedenszeiten, sondern vielmehr in Konfliktgebieten, wo ein Rückzug des Staates zu verzeichnen ist und dieser nicht fähig oder nicht willens ist, öffentliche Güter für „Sicherheit" und „Frieden" bereitzustellen.[85] Derlei Szenarien sind vornehmlich in Räumen begrenzter Staatlichkeit und prekärer *Governance* zu finden, die durch ein schwindendes Gewaltmonopol, abnehmende Regierungsautorität oder gar staatliche Desintegration charakterisiert sind.[86] In diesem Sinne handelt es sich bei der Erwartung eines Engagements seitens der Privatwirtschaft zu „Frieden" und „Sicherheit" um die Kompensation von Ordnungs-, Steuerungs- bzw. Regulierungsdefiziten und das Schließen von Lücken in der Bereitstellung von Gemeingütern, analog bisheriger *CSR*-Maßnahmen. Bestärkt wird die Erwartung eines solchen Engagements von Unternehmen durch zwei weitere Aspekte, nämlich die Relevanz von Sicherheit, Stabilität und Infrastruktur für die Operationen privatwirtschaftlicher Akteure in der jeweiligen geographischen Umgebung sowie die Konzeption von „Sicherheit" bzw. öffentlichen Gütern, die auf Konfliktprävention, Friedenssicherung bzw. Friedenskonsolidierung abzielen.[87]

Mit der Entscheidung für eine Ressourcen-, Markt-, Effizienz- oder Wertstrategie, dem daraus resultierenden Erschließen neuer Märkte und der geziel-

---

[83] Vgl. Wolf 2005, S. 58 f., 61. Richtungsweisend dazu u.a. Nelson 2000; Gerson und Colletta 2002; Banfield et al. 2005.

[84] Vgl. Wolf et al. 2007, S. 300; Fort und Schipani 2001, 2004; Böge 2006, S. 20.

[85] Vgl. Deitelhoff und Wolf 2010a, S. 2, 12, 2011, S. 168; Wolf et al. 2007. Ein Staat kann nicht willens sein, öffentliche Güter wie Sicherheit und Frieden bereitzustellen, weil er vom Konflikt profitiert (Kriegsprofiteure in Kriegsökonomien); verbreitet ist dies in sog. Schattenstaaten ("shadow states").

[86] Vgl. Wolf et al. 2007, S. 296.

[87] Vgl. Wolf et al. 2007, S. 300.

ten Investition in Entwicklungs- bzw. Transitionsstaaten, stehen TNCs komplexen Kostenkalkülen und -entscheidungen gegenüber.[88] Konflikte und Kriege stellen in diesem Zusammenhang den wohl größten Feind und Risikofaktor unternehmerischer Profitmaximierung dar. Denn was sind in einem Konfliktfall die Optionen für Unternehmen: Standortaufgabe oder Standorterhalt.[89] Beides kann für TNCs mit großen Kosten verbunden sein, die sich verschiedenartig äußern und aus vielfältigen Perspektiven betrachtet werden können.[90]

Diese seien nun einmal im Lichte der zuvor eingeführten Marktrationalität beleuchtet. Ausgehend von einer komplexen Marktrationalität muss eine Standortaufgabe im Falle eines Konfliktes nicht zwangsweise eine mögliche Strategie bedeuten.[91] Die Rohstoffindustrie ist hierfür ein Paradebeispiel, da sie mit den höchsten Kosten und den wenigsten *Exit*-Optionen assoziiert ist; zu verzeichnen sind hier hohe anfängliche Investitionskosten sowie hohe Wartungs- bzw. Operationskosten und selbst Marktaustritt oder Standortverlegung treiben sog. „sunk costs" nicht minder in die Höhe.[92] Konflikte bzw. Kriege implizieren in diesem Sinne also vornehmlich materielle Kosten (Anlagen, Mitarbeiter, etc.), die es zu minimieren gilt. Ein Engagement zu Sicherheit und Frieden wäre folglich eine Minimierung direkter materieller Kosten; ein *Exit* und Zurückscheuen von einem solchen Engagement das Gegenteil, *vice versa*.[93] Ausgehend von einer komplexen Marktrationalität könnte die uneingeschränkte Verfolgung der Geschäftstätigkeit unter prekärer Staatlichkeit, defizitärer Infrastruktur und misslichen Sicherheitsbedingungen bspw. durch die nationale oder globale Zivilgesellschaft zu Reputationsschäden und Umsatzeinbußen führen. Das Umgehen solcher indirekter

---

[88] Vgl. Chandler und Mazlish 2005, S. 20 f.

[89] Vgl. bspw. Böge 2006, S. 18 f.

[90] Vgl. Banfield et al. 2006.

[91] Vgl. Deitelhoff und Wolf 2010a, S. 3; Wolf et al. 2007, S. 300.

[92] Vgl. Bailes und Frommelt 2004; Chandler und Mazlish 2005; Wolf et al. 2007, S. 299 ff. „Sunk costs" sind „diejenigen Kosten, die nicht abgebaut werden können, wenn eine Produktion eingestellt und die eingesetzten Produktionsfaktoren liquidiert werden" bzw. diejenigen Kosten, „die eine Unternehmung nur dadurch vermeiden kann, daß sie einen bestimmten Markt nicht betritt [...]" (Hauer 1990, S. 48).

[93] Vgl. Wolf et al. 2007, S. 299 ff.

Kosten könnte ein Anreiz für Unternehmen sein, sich im Bereich von Konfliktprävention, Friedenssicherung bzw. Friedenskonsolidierung zu engagieren.[94]

Angesichts dessen und unabhängig davon, welche Marktrationalität zu Grunde gelegt wird, kann durchaus davon ausgegangen werden, dass TNCs allgemein ein Interesse an Sicherheit und Frieden in jenen Gebieten haben, in denen sie operieren, wodurch sich ein etwaiger Beitrag ihrerseits dazu als durchaus annehmbar und plausibel darstellt.[95]

Schließlich ist klarzustellen, dass es auch bei den bisherigen *CSR*-Maßnahmen nicht um *Philantrophie* geht, sondern vermutlich auch um rationales Wirtschaftskalkül, welches allerdings entsprechend ausgestaltet, seit wenigen Jahrzehnten, zur Optimierung von Ordnungs-, Steuerungs- bzw. Regulierungsdefiziten genutzt wird.[96] Die Bereitstellung von Gemeingütern kann, soll und wird höchstwahrscheinlich niemals primäres Ziel in Geschäftsstrategien von Unternehmen werden.[97] Darum kann und soll es weder bei den dieser Arbeit zugrundeliegenden Annahmen noch bei dem Diskurs zur Erforschung eines *Governance*-Beitrags zu Konfliktprävention, Friedenssicherung bzw. Friedenskonsolidierung, gehen: Von Unternehmen wird nicht erwartet, dass sie die Rolle eines Samariters einnehmen, ebenso wenig wie ein Beitrag in Form von Regierungsverhandlungen, Friedengesprächen oder etwa einer Entmilitarisierung.[98] Ganz im Gegenteil, Unternehmen haben eine nicht substituierbare, eigene Kernkompetenz und Expertise, die ihnen zugesprochen wird und von der in Friedensprozessen (*Peacekeeping*, *Peacemaking*, *Peacebuilding*) längst Gebrauch gemacht wird; dies zeigen nicht nur die etablierten wissenschaftlichen Ansätze innerhalb der Friedens- und Konfliktforschung (bspw. „Peace through Commerce"), sondern auch die Vielzahl der *Multi-Stakeholder*-Partnerschaften in der Friedenskonsolidierungspraxis.[99]

---

[94]   Vgl. Wolf et al. 2007, S. 299 ff.; dazu bspw. auch Frommelt 2004a, 2004b.

[95]   Vgl. dazu auch Frommelt 2004b.

[96]   Vgl. bspw. Frommelt 2004b; Bailes und Frommelt 2004; Carius et al. 2005, S. II.

[97]   Vgl. bspw. Scherer und Palazzo 2007; Frommelt 2004b; Bailes und Frommelt 2004.

[98]   Das erste systematische Werk zum *Governance*-Beitrag ist Deitelhoff und Wolf 2010b.

[99]   Vgl. Sweetman 2009; Rettberg 2004; Bais und Huijser 2005. Bspw. zu „Peace through Commerce": Forrer 2009; Fort 2009; Fort und Gabel 2007; Williams 2008; besonders die Werke von Fort und Schipani Fort und Schipani 2001, 2004, 2007.

Selbstredend umfasst dies nicht Regieren oder Implementieren von Friedensmissionen, sondern vielmehr ökonomische Stärke (Arbeitsplätze, Handel, Großinvestitionen, etc.), von der als „Beiprodukt" oder in Form von Partnerschaften, auf explizite Einladung von Nationalstaaten, in Friedensprozessen profitiert wird.[100]

Dies vorausgeschickt, geht es hier und im neuen wissenschaftlichen Diskurs dazu, weder um ein „Beiprodukt" noch um eine „Einladung" zu einem friedensstiftenden Beitrag. Worum es hier geht, ist vielmehr die bisherigen *CSR*-Initiativen privatwirtschaftlicher Akteure auf den Bereich von Konfliktprävention, Friedenssicherung bzw. Friedenskonsolidierung zu extrapolieren, um das *Governance*-Potenzial solcher, unternehmerischer Beiträge auszuleuchten. Genau diesen Sachverhalt umfasst die *Corporate Security Responsibility* (*CSecR*).

Was ist nun genau unter *CSecR* zu verstehen? Was unterscheidet *Corporate Security Responsibility* (*CSecR*) von *Corporate Social Responsibility* (*CSR*)?

2.2 Konzept: Die Corporate Security Responsibility (*CSecR*)

Die *CSecR* wurde aus Mangel an Konzepten eingeführt, die einen Beitrag zu Friedensprozessen im Allgemeinen und die Bereitstellung des öffentlichen Gutes „Sicherheit" im Besonderen seitens privatwirtschaftlicher Akteure systematisch und vergleichbar zu fassen und zu untersuchen vermögen. Schaut man sich die bisherige, sehr junge und erst aufkeimende Forschung auf dem Gebiet an, so werden die Beiträge in den Werken etwa als „conflict prevention", „conflict resolution" gar „business-based peacebuilding" oder eben als weitere Gattung von Sozialengagement unter die Initiativen von *CSR* subsumiert.[101]

All diese Konzepte tragen zwar die identische Idee in sich, vereinen aber je weitere, unterschiedliche Aspekte, was die gemeinsame Schnittmenge stark minimiert und eine Vergleichbarkeit bzw. Anwendbarkeit über viele Fälle

---

[100]   Vgl. bspw. Kanagaretnam und Brown 2006, S. 11; Bais und Huijser 2005, S. 12f.

[101]   Vgl. Deitelhoff und Wolf 2010a, S. 11. Für die verschiedenen Konzepte bspw. Rettberg 2004; Venugopal 2010; Sweetman 2009; Bailes und Frommelt 2004; Rieth und Zimmer 2004; Wenger und Möckli 2003.

hinaus, im Sinne eines vergleichenden Forschungsprogramms zur systematischen Erlangung von Wissen, auf dem Gebiet nicht handhabbar macht.[102] Defizitär ist vor allem, dass die Konzepte vieler Studien, für einen unternehmerischen Beitrag, wichtige Umstandsfaktoren vernachlässigen: So diskontieren die wenigsten den zeitlichen Verlauf oder „Status" eines Konfliktes; dies würde sich jedoch durchaus anbieten, da plausibel scheint, dass unterschiedliche Ausgangssituationen und -charakteristika jeweils vor Ausbruch eines Konfliktes, während bzw. nach Beendigung eines solchen vorzufinden sind.[103] Darüber hinaus ist bei vielen Studien und ihren verwendeten Konzepten unklar, was überhaupt für einen erfolgreichen Beitrag zu Friedensprozessen qualifiziert (Sicherheit, Infrastruktur, wirtschaftliche Entwicklung, etc.).[104] Diesen und weiteren Defiziten soll die *Corporate Security Responsibility* Rechnung tragen.

Zentral ist zunächst, dass sich *CSecR*, wie zuvor ausgeführt, ausschließlich auf Aktivitäten in Konfliktzonen beschränkt, die sich durch einen hohen Grad an physischer Gewalt auszeichnen; damit fokussiert *CSecR* auf Unternehmen, die in gewaltbeladenen Kontexten operieren, wohingegen *CSR* hauptsächlich Unternehmensoperationen in friedlichen Umgebungen umfasst.[105] Diese Unterscheidung ist durchaus eine ideal-typische und fungiert zunächst als grober Maßstab, da sie durch zwei definitorische Probleme charakterisiert ist.[106]

Einerseits ist es schwierig in der Realität zu bestimmen, wann genau von einem Konflikt, von Krieg bzw. Frieden gesprochen werden kann, um trennscharf zwischen der Anwendung von *CSR* bzw. *CSecR* differenzieren zu können. Wie sieht eine kriegerische und wie eine friedliche Umgebung aus? Man denke allein an die Vielzahl von Kriegs- und Friedensdefinitionen in der IB,

---

[102] Einige Konzeptualisierungen nehmen Faktoren hinzu, andere lassen Aspekte weg, getreu der „ladder of abstraction" von Giovanni Sartori, vgl. Collier und Gerring 2009.

[103] Vgl. Deitelhoff und Wolf 2010a, S. 11; Wolf et al. 2007, S. 298; vgl. auch die Werke in Fußnote 29, die mit ihren Konzepten nicht bzw. unterschiedlich auf die zeitliche Dimension Bezug nehmen.

[104] Vgl. Deitelhoff und Wolf 2010a, S. 11; Wolf et al. 2007, S. 298.

[105] Vgl. Wolf et al. 2007, S. 301.

[106] Vgl. Wolf et al. 2007, S. 301.

die allesamt andere Maßstäbe und Indikatoren nutzen, um ihre Definitionen von den jeweils anderen abzugrenzen.[107]

Andererseits ist problematisch, dass selbst mit Beschränkung auf offensichtlich kriegsgeschüttelte Staaten, nicht schematisch von *CSecR* ausgegangen werden kann: Das Geschäftsgebaren in solchen Kontexten kann, wie zuvor ausgeführt und in der Friedens- und Konfliktforschung hinreichend dargelegt, eine direkte als auch indirekte Wirkung auf den Konflikt haben; die unternehmerischen Strategien können von direkter als auch indirekter Relevanz für den Konflikt sein.[108] Sind bspw. wirtschaftliche Entwicklung, Sozial-Arbeits- und Menschenrechtsstandards vornehmlich mit *CSR*-Initiativen assoziiert und stehen vorrangig für friedliche Umgebungen, ist dennoch unstrittig, dass solche Initiativen auch für Konfliktlösungen und in Kriegsgebieten von unabdingbarer Bedeutung sind, da sie strukturelle Gewalt potentiell mindern.[109] Die für Frieden und Sicherheit im jeweiligen Kontext relevante Initiative an sich zu bestimmen, ist folglich nicht eindeutig möglich; die Grenze zwischen *CSR*- und *CSecR*-Initiativen ist nahezu fließend.[110]

Vor diesem Hintergrund konzentriert sich *CSecR* auf Beiträge, die direkt oder indirekt das Gewaltlevel in Gebieten angehen, die durch drohende, andauernde oder kürzlich beendete Interaktionen physischer Gewalt charakterisiert sind:

> "Such governance contributions have to directly or indirectly address the level of violence in an environment characterized by imminent, ongoing or only very recently terminated interactions of physical violence."[111]

Unter diesen *Governance*-Beiträgen sind solche Maßnahmen zu verstehen, die auf die Schaffung von Sicherheit und Frieden abzielen, denn „this is what states fail to provide in conflict zones"; sie sind somit von unmittelbarer Relevanz für den Konflikt.[112] Direkte Beiträge umfassen dabei etwa die Reform des Sicherheitssektors (Polizei) sowie Abrüstungs-, Demobilisierungs- und Reintegrations-Maßnahmen; darüber hinaus ist proaktives Engagement in

---

[107] Vgl. bspw. Geis 2006.
[108] Vgl. Wolf et al. 2007, S. 302.
[109] Vgl. Wolf et al. 2007, S. 302.
[110] Vgl. Wolf et al. 2007, S. 302.
[111] Deitelhoff und Wolf 2010a, S. 13.
[112] Vgl. Deitelhoff und Wolf 2010a, S. 13.

Friedensverhandlungen definitiv auch als *CSecR* zu deuten.[113] Indirekte Beiträge umfassen hingegen ein wesentlich weiteres Feld, die allesamt latente Konfliktursachen betreffen. Beispiele wären die politische Ordnung, die sozio-ökonomische oder sozio-kulturelle Sphäre, wobei sich die Maßnahmen von der Förderung demokratischer Strukturen über die Bekämpfung von Armut und Klassengegensätzen bis hin zur Förderung unabhängiger Medien, Versöhnungsinitiativen oder Friedenserziehung erstrecken.[114] Was die geographische Verortung anbelangt, können *Governance*-Beiträge insgesamt unterschiedliche Zonen umfassen (ganze Nationalstaaten, Regionen innerhalb von Nationalstaaten oder grenzüberschreitende Gebiete).[115]

Weiterhin müssen *CSecR*-Maßnahmen von „politischer Qualität" sein, d.h. fortwährende, unilaterale bzw. gemeinschaftliche Aktivitäten (*policies*) umfassen, die darauf abzielen, kollektiv verbindliche Regeln und Normen in Bezug auf die Bereitstellung öffentlicher Güter zu setzen und zu implementieren.[116] Dies ist ihnen durchaus mit dem bisherigen Konzept von *CSR* gemein, wonach bspw. die Entwicklung branchenweiter Umweltstandards als eine *CSR*-Maßnahme gilt, die „philanthropische" Einmalzahlung an einen Menschenrechtsfonds hingegen nicht.

Schließlich sind *CSecR*-Maßnahmen, analog zur *CSR*, als intentionale Bemühungen zur Regulierung gesellschaftlicher Probleme auf freiwilliger Basis definiert, womit „Beiprodukte" sowie Strategien, die durch Gesetze vom Staat erzwungen werden müssen, davon ausgeschlossen sind.[117] Auch für *CSecR* müssen Unternehmen diese Grenzen gezielt und systematisch überschreiten, damit sie als *CSecR*-Maßnahme qualifizieren, was bereits dann gegeben ist, wenn sich Unternehmen bspw. in einem „failed state" an zuvor

---

113 Vgl. Deitelhoff und Wolf 2010a, S. 13.
114 Vgl. Deitelhoff und Wolf 2010a, S. 13.
115 Vgl. Deitelhoff und Wolf 2010a, S. 13.
116 Vgl. Deitelhoff und Wolf 2010a, S. 11. Das Geschäftsgebaren von Unternehmen hat heutzutage *per se* eine „politische Qualität", der sich die Unternehmen nahezu unmöglich entziehen können, vgl. bspw. Böge 2006, S. 7 ff., 74 f.; Kanagaretnam und Brown 2006, S. 15. Dies hat auch die bisherige *CSR*-Forschung umfassend bewiesen. Das hier zugrundeliegende Konzept geht jedoch über diese „Qualität" hinaus und versteht diese als „politischen Beitrag".
117 Vgl. Deitelhoff und Wolf 2010a, S. 12.

bestehende Gesetze halten und temporäre Regulierungslücken, trotz vermeintlicher Profitopportunitäten, nicht ausnutzen.[118]

2.3 Bisherige Ansätze zur Deutung und Erklärung der *CSecR*

Wurde zuvor die *CSecR* von der *CSR* differenziert und somit das „Forschungsobjekt", was es in vorliegender Arbeit zu untersuchen gilt, spezifiziert, muss im nächsten Schritt eine Erklärung folgen, die annähernd darlegt, wie es zur *CSecR* kommt bzw. wie diese zu erklären ist und die zumindest potentiell die Faktoren darlegt, die ursächlich für einen *Governance*-Beitrag zu Sicherheit und Frieden in konfliktgeschüttelten Gebieten seitens privatwirtschaftlicher Akteure sind, die eigentliche Theorie zur *CSecR*.

Auf eine umfassende Theorie dazu kann allerdings, wie bereits in der Einleitung erwähnt, angesichts des *Forschungsdesideratums* auf diesem Gebiet, dem „selection bias" bisheriger Arbeiten und der daraus resultierenden mangelnden Vergleichbarkeit, noch nicht zurückgegriffen werden.[119] Vielmehr sind bislang unterschiedliche theoretische Erkenntnisse vorzufinden, die aus den bisherigen Befunden aus Wissenschaft und Praxis destilliert wurden und den *Governance*-Beitrag seitens privatwirtschaftlicher Akteure zu Konfliktprävention, Friedenssicherung bzw. Friedenskonsolidierung in Konfliktgebieten „versuchsweise" erklären können.

Für die Absicht, eine umfassende Theorie zur *CSecR* zu entwickeln, sind diese Vermutungen und potentiellen Erklärungsfaktoren jedoch von äußerster Relevanz und ihre Systematisierung unabdingbar. Eine erste „Ordnung" all dieser bietet das *CSecR*-Modell von Deitelhoff und Wolf, weswegen dieses maßgeblich für die folgenden Ausführungen zum theoretischen Rahmen und der Erklärung für einen unternehmerischen Beitrag zu Konfliktprävention, Friedenssicherung bzw. Friedenskonsolidierung herangezogen wird.[120]

Jenem Modell nach konnten für die Erklärung eines solchen *Governance*-Beitrags seitens privatwirtschaftlicher Akteure bislang ganz unterschiedliche

---

[118] Vgl. Deitelhoff und Wolf 2010a, S. 12.

[119] Vgl. Deitelhoff und Wolf 2010b, S. 4, 19 sowie für weitere Verweise zum „selection bias" und der unzulänglichen Kenntnisse zum Theoretisieren Wolf et al. 2007, S. 297 ff.

[120] Vgl. Wolf et al. 2007; Deitelhoff und Wolf 2010b.

Faktoren (Bedingungen) beobachtet werden, die in vier verschiedene Charakteristika gruppiert wurden:

1. **Akteurscharakteristika** (Größe, Form, Struktur),
2. **Produkt(ions)charakteristika** (Produkt, Produktion),
3. **Geschäftsumgebungscharakteristika** (Politik, Gesellschaft, Markt),
4. **Konfliktcharakteristika** (Gegenstand, Phase, Intensität).[121]

Diesen Charakteristika und ihren Ausprägungen liegen jeweils unterschiedliche Annahmen zugrunde, die als potentiell beeinflussend für die *CSecR* angenommen werden.

2.3.1 Akteurscharakteristika

Was dieses erste *Cluster* von Faktoren (Bedingungen) anbelangt, ist vor allem die organisatorische Ausprägung hinsichtlich Größe, Form und Struktur des privatwirtschaftlichen Akteurs von Relevanz. Argumentiert wird, dass Unternehmen kleinerer und mittlerer Größe weniger Verantwortung in irgendeinem Bereich der *CSecR* (bzw. möglicherweise auch *CSR*) aufweisen, da sie weniger „sichtbar" auf dem Markt sind und somit auch weniger in das Sichtfeld von kritischen Kampagnen seitens NGOs bzw. der Zivilgesellschaft geraten als ihre Konkurrenten, die „Global Players" bzw. TNCs.[122] Demnach sind mittelständische und lokal ansässige Unternehmen auch „more able to free-ride on the reputational concerns of their competitors".[123]

Weiterhin wird ein *CSecR*-Engagement an die Form der Unternehmung "gekoppelt". Unter der idealtypischen Differenzierung zwischen familiengeführtem und börsennotiertem Unternehmen lautet das Argument, dass Anteilsbesitz und Eigentümerschaft in ersterem Falle sichtbarer, weil personifizierbar, sind und somit (rechtliche) Verantwortung unmittelbar den jeweiligen Eigentümern zugeschrieben werden kann.[124] Hingegen ist das Inha-

---

[121] Vgl. Wolf et al. 2007, S. 304 f.; Deitelhoff und Wolf 2010b, S. 15.
[122] Vgl. Wolf et al. 2007, S. 304; Deitelhoff und Wolf 2010a, S. 15 f.
[123] Wolf et al. 2007, S. 304.
[124] Vgl. Wolf et al. 2007, S. 305; Deitelhoff und Wolf 2010a, S. 15 f.

berverhältnis in letzterem Falle wesentlich undurchsichtiger und geht vielmehr „lost in the anonymity of shareholder values".[125] In diesem Sinne scheint es plausibel, dass Unternehmen ersterer Form verantwortungsvoller handeln als börsennotierte TNCs.[126]

Im Hinblick auf die Struktur wird argumentiert, dass Unternehmen, die eine spezifische Geschäftsethik-Kultur aufweisen und nach außen tragen bzw. Schnittstellen zwischen ihnen und ihrem sozialen Umfeld unterhalten (etwa eigens eingerichtete Abteilungen für *CSR* oder damit zusammenhängende Öffentlichkeitsarbeit innerhalb der Unternehmung selbst), Firmen für öffentliche bzw. zivilgesellschaftliche Erwartungen insgesamt sensibilisieren und „empfänglich" machen.[127]

2.3.2 Produkt(ions)charakteristika

Diese Gruppe umfasst zwei Aspekte, nämlich die Art des vom Unternehmen angebotenen Produktes bzw. der Dienstleistung sowie der Produktion.

Bezüglich der Produktart gilt, dass Image und Sichtbarkeit des Produktes von übergeordneter Relevanz für *CSecR* sein können: Unbekannte Unternehmen, deren Marken nicht weit verbreitet und unpopulär sind, müssen etwa „public shaming", Konsumentenboykotte und damit zusammenhängende Kosten so gut wie nicht fürchten; die geringe oder überhaupt nicht vorhandene Furcht vor Reputationsverlust macht folglich ein *CSecR*-Enagagement sehr unwahrscheinlich.[128] Vor diesem Hintergrund ist auch die Länge der Zulieferketten nicht zu vernachlässigen. Eine komplexe Produktfertigung mit einer Vielzahl an Komponenten und langen Zulieferketten sorgen für Intransparenz, sodass die Wahrscheinlichkeit einer Identifikation der unterschiedlichen Einzelteile als auch der gesamten Marke als „conflict product" sehr gering ist.[129] Besonders eindrückliche und aktuelle Beispiele für das Argument der Produktart sind die sog. „Blutdiamanten" oder auch das Produktangebot der Rohstoffindustrie.[130]

---

[125] Wolf et al. 2007, S. 305.
[126] Vgl. Wolf et al. 2007, S. 305; Deitelhoff und Wolf 2010a, S. 15 f.
[127] Vgl. Wolf et al. 2007, S. 305.
[128] Vgl. Wolf et al. 2007, S. 305.
[129] Vgl. Wolf et al. 2007, S. 306.
[130] Vgl. Deitelhoff und Wolf 2010a, S. 16; Wolf et al. 2007, S. 305.

Ferner spielt die Art der Produktion bzw. der jeweilige Produktionssektor eine nicht unerhebliche Rolle für *CSecR*.[131] Ausschlaggebend ist hierbei vor allem das Argument der Kostenminimierung und Kosteneffizienz, die sektorenunabhängig wohl die oberste Priorität in Unternehmen genießt; Konflikte können eine unkalkulierbare Kostengröße darstellen.[132] In diesem Sinne bestehen allerdings sektorenabhängig unterschiedliche Strategien, wie Kostenminimierung und Kosteneffizienz verfolgt wird. Dabei verspricht die Aufgabe des Produktionsstandortes in einem Konfliktfall, wie bereits weiter oben erwähnt, nicht immer die effizienteste Lösung zu sein.[133] Hierfür ist der Primärsektor, etwa die Rohstoffindustrie, das Paradebeispiel: Investitionszyklus und Kapitalerträge stehen in einem langfristigen Zusammenhang, sodass bspw. hohe „sunk costs" die Entscheidung von Unternehmen zu *Exit* oder unbeirrtem „business as usual" maßgeblich beeinflussen.[134] Bestärkt wird dieses Argument durch die eventuell vorhandene direkte Verwundbarkeit bzw. Betroffenheit eines Unternehmens durch den Konflikt, etwa bei hauptsächlichem Einsatz des Produktionsfaktors Arbeit / Humankapital oder physischen Betriebsstätten wie Fabriken, Lagerhallen, Pipelines, etc.:

> „In sum, the physical proximity of core business activities to conflicts, and how immediately corporations are affected by them, may be assumed to influence a company's interest in *CSecR* activities".[135]

Auch kann insofern von einer Korrelation zwischen Produktionssektoren und *CSecR* ausgegangen werden, als die Sektoren, die hohe anfängliche Investitionen getätigt haben und die eine langjährige Präsenz in der jeweiligen Region / dem jeweiligen Markt verzeichnen, eher Interesse an der Bereitstellung des öffentlichen Gutes „Sicherheit" haben und man von diesen folglich eher ein *CSecR*-Engagement erwarten könnte.[136]

---

[131] Vgl. Wolf et al. 2007, S. 306.
[132] Vgl. Deitelhoff und Wolf 2011, S. 169 f. bspw. auch Litvin 2003.
[133] Vgl. Deitelhoff und Wolf 2010a, S. 3; Wolf et al. 2007, S. 300.
[134] Vgl. Wolf et al. 2007, S. 306; Deitelhoff und Wolf 2010a, S. 16.
[135] Wolf et al. 2007, S. 306.
[136] Vgl. Wolf et al. 2007, S. 306. Wolf et al. verweisen in diesem Argument auch auf die Rolle des Finanzsektors (Banken, Versicherungen, Pensionskassen). Ein Sektor, der bislang noch nicht erfasst wurde und untererforscht ist, obwohl dieser indirekt ebenso gut die Gewalt senken könnte, bspw. durch Risikomanagement, Geldwäscheprüfungen, etc.

2.3.3 Geschäftsumgebungscharakteristika

Wie in der Einleitung bereits dargestellt, sehen sich Unternehmensoperationen heutzutage einer komplexen Umwelt gegenüber, die nicht ausschließlich auf die Marktumgebung und die damit zusammenhängende omnipräsente Vermeidung direkter, finanzieller Kosten für Unternehmen zu reduzieren ist.[137] Vielmehr ist diese als eine Umgebung zu verstehen, die zwar durchaus von Marktbedingungen charakterisiert, allerdings auch stark von politischen sowie sozialen Charakteristika durchtränkt ist (sog. „stakeholder environment"), die wiederum von diversen Akteuren vorgebracht werden (staatlichen: Staaten, IGOs; nichtstaatlichen: Zivilgesellschaft, Verbraucher, Gesellschafter; anderen Unternehmungen: Konkurrenten, Kooperationspartner) und die die heutigen Unternehmen effektiv in ihren Kosten-Nutzen-Kalkülen berücksichtigen müssen, das Basis-Argument des *CSR*-Diskurses.[138] Analoges gilt für die *CSecR*, sodass die *Trias* Markt-, Sozial- und Politikstruktur maßgeblich für die Erklärung eines solchen Engagements sein kann.

Aus der Perspektive der zuvor bereits eingeführten „Marktrationalität" wären zunächst drei Dimensionen von Kostenkalkülen für ein solches Engagement entscheidend: (1) direkte Kosten durch zivilgesellschaftliche Aktionen und Verbraucherboykotte; (2) direkte Kosten durch Staatsversagen und / oder (inter)nationale öffentliche Regulierung; (3) Kosten infolge von Reputations- und Rufschäden durch die Assoziation mit Kriegsökonomien bzw. der Verschärfung von Konflikten durch die Geschäftstätigkeit.[139]

Neben den aus einer allgemeinen *CSR*-Perspektive relativ offensichtlichen Faktoren (1) und (3), könnte vor allem (2) eine entscheidende Erklärung für ein *CSecR*-Engagement liefern. Plausibel scheint dies vor dem Hintergrund, dass es auf internationaler Ebene wenige bis gar keine effektiven Beschränkungen von TNC-Geschäftstätigkeiten gibt, genauso wenig wie ein rechtlicher Rahmen vorhanden ist, der Unternehmensoperationen in Konfliktgebieten regelt; zudem gibt es Staaten, die nicht zwangsweise über das notwendige staatliche Gewaltmonopol verfügen, sodass sich die Inexistenz staatlicher Regulierung eher als Kostenfaktor für Unternehmen entpuppen kann

---

137 Vgl. Wolf et al. 2007, S. 306.
138 Vgl. bspw. Crane und Matten 2007; Crane 2008; Scherer und Palazzo 2008.
139 Vgl. Wolf et al. 2007, S. 307; ausführlicher dazu (aus der Perspektive der *CSR*-Forschung) und ursprünglich adaptiert von: Wolf 2005.

und diese sich zum Schutze ihrer Geschäftstätigkeiten im Sinne von *CSecR* engagieren.[140] Sicherheit ist hier erneut der elementarste Aspekt. Wird diese nicht von staatlicher Seite bereitgestellt, sehen sich Unternehmen zwangsläufig mit höheren Kosten konfrontiert: Einerseits materiellen Kosten (durch etwaige Beschädigung ihrer lokalen Produktionsstätten (Anlagen, Maschinen, Pipelines, etc.) sowie öffentlicher Infrastruktur (Transportwege) bzw. dem lokalen Verlust von Markt, Beschäftigung, Arbeitskraft, Personal („brain drain" durch Entführung, Migration oder Militärrekrutierung) und letztlich höheren Versicherungsprämien zur Absicherung dieser Risiken, andererseits Kosten durch die eigenständig Besorgung von Sicherheit; beides Kosten, die sich direkt in den Bilanzen niederschlagen.[141]

Weiterhin kann der politisch-institutionelle Rahmen eine zentrale Rolle in der Erklärung von *CSecR* spielen. Von Relevanz sind in dieser Hinsicht vor allem Aspekte wie die Stabilität von Staaten und Regimen, die Existenz und das Funktionieren von *Governance*-Strukturen sowie etwa eine „starke" und „aufgeklärte" Zivilgesellschaft.[142] So sichern bspw. Schmiergeldzahlungen und Sicherheitskooperationen mit repressiven Regimen zwar die unternehmerischen Geschäftstätigkeiten vor dem Konflikt, erhöhen allerdings automatisch die Kosten der Unternehmen und intensivieren kriegsökonomieähnlich den Konflikt; ein *CSecR*-Engagement zur Etablierung solider und nachhaltiger Staats- bzw. Sicherheitsstrukturen scheint in Anbetracht dessen durchaus plausibel.[143] Auch die Differenzierung zwischen Heimat- und Aufnahmestaaten ist ein Argument, wobei rechtliche Verpflichtungen sowie eine kritische Zivilbevölkerung in ersteren starke Anreize zu *CSecR* sein können (etwa Druckmittel durch Konsumentenboykotte, „Naming" / "Shaming", etc.):[144]

> „The pursuit of goals that are in the public interest thus depends on the political culture in a company's region of origin and on the likelihood of public shaming at home".[145]

---

[140] Vgl. Wolf et al. 2007, S. 307.
[141] Vgl. Wolf et al. 2007, S. 307.
[142] Vgl. Wolf et al. 2007, S. 308 f.
[143] Vgl. Wolf et al. 2007, S. 308.
[144] Vgl. Wolf et al. 2007, S. 308.
[145] Wolf et al. 2007, S. 308.

Demnach ist von Unternehmen mit Hauptsitz in einem demokratisch organisierten Staat bzw. der OECD eher zu erwarten, dass sie sich im Sinne von öffentlichen Interessen engagieren, da in diesen unter anderem das Potential zu „Naming" und „Shaming" wesentlich höher liegt, aber auch liberale Menschenrechtsnormen allgemein anerkannt sind als in Staaten, die autoritär oder gar repressiv organisiert sind.[146] Anders gesagt wirkt das in einer Umgebung demokratischer Staatsführung internalisierte Prinzip der *Good Governance* auch auf die *Corporate Governance* von Unternehmen in Konfliktgebieten, was wiederum ein *CSecR*-Engagement wahrscheinlicher macht.

Schließlich ist die Marktstruktur als Argument für *CSecR* heranzuziehen. Unter dem wiederholten Gesichtspunkt der Kostenminimierung machen Wettbewerbsmärkte bzw. Märkte mit großer Konkurrenz ein unternehmerisches *CSecR*-Engagement eher unwahrscheinlich, da jegliche Mehrkosten mit einer Schwächung der Marktposition für ein Unternehmen einhergehen können.[147] Folglich ist die Wahrscheinlichkeit für *CSecR*-Initiativen in oligopolistisch strukturierten Märkten am höchsten.[148]

2.3.4 Konfliktcharakteristika

CSecR kann schließlich von drei verschiedenen Konflikteigenschaften abhängig sein: dem Konfliktgegenstand, der Konfliktphase und der Konfliktintensität.

Obwohl ersterer meist schwer und teilweise nicht trennscharf identifizierbar ist, lautet das Argument, dass ökonomische Konfliktgegenstände, etwa nach dem Ansatz der Gewaltökonomien (auch als "Greed and Grievance" oder „Ressourcenfluch" bezeichnet), ein unternehmerisches Engagement in Form von *CSecR* wahrscheinlicher machen als Konflikte, denen komplexere Zusammenhänge zugrunde liegen (wie ethnische, ideologische, religiöse Spannungen).[149]

---

[146] Vgl. Wolf et al. 2007, S. 309.
[147] Vgl. Wolf et al. 2007, S. 309.
[148] Vgl. Wolf et al. 2007, S. 309.
[149] Vgl. Wolf et al. 2007, S. 309.

Des Weiteren entscheidet die Konfliktphase über ein *CSecR*-Engagement sowie die Art eines Konfliktes.[150] Demzufolge entfaltet ein konfliktsensitives
Geschäftsgebaren und ein von vornherein bestehendes Konfliktbewusstsein
seitens der Unternehmen, eine konfliktpräventive Wirkung und kann insbesondere (oder auch lediglich) vor Ausbruch eines Konfliktes von Relevanz
sein, wohingegen Beiträge inmitten eines Konfliktes eher unmittelbar auf das
Gewaltlevel abzielen und *Post*-Konflikt-Stadien Initiativen wie den Instituti-
onenaufbau nahelegen.[151] Letztere Konfliktphase verspricht zugleich den
wahrscheinlichsten *CSecR*-Beitrag, da bspw. der (Wieder-) Aufbau von
Governance-Strukturen den Unternehmen zum einen, langfristige und solide
Investmentmöglichkeiten verheißt und zum anderen, operative Kosten senkt
(etwa durch eine daraus resultierende bessere Infrastruktur).[152] Dennoch
sind *CSecR*-Initiativen auch inmitten eines Konfliktes überaus plausibel, da
den Unternehmen hier ein unmittelbarer Nutzen erwächst und ihr Engagement direkt auf ihre Geschäftstätigkeit wirkt: Dort, wo hohe „sunk costs"
und kaum *Exit*-Optionen herrschen, versuchen Unternehmen ihre Geschäftsoperationen solange wie möglich uneingeschränkt fortzusetzen, *exempli
causa* im Primärsektor (Rohstoffindustrie); inmitten eines Konfliktes bedeutet das unter anderem die Sicherung von Produktionsstätten und –anlagen,
das Beschützen von Personal sowie das Absichern der Infrastruktur – insgesamt alles *CSecR*-Initiativen.[153] Obwohl die vorstehenden Erklärungen das
Augenmerk auf die Phasen inmitten eines Konfliktes und nach dessen Beendigung legen, ist ein konfliktpräventives Geschäftsgebaren und damit ein
CSecR-Engagement in einem „schwelenden" aber nicht manifesten Konflikt
keineswegs auszuschließen; trotzdem sei darauf verwiesen, wenn nun teilweise auch wider die *CSecR* argumentierend, dass sich Unternehmen von
pro-aktivem Engagement hauptsächlich aus zuvor erwähnten Kostenkalkülen zurückhalten werden (Ineffizienz in Bereitstellung öffentlicher Güter
nach Olson-Theorem, Trittbrettfahrer, Schwächung der Marktposition, etc.),
womit insbesondere das öffentliche Gut „Sicherheit" wahrscheinlich zuerst
als „Privatgut" oder „Clubgut" bereitgestellt werden würde.[154]

---

[150] Vgl. Wolf et al. 2007, S. 309.
[151] Vgl. Wolf et al. 2007, S. 309.
[152] Vgl. Wolf et al. 2007, S. 309.
[153] Vgl. Wolf et al. 2007, S. 309 f.
[154] Vgl. Wolf et al. 2007, S. 310.

Was den Punkt der Konfliktintensität anbelangt, kann angesichts mangelnder Befunde lediglich eine mutmaßliche Erklärung angeboten werden, wobei zwei Deutungen sinnvoll erscheinen:

> „Higher levels of violence could have greater effects on infrastructure and the day-to-day running of a business, which could result in a higher likelihood of businesses to act. Alternatively, a more intense conflict may appear more complex and overwhelming, resulting in a more apathetic or passive approach by corporations".[155]

2.4 Hypothesenentwicklung zur *CSecR*

Aus den theoretischen Erklärungen ergibt sich die Annahme, dass bestimmte Faktoren von Akteurs, Produkt(ions)-, Umgebungs- bzw. Konflikt-Charakteristika auf das Engagement von Unternehmen zu Konfliktprävention, Friedenssicherung bzw. Friedenskonsolidierung in Konfliktgebieten zurückwirken. Diese Bedingungen und Charakteristika gilt es in vorliegender Untersuchung zu analysieren, um auszuloten, ob und wo ein (Wirkungs-)Zusammenhang zwischen diesen und dem Engagement von TNCs zu *CSecR* besteht und letztlich die forschungsleitende Frage zu beantworten. Damit diese Prüfung im empirischen Teil der Arbeit erfolgen kann, müssen die den theoretischen Erklärungen zugrundeliegenden und als ursächlich erachteten Faktoren (Bedingungen) in Annahmen übersetzt werden, was auch im Rahmen der Konzeptualisierung des *CSecR*-Modells von Deitelhoff und Wolf bereits erfolgt ist. Analog dazu können für die Prüfung der jeweiligen Charakteristika folgende, adaptierte Hypothesen formuliert und die Hauptfragestellung der Arbeit in folgende Unterfragen aufgeteilt werden:

1. **Akteurscharakteristika** (Größe, Rechtsform, Organisation)[156]

> H A 1: *Je größer TNCs sind, desto eher engagieren sie sich in Form von CSecR.*

> H A 2: *Wenn eine rechtsähnliche Zuordnung von Verantwortlichkeit bzw. Haftung innerhalb von TNCs gegeben ist, dann engagieren sie sich in Form von CSecR.*

---

[155] Wolf et al. 2007, S. 310.

[156] Vgl. Wolf et al. 2007, S. 305.

H A 3: Wenn eine eigene Unternehmensethik bzw. –kultur in TNCs besteht, dann engagieren sie sich in Form von CSecR.

UF 1: Welcher Zusammenhang besteht zwischen Akteurscharakteristika von TNCs und ihrem Engagement zu *CSecR*?

2. **Produkt(ions)charakteristika** (Produkt, Produktion)[157]

H P 1: Je höher die Produktsichtbarkeit und somit die Image-Abhängigkeit von TNCs ist, desto eher engagieren sie sich in Form von CSecR.

H P 2: Wenn die Nähe von Produktionsanlagen und –Ressourcen des Kerngeschäftes von TNCs zum Konflikt bzw. „sunk costs" gegeben sind, dann engagieren sie sich in Form von CSecR.

UF 2: Welcher Zusammenhang besteht zwischen Produkt(ions)charakteristika von TNCs und ihrem Engagement zu *CSecR*?

3. **Geschäftsumgebungscharakteristika** (Politik, Zivilgesellschaft, Markt)[158]

H G 1: Je höher der Grad staatlicher Fehlfunktion im Gastland der TNCs ist, desto eher engagieren sich TNCs in Form von CSecR.

H G 2: Je größer die Dichte von NGOs und deren Aktivitäten im Heimatland der TNCs ist, desto eher engagieren sich TNCs in Form von CSecR.

H G 3: Je geringer die Anzahl der Anbieter auf dem Markt, auf welchem die TNCs operieren bzw. je oligopolistischer dieser strukturiert ist, desto eher engagieren sich TNCs in Form von CSecR.

UF 3: Welcher Zusammenhang besteht zwischen Geschäftsumgebungscharakteristika in denen TNCs operieren und ihrem Engagement zu *CSecR*?

---

[157] Vgl. Wolf et al. 2007, S. 306.
[158] Vgl. Wolf et al. 2007, S. 308.

4.   **Konfliktcharakteristika** (Gegenstand, Phase)[159]

> H ᴋ 1: *Wenn der Konflikt von ökonomischen Sachverhalten geprägt ist, dann engagieren sich TNCs in Form von CSecR.*

> H ᴋ 2: *Wenn sich TNCs in Phasen des manifesten oder unmittelbar beendeten Konflikts befinden, dann engagieren sie sich in Form von CSecR.*

UF 4: Welcher Zusammenhang besteht zwischen Konfliktcharakteristika denen sich TNC gegenübersehen und ihrem Engagement zu *CSecR*?

2.5 Untersuchungsanlage

Der dargelegte theoretische Rahmen der *CSecR* offeriert vier verschiedene Charakteristika (Akteur, Produkt(ion), Umgebung bzw. Konflikt) zur Erklärung eines unternehmerischen Engagements zu Frieden bzw. Sicherheit. Aus dieser Theorie und den jeweiligen Charakteristika wurden insgesamt zehn Hypothesen „destilliert" (H ᴀ 1-3; H ᴘ 1-2; H ɢ 1-3; H ᴋ 1-2) sowie vier Unterfragen formuliert (UF 1-UF 4). Diese Hypothesen werden in vorliegender Arbeit „getestet", um aus den einzelnen Ergebnissen des „Hypothesentests" die jeweils formulierte Unterfrage beantworten zu können und letztlich, anhand einer Zusammenfassung dieser, eine Antwort auf die Hauptfragestellung der Arbeit zu geben (s.h. 1.2). Für die Prüfung der Hypothesen bedarf es allerdings eines „Untersuchungsplans", welcher im Folgenden dargelegt wird.

---

[159]   Vgl. Wolf et al. 2007, S. 309 f.

3 Untersuchungsdesign und Methodik[160]

> "In a very crucial sense there is no methodology without *logos*, without thinking about thinking. And if a firm distinction is drawn – as it should be – between methodology and technique, the latter is no substitute for the former. [...] One may be a wonderful researcher and manipulator of data, and yet remain an unconscious thinker. The view [...] is, [...], that the profession as a whole is grievously impaired by methodological unawareness. [...] And my [...] complaint is that political scientists eminently lack (with exceptions) a training in logic – indeed in elementary logic. [...] I stress 'elementary' because I do not wish to encourage in the least the overconscious thinker, the man who refuses to discuss heat unless he is given a thermometer. My sympathy goes, instead, to the 'conscious thinker', the man who realizes the limitations of not having a thermometer and still manages to say a great deal simply by saying hot and cold, warmer and cooler. Indeed I call upon the conscious thinker to steer a middle course between crude logical mishandling on the one hand, and logical perfectionism (and paralysis) on the other hand."[161]

Dieses Kapitel legt das Forschungsdesign der zugrundeliegenden Arbeit dar, wobei die für die empirische Untersuchung anzuwendende Methode expliziert sowie die damit zusammenhängende Vorgehensweise veranschaulicht wird. Mit der Abgrenzung der Methode von anderen Forschungsanwendungen und -arten soll im ersten Schritt ihre Verwendung in vorliegender Arbeit auch unter wissenschaftstheoretischen Aspekten begründet werden. Im Anschluss daran wird die Operationalisierung der eingeführten „*CSecR*-Theorie" geleistet, in welcher die Spezifizierung der Indikatoren für die Messung der formulierten Hypothesen entwickelt wird. Daraufhin folgt die Fallauswahl und der *Modus Procedendi* der Analyse, womit dieses für die in Kapitel 4 folgende empirische Analyse unabdingbare und als weitere Grundlage dienende Kapitel abgeschlossen wird.

Insgesamt orientieren sich die Ausführungen nicht nur an inhaltlichen Erwägungen, sondern auch an formalen Sachverhalten, forschungslogischen Implikationen und spezifischen Problemen. Vor diesem Hintergrund fällt das

---

[160] Das Wort „Untersuchungsdesign" bzw. „Forschungsdesign" entstammt dem „neueren" Diskurs der Methoden der empirischen Sozialforschung. Es ist vor allem durch King et al. 1994 prominent geworden und hat sich seitdem in den Gesellschaftswissenschaften als *Terminus technicus* etabliert. Gemeint ist die Konzeption der Untersuchungsanlage bzw. das Untersuchungs- / Analysevorgehen.

[161] Sartori 1970, S. 1033.

Kapitel durchaus etwas umfassender aus, allerdings gewährleistet diese Ausführlichkeit einerseits das ganzheitliche Verständnis der Untersuchungsanlage und zeigt andererseits auf, welches Potenzial in der Anwendung der Methodik für die Analyse der *CSecR* und den daraus resultierenden Ergebnissen liegt. Abgesehen davon sollen die Arbeit im Allgemeinen und die empirische Analyse im Besonderen intersubjektiv nachvollziehbar sein, weshalb letztlich eine ausführlichere Darstellung nicht umgangen werden kann und nicht umgangen werden soll.

3.1 Untersuchungsmethodik

3.1.1 Selektion der Untersuchungsform

Die soziale Wirklichkeit ist unendlich komplex; jedes Ereignis, jede Gegebenheit ist einzigartig. Dennoch weist auch diese Komplexität oftmals gewisse Ordnungen auf, der sich viele Menschen nicht bewusst sind. Die Sozialwissenschaften, darunter auch die Politologie, haben sich unter anderem zum Ziel gesetzt, diese Strukturen zu erkennen sowie deren Regelmäßigkeiten zu identifizieren, was sich in unterschiedlichem, wissenschaftlichen Vorgehen manifestiert; bspw. dem Entdecken bislang nicht erfasster Begebenheiten (Explorative Forschung), dem akkuraten Beschreiben von Sachverhalten (Deskriptive Forschung), dem Erklären eines Gegenstandes anhand theorieorientierter Konzeptualisierung hinsichtlich Zusammenhang und Kausalität (Hypothesen- und Theorietestende Forschung) oder dem Bewerten und Einschätzen von Wirkungszusammenhängen (Evaluationsforschung).[162] Obschon jedes dieser empirischen Forschungsprogramme für sich steht, ist ihnen allen ein Ziel gemein, nämlich der Erkenntnisgewinn.[163] Hier liegt im Übrigen ein Unterschied zwischen alltäglichen und wissenschaftlichen Erkenntnissen: Gründen erstere meist auf persönlichen Auslegungen, Emotionen und Fiktionen, zeichnet sich die Gewinnung letzterer durch eine systematische Vorgehensweise aus.[164] Dazu bedienen sich Wissenschaftler in der empirischen Forschung bestimmter Instrumente, sog. Methoden; genauso, wie sich ein Handwerker beim Bau eines Regales diverser Gerätschaften aus

---

[162] Vgl. Ragin 1994, S. 31; Diekmann 2007, S. 33–41.

[163] Vgl. Ragin 1994, S. 31 ff.

[164] Vgl. Diekmann 2007, S. 31 f. Die Betonung liegt auf „ein" Unterschied, da durchaus weitere identifiziert werden können und sich ganze Diskurse mit der Differenzierung befassen. Eine genaue Darlegung ist in vorliegendem Rahmen obsolet und wäre innerhalb dessen ohnehin nicht in hinreichender Form realisierbar.

dem Werkzeugkasten bedient. Um die Bestrebung möglichst effektiv zu gestalten, liegt es nahe, die geeignetste Methode bzw. das geeignetste Werkzeug zu wählen, wobei „die" eine Methode bzw. „das" eine Werkzeug nicht existiert.[165] Dies scheint insofern plausibel, als jeder Forschung unterschiedliche Ziele, Fragestellungen und Daten zu Grunde liegen und dafür entsprechend unterschiedliche Methoden von Nöten sind.

Die Auswahl der adäquaten Methode richtet sich in der Politologie, neben den zuvor beispielhaft erwähnten Aspekten (Ziel, Frage, Daten) nach einer Vielzahl von Faktoren, die es idealerweise zu beachten gilt. Grob können Methoden jedoch zunächst nach epistemologischem[166] bzw. ontologischem[167] Gesichtspunkt unterschieden werden, wobei zwischen einer nomothetischen Forschungstradition, im Sinne von „Erklären" sowie einer idiographischen, im Sinne von „Verstehen", differenziert werden kann.[168] Zudem kann be-

---

[165] Daraus speist sich eine unüberschaubare Methodendiskussion, die insbesondere im US-amerikanischen Raum in den 1990er angestoßen wurde und sich fest in den Sozialwissenschaften etabliert hat. Auf einige der diskutierten Sachverhalte bzw. entsprechenden Werken wird im Folgenden hingewiesen. Vgl. dazu auch Wight 2003, S. 24–26.

[166] Epistemologie ist die Wissenschaftslehre bzw. Erkenntnistheorie in angelsächsischer Tradition und befasst sich damit, welches Ziel wissenschaftliches Arbeiten verfolgt bzw. wie Wissenschaft am effizientesten zum Erkenntnisgewinn gelangt, wobei die Begriffe, Methoden und Erkenntnisinteressen der Wissenschaft auf einer Metaebene erörtert werden. Vgl. Rosenberg 1998; Hempel et al. 1985.

[167] Ontologie ist „die Lehre vom Sein", den Ordnungs- und Begriffsbestimmungen. Sie diskutiert etwa die Systematik von Gegenständen, Eigenschaften, Prozessen sowie die Verhältnisse und Beziehungen, die diesen zugrundeliegen. So erörtert die Ontologie in theoretischem Sinne, welche Beschaffenheit eines Gegenstandes in der Wirklichkeit beobachtet werden muss, damit eine theoretische Annahme als wahr oder falsch erachtet werden kann. Vgl. Craig 1998; Hempel et al. 1985.

[168] Vgl. Weber und Shils 1949; Wight 2003, S. 32. Eine grundsätzliche epistemologische bzw. ontologische Diskussion kann und soll hier nicht geführt werden. Verwiesen sei etwa, was die Sozialwissenschaft und Epistemologie im deutschen Sprachraum anbelangt, auf die Lektüre von Max Weber, Theodor W. Adorno, Karl R. Popper und damit die Anfänge, den klassischen „Positivismusstreit" sowie die Auseinandersetzung mit dem Wiener Kreis; vgl. bspw. Weber 1988; Weber und Shils 1949; Adorno 1993; Popper 1989. Ein guter Überblick, auch über die Diskussion hinausgehend, findet sich in englischer Sprache bspw. bei Eckstein 1992.

hauptet werden, dass sich im epistemologischen Diskurs unter ersterer Tradition, vorrangig quantitative Methoden etabliert haben, wohingegen unter letzterer vor allem qualitative Methoden zu verstehen sind.[169]

„Erklären" impliziert das Schließen eines logischen Satzes aus einzelnen Randbedingungen und allgemeinen Aussagen bzw. idealerweise das Ableiten von (Kausal-)Gesetzen im Sinne des deduktiv-nomologischen Erklärungsmodells nach Carl Gustav Hempel.[170] „Verstehen" zielt hingegen auf

---

[169] Genau an diesem Punkt setzt die bereits in vorhergehenden Fußnoten angedeutete, vorrangig US-amerikanische Methodendiskussion an, vgl. dazu bspw. die Hauptwerke King et al. 1994; van Evera 1997; Ragin 1994; Gerring 2008, 2007 /// 2009; Brady und Collier 2004; George und Bennett 2005. Insgesamt kann kaum einer der Autoren eine trennscharfe Differenzierung zwischen quantitativen und qualitativen Methoden offerieren, allerdings bieten ihre Monographien eine solide erste Orientierung. Dabei ist ihnen gemein, dass eine Differenzierung nur unter Berücksichtigung mehrerer Dimensionen erfolgen kann, die hier nicht weiter dargelegt werden soll. Dennoch kann schemenhaft und illustrativ folgender Konsens ausgemacht werden: Quantitative Methoden stellen empirische Sachverhalte numerisch dar und bedienen sich hauptsächlich statistischer Verfahren wohingegen qualitative Methoden zur Darstellung und Auswertung empirischer Sachverhalte nicht-standardisierte Verfahren verwenden (Befragungen, Beobachtungen, etc.).

[170] Dieses Konzept der „Erklärung" geht auf Carl Gustav Hempel zurück. Hempel entwickelte dazu sein sog. deduktiv-nomologisches Modell der Erklärung, welches interdisziplinär in der wissenschaftlichen Logik des kausalen Schließens eine zentrale Rolle eingenommen hat; darauf gründet die wissenschaftliche Vorgehensweise der Deduktion, Induktion und Abduktion (deduktives Schließen: Aus einer Theorie wird eine allgemeine Hypothese destilliert, die an sog. „Fällen" empirisch geprüft wird – d.h. vom Allgemeinen wird auf etwas Spezifisches geschlossen; induktives Schließen: Aus empirisch beobachteten Fällen werden Hypothesen entwickelt und versucht auf allgemeingültige Aussagen („Gesetze") zu schließen (Theoriegenerierung); abduktives Schließen: Allgemeingültige „Gesetzmäßigkeiten" werden aus abweichenden, empirisch beobachteten Fällen abgeleitet). Hempel und Lenzen 1977; George und Bennett 2005, S. 127 ff.; Hobbs 1993.

Explanans (Gesetzmäßigkeit)	All tables have two legs.	Explanans (Gesetzmäßigkeit)	Alle f sind g
Antezedens (Prämissen)	Professor Hyneman is a table.	Antezedens (Prämissen)	A ist ein f
Explanandum (deduktiver Schluss)	(Therefore,) professor Hyneman has two legs.	Explanandum	(Also:) Es ist notwendig (gewiss), dass a ein G ist.

Vgl. Hobbs 1993, S. 2 f.   Vgl. Hempel 1952, S. 63.

das eingehende Verständnis eines Phänomens unter Rückgriff interpretativer bzw. historisch-hermeneutischer Analyseverfahren, wobei diese auf die Erfahrung des Forschers vertrauen.[171]

Weiterhin unterscheiden sich diese wissenschaftlichen Verfahrens- und Denkweisen in ihrem epistemologischen Verständnis von Kausalität.[172] Trägt der Einflussfaktor bzw. die unabhängige Variable (UV) zur Erhöhung der Wahrscheinlichkeit eines Prozessergebnisses oder des Auftreten eines Phänomens bzw. der abhängige Variable (AV) bei, liegt ein probabilistisches Verständnis vor; wird hingegen die UV als notwendige Bedingung[173] für die AV betrachtet, handelt es sich um eine deterministische Konzeption von Kausalität.[174] Darüber hinaus ist zwischen kausalen Effekten und kausalen Mechanismen zu differenzieren. Erstere verstehen darunter den Effekt, der sich bei der AV, durch eine Änderung der UV, unter Konstanthaltung alternativer Faktoren feststellen lässt, wohingegen letztere, als eine der UV-inhärente Kraft zu verstehen sind, die unter bestimmten Bedingungen freigesetzt werden und einen kausalen Prozess in Gang bringen, welcher schließlich zur AV führt.[175]

Untersuchungen, die sich auf die jeweiligen Variablen konzentrieren, so hat sich in den beiden Forschungstraditionen etabliert, haben eher ein probabilistisches Verständnis von Kausalität. Im Gegensatz dazu verstehen Studien, die den Fokus auf die jeweiligen Fälle richten, Kausalität deterministisch.[176]

---

[171] Jahn 2006, S. 162 f. Diese Forschungstradition hat ein anderes Verständnis sozialer Wirklichkeit: Ausgegangen wird davon, dass diese sozial konstruiert ist und der Forschungsprozess nicht szientistisch wie in den Naturwissenschaften, ohne die „persönliche Erfahrung" des Forschers, erfolgen kann. Die Kritik daran lautet, dass die Forschung folglich nicht wertfrei ist. Sozialkonstruktivisten befürworten dies durchaus, denn soziale Phänomene können erst durch die Einbindung des Forschers erklärt werden.

[172] Kausalität und ihre Differenzierung ist in den empirischen Sozialwissenschaften von grundlegender Bedeutung, wobei zwischen Ursächlichkeit und Korrelation unterschieden wird. Muno 2009, S. 123.

[173] Diese kann wiederum, je nach gewählter Methodik und epistemologischer Verortung, in notwendige und hinreichende Bedingung aufgeteilt werden. Wie im Weiteren noch zu erklären sein wird, trifft das auch im vorliegenden Fall zu.

[174] Blatter et al. 2007, S. 129 ff.

[175] Blatter et al. 2007, S. 130 f.

[176] Vgl. Blatter et al. 2007, S. 131 f.

Im Übrigen nehmen quantitative Forschungsmethoden für ihre Schlussfolgerungen hauptsächlich einen kausalen Effekt an und zielen auf die Feststellung der Wahrscheinlichkeit dieses ab, während sich qualitative Methodiker eher auf kausale Mechanismen fokussieren, die Ursache und Wirkung, in einem konkreten, kausalen Prozess miteinander verbinden.[177] In diesem Sinne loben qualitative Forscher die Möglichkeit, kausale Mechanismen nicht nur statistisch abschätzen zu können wie vorrangig quantitative Wissenschaftler, sondern durch Aufbrechen der „Black Box", kausale Mechanismen auch empirisch zu identifizieren und somit den Wirkungszusammenhang zwischen AV und UV nicht nur theoretisch-abstrakt, sondern empirisch-konkret benennen zu können.[178]

Wie kontroverse methodologische Diskussionen[179] zeigen, haben beide Forschungstraditionen mit ihren Pro- und Kontra-Argumenten zu kämpfen: Krankt das Erklären oftmals an einem Verständnis von Kausalität, welches nur schwer mit der sozialwissenschaftlichen Auffassung sozialer Realität vereinbar ist (deterministisch *versus* probabilistisch), muss beim Verstehen häufig die Maxime empirischer Sozialforschung, nämlich die intersubjektive Nachvollziehbarkeit, zugunsten des umfassenden Verständnisses eines Phänomens in den Hintergrund treten.[180] Alles in allem, sind beide Traditionen und damit ihre verwendeten Methoden in den heutigen Sozialwissenschaften kaum strikt antagonistisch zu trennen, sondern vielmehr als komplemen-

---

[177] Vgl. Blatter et al. 2007, S. 131 f.

[178] Vgl. Blatter et al. 2007, S. 133.

[179] Vgl. für die maßgebliche Methodendiskussion die Hauptwerke der jew. Autoren in Fußnoten 169 und 170, auf die in der Debatte immer wieder rekurriert wird. Abgesehen davon existiert eine unüberschaubare Anzahl an Einzelbeiträgen unterschiedlicher Autoren (auch interdisziplinär), die hier nicht weiter aufführbar ist.

[180] Das Argument lautet wie folgt: Zum „Verstehen" werden Methoden verwendet, bei denen das Phänomen hinsichtlich der Absicht der jeweiligen Akteure gedeutet werden soll, wobei historisch-hermeneutische Auswertungstechniken zum Einsatz kommen, die auf das interpretatorische Vermögen des Forschers abstellen. Somit ist nicht immer gewährleistet, dass Sachverhalte für mehrere Betrachter gleichermaßen erkennbar und nachvollziehbar sind. Hingegen werden zum „Erklären" vor allem Methoden verwendet, die „objektivere" Verfahren anwenden (mathematische, statistische), die Intersubjektivität eher gewährleisten; bspw. besteht eher Konsens darüber, dass 1+1=2 ergibt als darüber, dass bestimmtes Essen dick macht oder Sport gesund ist. Vgl. Jahn 2006, S. 162.

tär anzusehen; zudem ist in der heutigen empirischen Praxis sogar eine Kombination beider zu beobachten, sodass, eher danach differenziert wird, ob ein Forschungsvorhaben variablen- oder fallzentriert ausgerichtet ist.[181]

Herausgestellt sei, dass die dargelegten vermeintlichen Differenzierungen lediglich exemplarischen Charakter haben und nur schemenhaft erfolgt sind, denn der vorstehende Abschnitt sollte und konnte weder einer epistemologischen noch einer methodologischen Diskussion gelten. Vielmehr sollte deutlich werden, dass keine allgemein akzeptierten Vorstellungen in der Methodologie vorherrschen und die teilweise müßigen Diskussionen innerhalb dieser, den wissenschaftlichen Diskurs sowie die empirische Forschung oftmals eher behindern als voran bringen; auch sind diese Debatten nicht ganz unproblematisch, da sie nicht selten methodische Kategorien mit epistemologischen und ontologischen vermischen.[182]

An dieser Stelle sei deshalb verdeutlicht, dass Methoden „Mittel zum Zweck" sind und als solches durchweg erachtet werden sollten. In Anbetracht dessen darf der Empiriker den Methodendiskurs sehr wohl aus Distanz verfolgen, denn welche Methode letztlich zum Einsatz kommt, ist insofern irrelevant, als der Wissenschaftler für seine Methodenwahl lediglich seinem Untersuchungsgegenstand, im Sinne der Anwendbarkeit, Rechenschaft schuldig sein sollte.[183] Dies brachte Adam Przeworski treffend auf den Punkt:

> „I am a methodological opportunist who believes in doing or using whatever works. If game theory works, I use it. If what is called for is a historical account, I do that. If deconstruction is needed, I will even try deconstruction. So I have no principles."[184]

Auch die Methodenauswahl vorliegender Arbeit konnte sich nur schwer an der dargelegten schemenhaften Grenzziehung im Stile „qualitativ *versus* quantitativ" orientieren, was einerseits dem relativ neuen, noch untererforschten Untersuchungsgegenstand, der Zielsetzung und dem Forschungsinteresse vorliegender Arbeit geschuldet ist, andererseits den jeweiligen Spezifika und Anwendungsproblemen beider Methoden.[185]

---

[181] Vgl. Jahn 2006, S. 164 ff.

[182] Muno 2009, S. 124; Wight 2003, S. 24; 26.

[183] Muno 2009, S. 124.

[184] Kohli et al. 1996, S. 16.

[185] Diese Punkte können in vorliegendem Rahmen nicht diskutiert werden. Dazu findet sich ohnehin jeweils eine Vielzahl einschlägiger Literatur. Was hingegen die Spezifika

Aus diesem Grunde wurde eine Methode bzw. Analysetechnik[186] gewählt, die zwischen beiden Methodentraditionen steht und der „Familie" des Vergleichs bzw. der vergleichenden Methoden entstammt.[187] Bevor im Weiteren die letztlich zu verwendende Analysetechnik in ihrem „Mittelweg" erläutert wird, scheint es aus Verständnisgründen angebracht, exkursartig, zunächst auf die methodischen Annahmen des Vergleichs einzugehen sowie die Implikationen der vergleichenden Methoden für das Forschungsdesign und die Analysetechnik darzulegen.

3.1.1.1 „Vergleichen" bzw. die Logik des Vergleichs in der Politikwissenschaft

Der Vergleich als solcher stellt noch keine wissenschaftliche Methode dar, denn nüchtern betrachtet, vergleichen Menschen alltäglich und andauernd: Mit Vergleichen erschließen sie sich die soziale Realität, indem der Vergleich

---

und Problematiken der zu verwendende Methode anbelangt, wird im Laufe der Arbeit durchaus noch zu Genüge darauf eingegangen werden.

[186] Verwendet wird die mvQCA, eine Weiterentwicklung der QCA nach Charles C. Ragin. Wie bereits aus dem Titel ersichtlich („Comparative"), handelt es sich um eine Methode, der die vergleichende Vorgehensweise bzw. der Vergleich inhärent ist und womit die Untersuchungsanordnung durchaus der vergleichenden Forschung zuzuordnen ist. Insgesamt ist (mv)QCA jedoch mehr als Analysetechnik denn als Methode in oben erwähntem epistemologischen Sinne zu verstehen, da ihr ein eigenständiges und spezifisches Auswertungsverfahren zu Grunde liegt und sie sich „lediglich" der methodologischen Annahmen des Vergleichs bzw. den vergleichenden Methoden in der Politikwissenschaft bedient. Zu diesem Aspekt sind allerdings kontroverse Auffassungen vorzufinden. So behaupten Schneider und Wagemann, dass QCA durchaus als eigenständige Methode angesehen werden kann, da ihr ein charakteristisches Verständnis des Forschungsvorgehens implizit ist, der Forscher sich von Anbeginn dazu Gedanken macht und somit auch das gesamte Forschungsdesign davon geprägt wird, vgl. Schneider und Wagemann 2007, S. 45. Dementgegen führt Rihoux an, dass es sich um eine Technik handelt, die allerdings sehr wohl methodischen Ansprüchen gerecht wird (etwa dem Theorietest, „within-case"-Vergleich, „cross-case"-Vergleich), vgl. Rihoux und Ragin 2009, S. 38.

[187] „Den Vergleich" als Methode gibt es in den Sozialwissenschaften nicht. Hingegen besteht eine Vielzahl von Methoden, die vergleichend arbeiten, weswegen von „den vergleichenden Methoden" gesprochen wird, vgl. hierzu einschlägige Methodenliteratur wie bspw. Berg-Schlosser und Müller-Rommel 2003; Pickel et al. 2009; Lauth et al. 2009; Jahn 2006. „Der einen" und damit singulären Form kommt am ehesten „die vergleichende Methode" von Arendt Lijphart nach, vgl. dazu Lijphart 1971.

vertrauter Gegenstände und Sachverhalte dazu führt, ungekannte zu identifizieren und die eigene Verhaltensweise an und in solchen neuen anzupassen.[188] Im Gegensatz dazu zeichnen sich die vergleichenden Methoden bei der Analyse von Phänomenen, zuwider des bloßen Vergleichens, durch eine systematische Vorgehensweise aus: Bspw. weiß man, dass Wasser bei 100°C kocht, indem man seine Eigenschaft unter 100°C, bei 100°C und über 100°C betrachtet, wobei man kontextuelle Parameter wie Luftdruck, Höhe über Normalnull und ähnliche kontrolliert; ist man also in der Lage kontextuelle Parameter konstant zu halten und dabei eine spezifische Prämisse zu manipulieren (in diesem Falle die Temperatur) kann man zeigen, dass eine Veränderung in der Temperatur, das Wasser zum Kochen bringt.[189] Damit wird deutlich auf welcher Systematik die soliden und überzeugenden Kausalerklärungen experimenteller Wissenschaften bzw. der Naturwissenschaften beruhen. Leider ist eine solche Vorgehensweise in den Sozialwissenschaften weder praktisch umsetzbar noch ethisch wünschenswert, sodass hier die vergleichenden Methoden zum Tragen kommen und als krudes Substitut für das Experiment erachtet werden können, wie auch Abbildung 1 darstellt.[190]

Abbildung 1:   Übersicht wissenschaftlicher Methoden nach Lijphart

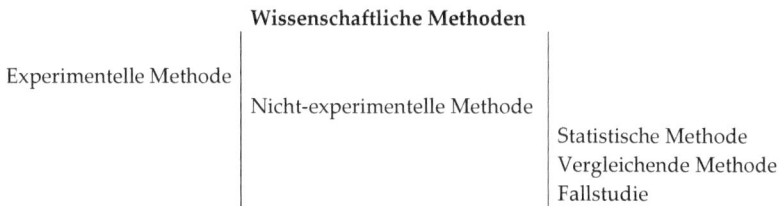

Wissenschaftliche Methoden

Experimentelle Methode

Nicht-experimentelle Methode

Statistische Methode
Vergleichende Methode
Fallstudie

Quelle: Eigene Darstellung auf Grundlage von Lijphart 1971.[191]

---

[188]   Aarebrot und Bakka 2003, S. 57 f.

[189]   Rihoux und Ragin 2009, S. xvii f.

[190]   Rihoux und Ragin 2009, S. xviii. Dass Wasser, welches zum Kochen gebracht wird, auch die menschliche Haut verbrennen kann, wurde in der Antike anhand von Sklaven gezeigt, wobei ihre Hand sowohl in lauwarmes als auch kochend heißes Wasser getaucht und anschließend der Effekt verglichen wurde. Kleopatra machte sich Sklaven insofern zunutze, als sie die mehr oder minder letalen Effekte ihrer vergifteten Äpfel und Orangen an ihnen testete.

[191]   Arendt Lijphart grenzt in seinem Beitrag 1971 sogar die Statistische Methode von der Vergleichenden bzw. „Komparativen Methode" (als experimentell) ab, da in ersterer

Auch bei diesen Methoden geht es sowohl um die Kontrolle der das Phänomen verursachenden Prämissen bzw. maßgeblichen Variablen unter Konstanthaltung alternativer Bedingungen (*Ceteris Paribus*-Klausel) als auch um das Ergründen von Gemeinsamkeiten und Unterschieden.[192] Andererseits geht es um die empirische Überprüfung aufgestellter Hypothesen und dem damit zusammenhängenden Erkenntnisziel der Erlangung generalisierbarer Aussagen; beim Vergleich in der Politikwissenschaft handelt es sich folglich auch um ein Verfahren, das prüft, ob sich etablierte Erklärungen bewähren oder modifiziert werden müssen („Verifikation" *versus* „Falsifikation").[193]

In Anbetracht dessen ist die Auswahl der Variablen und Fälle, die in die jeweilige Untersuchung einzubinden und zu analysieren sind, von zentraler Bedeutung.[194] Diese Selektion wird in einem vergleichenden Forschungsdesign von Hypothesen bzw. einer Theorie bestimmt und legt schließlich den Schwerpunkt der Untersuchung fest.[195] Darüber hinaus weist ein solcher theoretischer Rahmen weitere Funktionen auf:

Um die komplexe soziale Realität wissenschaftlich erfassen zu können sowie den akademischen Ansprüchen gerecht zu werden, kommen Modelle und kategoriale Muster (Konzepte) zum Einsatz, die universell einsetzbar sind.[196] Indem solche Kategorien und Begriffe im theoretischen Rahmen vor „dem

---

[ ] eine entsprechend hohe Fallzahl erreicht wird, die eine Anwendung (wahrscheinlichkeits)statistischer Kontrollverfahren ermöglicht und damit (quasi)experimentell operiert. Dennoch sieht er die „Komparative Methode" als wirklichen „Ort" des Vergleichs an, vgl. Lijphart 1971, S. 685 ff.

[192] Lijphart 1971, S. 684.

[193] Aarebrot und Bakka 2003, S. 58; Lijphart 1971, S. 685 ff.; Sartori 1991, S. 244 ff.; Collier und Gerring 2009, S. 36. S.h. zu „Verifikation" und „Falsifikation" bspw. Popper 1989.

[194] Aarebrot und Bakka 2003, S. 54.

[195] Getreu einem sog. deduktiven Forschungsdesign (das Gegenteil ist ein induktives, was ebenfalls möglich ist).

[196] Vgl. Ragin 1994, S. 58–76; Przeworski und Teune 1970, S. 31. Unter den akademischen Ansprüchen sind bspw. reproduzierbare, intersubjektiv nachvollziehbare Ergebnisse, Verallgemeinerung, universelle Anwendbarkeit, etc. zu verstehen. All diese Aspekte werden in der Methodologie durchaus kontrovers diskutiert. So ist eine universelle Anwendbarkeit allgemein zwar durchaus plausibel, birgt allerdings das sog. „travelling problem" und kann bei manchen Anwendungen zum sog. „conceptual stretching" führen („konzeptionelle Überdehnung"); all dies diskutiert Giovanni Sartori *in extenso*, vgl. dazu Collier und Gerring 2009, S. 36 ff.

Vergleich" diskutiert werden, reduziert Theorie die Komplexität sozialer Wirklichkeit.[197] Ferner stellt Theorie, die Beziehung zwischen unabhängiger und abhängiger Variable her und deutet bestimmte Aspekte als potentielle Ursache des Phänomens, womit dem wohl elementarsten Ziel sozialwissenschaftlicher Forschung Tribut gezollt wird, nämlich der Erklärung.[198] Schließlich dient ein theoretischer Rahmen der eigenen akademischen „Wertschöpfung", indem durch „Bestätigung" oder „Widerlegung", der im Vorfeld formulierten Hypothesen, die Theoriebildung bzw. –modifikation innerhalb eines wissenschaftlichen Diskurses insgesamt vorangetrieben sowie sondiert wird, welche bisher aufgestellten Erklärungen weiterhin plausibel und welche obsolet geworden sind.[199] Im Sinne all dieser Funktionen, sind folglich die bisherigen Ausführungen im ersten Teil der Arbeit zu verstehen.

Zur Anwendung der vergleichenden Methoden sind zwei Voraussetzungen zu erfüllen, nämlich (i) die zu vergleichenden Phänomene müssen über gemeinsame Kriterien verfügen (es muss der „kleinste gemeinsame Nenner" gefunden werden) sowie (ii) die Phänomene sollten in den zu vergleichenden Kriterien Unterschiede bzw. Varianz aufweisen.[200] Das normative „sollten" steht vor allem für die kontroverse und plausible Diskussion innerhalb der Methodologie dazu; denn ab wann sind Sachverhalte oder Gegenstände

---

[197] Ragin 1994, S. 58–76.

[198] Ragin 1994, S. 23-25, 108-115, 134, 137 ff. Auch hier greift erneut das Argument der Komplexitätsreduktion („Parsimony"), indem vergleichende Forschung darauf bedacht ist, eine möglichst umfassende Erklärung (große Erklärungskraft) mit möglichst wenigen Faktoren (Variablen) zu erzielen.

[199] Über den Grad, ab wann eine Theorie Bestätigung bzw. Wiederlegung findet, bestehen kontroverse Ansichten („Verifikation" *versus* „Falsifikation"). Daher sind beide Begriffe in Anführungszeichen gesetzt und sollen keineswegs in strikt Popper'schem Sinne verstanden werden; „Verifikation" und „Falsifikation" in der Wissenschaft hat u.a. Popper maßgeblich beeinflusst. Vgl. zur Diskussion bspw. Popper 1989.

[200] Sartori 1991, S. 245 f. Durchaus können also Äpfel und Birnen verglichen werden oder etwa Autos, Fahrräder und Flugzeuge: Für erstere gilt, dass sie der Gruppe „Obst" zuzuordnen sind und bspw. in ihrem Vitamingehalt, nicht jedoch in ihrer Form verglichen werden können, wohingegen letztere Beispiele der Gruppe „Fortbewegungs-/ Transportmittel" zuordenbar sind und in ihrer Geschwindigkeit, nicht aber in ihrem Kraftstoffverbrauch verglichen werden könnten.

als gleich bzw. verschieden zu erachten.[201] In Anbetracht dieser Schwierigkeit sind die jeweils zu messenden Begriffe und Kategorien im theoretischen Rahmen mit Bedacht und Sorgfalt zu konzeptualisieren.[202]

Insgesamt gilt, dass es nicht „den" einen Vergleich gibt, sondern viele unterschiedliche Ansätze bestehen, nach welchen wissenschaftlich „verglichen" werden kann.[203] Die Ur- bzw. Grundform stellt jedoch die Logik des Vergleichs nach John Stuart Mill dar, aus welcher seine zwei (bzw. vier)[204] quasiexperimentellen Methoden hervorgehen, nämlich die Konkordanzmethode

---

[201] Festzulegen wäre z.b. die Schwelle bzw. Differenzierung zwischen gleich und identisch: Sind Gegenstände bzw. Sachverhalte identisch, wird ein Vergleich obsolet, da unlogisch. Varianz ist somit ein weiteres methodologisch stark kontrovers diskutiertes Thema, auch in Bezug auf den zentralen Aspekt des Vergleichs wie der Fallauswahl (auf abhängiger *versus* unabhängiger Variable). Die eigentl. Vergleichslogik nach John Stuart Mill, wie im Folgenden dargestellt wird, gründet nämlich auf der *Ceteris Paribus*-Klausel, womit Variablen experimentkonform kontrolliert werden können und sollen. Ungeachtet des definitorischen Widerspruchs (eine Variable muss *qua definitionem* variieren; ist dies nicht der Fall und wird sie in ihrer Varianz „kontrolliert", wird sie konstant gehalten, ist sie somit eine Konstante, aber keine Variable mehr) ist es schlicht illusorisch anzunehmen, dass Untersuchungseinheiten in der Sozialwissenschaft bzw. Politikwissenschaft (Parteien, Kriege, Länder, Organisationen, etc.) identisch sind oder für eine Untersuchung „gleichgestellt" und „kontrolliert" werden sollen. Vgl. dazu insgesamt bspw. King et al. 1994; Brady und Collier 2004; van Evera 1997; George und Bennett 2005.

[202] Vgl. Collier und Gerring 2009, S. 36 ff.

[203] Aarebrot und Bakka 2003, S. 58 ff. Prominent sind Fallstudien, Komparative Methode, Konkordanzmethode („Method of Agreement"), Differenzmethode („Method of Difference"), indirekte Differenzmethode, prozessorientierte Vergleichsanalyse, Methode des strukturiert-fokussierenden Vergleichs, Qualitative Comparative Analysis, Fuzzy Sets, u.v.m. Da die in dieser Arbeit zu verwendende Methode, die im Weiteren noch ausführlicher dargestellt wird, Grundannahme der „Method of Agreement" bzw. „Method of Difference" nach der Logik von John Stuart Mill einbezieht, wird auf diese beiden Mill'schen Methoden im Folgenden kurz eingegangen. Alle anderen Vergleichsformen sollen und können hier nicht *en détail* dargestellt werden. Verwiesen sei auf einschlägige Methodenliteratur wie Pickel et al. 2009; Jahn 2006; Berg-Schlosser und Müller-Rommel 2003; Pennings et al. 1999; George und Bennett 2005; King et al. 1994; Brady und Collier 2004.

[204] Die anderen Beiden sind die indirekte Differenzmethode („Indirect Method of Difference" bzw. „Joint Method of Agreement and Difference") und die Variationsmethode („Method of Concomitant Variation"), allerdings sind diese eine Weiterentwicklung ersterer, weshalb auf diese hier nicht weiter eingegangen werden soll.

(„Method of Agreement") und die Differenzmethode („Method of Difference").[205] Die Konkordanzmethode versucht in den jeweils untersuchten Fällen, die sich im zu erklärenden Phänomen gleichen, die Bedingung dafür herauszustellen; gesucht wird nach den unabhängigen Variablen, die in allen Fällen den identischen Wert aufweisen, sodass es keine Varianz diesbezüglich gibt und alle anderen, parallel auftauchenden Bedingungen, als Ursache für das Phänomen ausgeschlossen werden, wie auch Abbildung 2 zeigt.[206] Hierbei kann es durchaus einen Zusammenhang zwischen den identifizierten Bedingungen und dem zu erklärenden Phänomen geben, allerdings kann keine Aussage über die Form der Kausalität gemacht werden, genauso wenig wie eine Scheinkorrelation ausgeschlossen werden kann.[207] Dagegen beruht die Differenzmethode auf dem Gegenteiligen vorgehen: Liegt das zu erklärende Phänomen bspw. in einem Paarvergleich einmal vor und einmal nicht und sind alle anderen Bedingungen bis auf eine, die sich in dem Paar unterscheidet, dieselben, so kann diese Bedingung, die mit dem jeweiligen Phänomen kovariiert, als Ursache für das Phänomen angesehen werden; untersucht wird also, ob unterschiedliche Bedingungen, in den sonst identischen Fällen, für unterschiedliche Ausprägungen des zu erklärenden Phänomens verantwortlich sind.[208]

Abbildung 2:   Beispiele der Vergleichslogik nach John Stuart Mill

Konkordanzmethode („Method of Agreement")		Differenzmethode („Method of Difference")	
X, Y, Z →	x, y, z	X, Y, Z →	x, y, z
X, P, Q →	x, p, q	P, Q →	p, q
→ X ist eine Ursache für x.		→P, Q sind als Ursache auszuschließen, um das Phänomen a zu erklären.	

Großbuchstabe = Antezedens; Kleinbuchstabe = Explanandum

Quelle: Eigene Darstellung nach Rekombination von Jahn 2006, S. 162 ff.

---

[205] Vgl. Mill 1875. Eine solide und übersichtliche Vorstellung der Verwendung Mill'scher Vergleichslogik findet sich bei Przeworski und Teune 1970. In ihrer Monographie entwickelten die Autoren, auf Grundlage Mill'scher Vergleichslogik, die in den Sozialwissenschaften prominenten Forschungsanordnungen des „Most Similar Systems Design" und „Most Different Systems Design".

[206] Ragin 1989, S. 36; Przeworski und Teune 1970, S. 32–39.

[207] Ragin 1989, S. 42; Przeworski und Teune 1970, S. 32–39.

[208] Vgl. Przeworski und Teune 1970, S. 32–39.

Beides sind Methoden der Eliminierung: Beruht erstere auf der Logik, dass die Bedingung, die das zu erklärende Phänomen ausmacht, auch vorhanden ist, geht letztere davon aus, dass alle Bedingungen, die mit dem Phänomen kovariieren, als Erklärung dieses ausgeschlossen werden können.[209] Beide Verfahren stellen Extreme dar, indem sie durch Kontrolle aller anderen Bedingungen und Alternativen versuchen, eine gemeinsame Ursache herauszustellen; das ist in den Sozialwissenschaften allerdings in dieser Form so gut wie überhaupt nicht und sogar in den Naturwissenschaften kaum anwendbar.[210]

In diesem Sinne haben die Mill'schen Methoden in der ausgeführten ursprünglichen Form ihre Grenzen und sind, wenn überhaupt, nur in simplen Forschungszusammenhängen anwendbar.[211] In der breiten sozialwissenschaftlichen Praxis, nämlich wenn es um multikausale probabilistische Aussagen geht, scheitern sie unstrittig.[212] Dennoch können die Mill'schen Überlegungen zur induktiven Erfassung von Kausalität durch Vergleiche durchaus gelobt werden. Ihre Schwächen und Anwendungsprobleme ließen eine rege Methodendiskussion aufkeimen, die sowohl die Verbesserung bestehender als auch die Entwicklung vollkommen neuer Methoden maßgeblich beeinflusst hat, sodass in der Methodologie heutiger Sozialwissenschaften eine Vielzahl von vergleichenden Methoden besteht und darunter all diejenigen fallen, die eine komparative Komponente aufweisen, vgl. Abbildung 3.[213]

---

209 Vgl. Rihoux und Ragin 2009, S. 2. So ist etwa das Hinzufügen von *Stimuli* in den Gesellschaftswissenschaften aus praktischer Sicht (teilweise) nicht möglich und aus ethischer Sicht nicht wünschenswert.

210 Vgl. Rihoux und Ragin 2009, S. 2; Przeworski und Teune 1970, S. 39–46.

211 Vgl. George und Bennett 2005, S. 153 ff. Daraufhin griff man die Weiterentwicklungen auf, nämlich die indirekte Differenzmethode („Indirect Method of Difference" bzw. „Joint Method of Agreement and Difference") und die Variationsmethode („Method of Concomitant Variation"). Insgesamt gibt es eine breite Palette an Kritikpunkten, die hier nicht aufgeführt werden können und sollen; die Fußnote in George und Bennett 2005, S. 154 gibt dazu eine gute Übersicht. Für einen ersten Ansatz sei vor allem verwiesen auf Lieberson 1991, 1994.

212 Vgl. George und Bennett 2005, S. 154. Dies hat John Stuart Mill in seinem Werk selbst ausdrücklich hervorgehoben. Zur Kritik der Anwendung s.h. insbesondere die Fußnote in George und Bennett 2005, S. 154.

213 Vgl. Aarebrot und Bakka 2003, S. 65. Diese vergleichenden Methoden machen von der Mill'schen Vergleichslogik keinen expliziten bzw. gänzlichen Gebrauch, sondern

Abbildung 3: Übersicht verschiedener „komparativer" Methoden

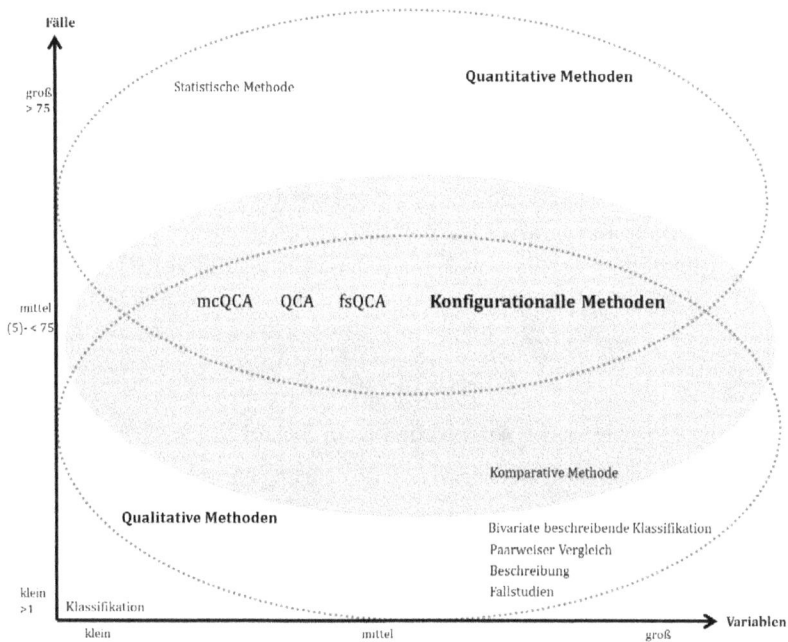

Quelle: Eigene Darstellung nach Rekombination von Lijphart 1971; Aarebrot und Bakka 2003; Rihoux 2006; Ragin 1989.

3.1.1.2 Möglichkeiten des Vergleichs: Untersuchsanordnungen

Welcher dieser Vergleichsansätze für die jeweilige Anwendung letztlich in Frage kommt, hängt maßgeblich davon ab, was zentraler Aspekt der Untersuchung ist bzw. welchem Ziel diese folgt: Sollen fallbezogene oder verallgemeinerbare Aussagen getroffen werden bzw. sind die einzelnen Fälle oder

---

fußen lediglich auf ihr und haben diese vielfältig, durch unzählige methodologische Diskussionen weiterentwickelt und optimiert (bspw. durch Hinzunahme probabilistischer Annahmen). Die Diskussionen thematisierten *in extenso* bspw. die Erhöhung der Fallzahl (durch Untergruppen, Unterklassifizierung, Zeitreihen, etc.), die Reduzierung der in die Untersuchung einzubindenden Variablen, das sog. „many-variables-small-n-Dilemma", den sog. „selection bias", und vieles mehr; vgl. dazu insgesamt die in Fußnote 169 aufgeführten Werke.

eher die das Phänomen auslösenden Faktoren von zentralem Interesse, lassen sich die Aussagen zu denen die Verfahren gelangen, grundlegend unterscheiden.[214] An diesem Punkt wird nochmals das Dilemma zwischen nomothetischer und idiographischer Forschung für die Theoriebildung deutlich (die Breite der quantitativen Methoden *versus* die Tiefe der qualitativen Methoden): Werden generalisierende Aussagen angestrebt, muss vom spezifischen Fall abstrahiert werden und idealerweise eine große Fallzahl eingebunden werden; dementgegen steht, dass gerade die Spezifika der jeweiligen Fälle für das zu untersuchende Phänomen ausschlaggebend sein können, sodass die (theoretisch erklärenden) Aussagen sehr detailliert und kaum verallgemeinerbar sind.[215] Abbildung 4 verdeutlicht diesen *Tradeoff* in der Theoriebildung, in welchem *per definitionem* die Maximierung beider Aspekte nicht realisierbar ist.

Abbildung 4:   Leiter der Abstraktion nach Sartori

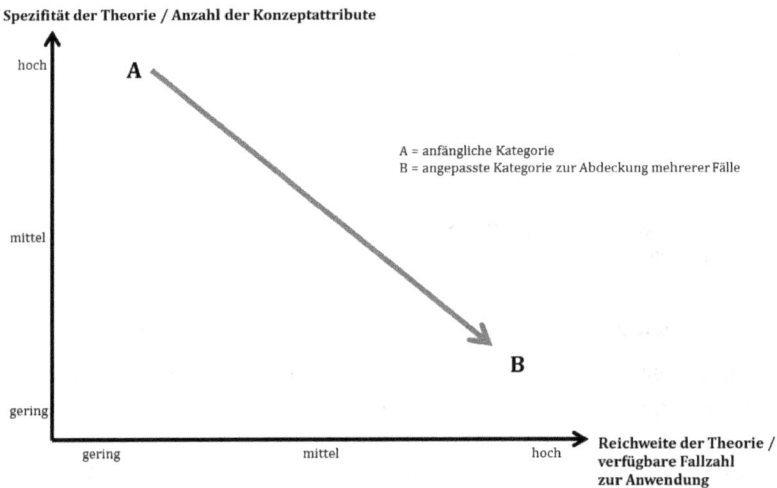

Spezifität der Theorie / Anzahl der Konzeptattribute

hoch   A

A = anfängliche Kategorie
B = angepasste Kategorie zur Abdeckung mehrerer Fälle

mittel

B

gering

gering   mittel   hoch   Reichweite der Theorie /
                                                    verfügbare Fallzahl
                                                    zur Anwendung

Quelle: Eigene Darstellung auf Grundlage von Collier und Gerring 2009, S. 26.

---

[214] Untersuchen variablenzentrierte Vergleichsdesigns den Zusammenhang zwischen Variablen (Erkenntnisgewinn durch Herausfiltern des Verhältnisses zwischen Ursache (UV) und Wirkung (AV), zielen fallzentrierte Designs darauf ab, Gemeinsamkeiten und Unterschiede zwischen Fällen zu identifizieren (Erkenntnisgewinn durch eigentlichen Vergleich der Fälle unter Einbeziehung des gesamten Kontextes, in welchem diese eingebettet sind). Cronqvist 2007a, S. 10.

[215] Vgl. Lijphart 1971.

Dieser *Tradeoff* mündet in einem weiteren Problem empirischer Sozialforschung und der vergleichenden Methoden, nämlich dem sog. „many-variables-small-n-Dilemma".[216] Das bedeutet, dass im Rahmen einer wissenschaftlichen Analyse wesentlich mehr Erklärungen (in Frage kommende Variablen) vorherrschen als in der Realität Fälle (jeweilige Phänomene) zu finden sind, an welchen diese geprüft bzw. bewertet werden können (etwa die typischen Untersuchungsgegenstände in der Politologie wie Länder, Organisationen, Parteien, Kriege, etc.). In diesem Sinne reduzieren die vergleichenden Methoden die soziale Realität zwangsweise auf ein „messbares" Niveau und kranken an ihren quasi-experimentellen bzw. laborähnlichen Annahmen, was sowohl die Bedenken als auch die Missbilligung ihrer Erkenntnisse zu einem gewissen Grad rechtfertigt.

Um dieser Skepsis zumindest annähernd zu entgegnen sowie wenigstens das Gleichgewicht (Mittelpunkt der negativ steigenden Kurve) im *Tradeoff* herzustellen, insofern dieser nicht gänzlich eliminiert werden kann, wurde für den vorliegenden Untersuchungsgegenstand eine „Verknüpfung" von variablen- und fallzentrierten, vergleichenden Methoden gewählt. Ansätze, die das leisten möchten sind sog. konfigurationelle Methoden, worunter mittlerweile auch eine Vielzahl unterschiedlicher Formen zu verstehen ist.[217] In vorliegender Arbeit soll die *Qualitative Comparative Analysis* (QCA) von Charles C. Ragin bzw. die *Multi Value Qualitative Comparative Analysis* (mvQCA) von Lasse Cronqvist verwendet werden.[218] Letztere stellt eine Weiterentwicklung der Ragin'schen „Grundmethode" konfigurationell-vergleichender Analysen dar und ist dieser, bis auf wenige Aspekte, vollkommen gleich. Beide sollen im nun folgenden Unterkapitel präzisiert werden, wobei zum besseren Verständnis zunächst die QCA erläutert wird, um im Anschluss lediglich die Neuerungen bzw. Unterschiede zu mvQCA, insbesondere hinsichtlich *Notation* und Analyse, zu benennen.

---

[216] Vgl. Lijphart 1971, S. 685; Przeworski und Teune 1970, S. 31.
[217] Vgl. Rihoux und Ragin 2009, S. 36; Rihoux 2006, S. 701 f. Wie z.B. QCA, csQCA, fsQCA, mvQCA.
[218] Vgl. Ragin 1989; Cronqvist 2007a.

3.1.2 Selektion der Auswertungsmethode (Analysestrategie)

3.1.2.1 Grundlagen

Die QCA geht zurück auf Charles C. Ragin und wurde erstmals im Jahre 1987 vorgestellt. Sie ist als Methodik anzusehen, die eine Brücke zwischen den oben kursorisch dargestellten vermeintlich antagonistischen Forschungstraditionen der qualitativen und quantitativen Methoden schlägt, indem sie sich von ersterer die analytische Tiefe zu eigen macht, um komplexe Kausalität erfassen zu können sowie von letzterer die analytische Breite, um unter Einbeziehung einer möglichst großen Fallzahl, weitreichende Erklärungen offerieren zu können; folglich operiert sie zwischen fallzentrierten und variablenzentrierten Ansätzen.[219]

QCA versteht Fälle als Konfigurationen von kausal relevanten Bedingungen, die in ihrem jeweiligen Kontext verankert sind, sodass jede logisch mögliche Konfiguration relevanter Umstände einen qualitativ unterschiedlichen Fall beschreibt.[220] Unter dieser Voraussetzung soll QCA, nach Ragin, die Untersuchung von komplexer Kausalität ermöglichen; letztere wird als konjunktional angesehen, d.h. dass das zu erklärende Phänomen aus unterschiedlichen Kombinationen von kausalen Bedingungen zusammengesetzt ist.[221] Die kausalen Variablen werden zudem nicht als singulär, in unabhängiger Konkurrenz zueinander erachtet, sondern als multipel: Ein Phänomen hat in der Realität kaum eine Ursache; vielmehr rührt es von unterschiedlichen Bedingungen, „die sich gegenseitig in der Entfaltung ihrer kausalen Wirkung bedingen und miteinander verbinden können".[222]

Eine solche Kausalität wird als INUS-Ansatz (*Insuffisient Necessary Unnecessary Sufficient*[223]) bezeichnet, d.h. einzelne Ursachen sind weder notwendig

---

219 Ragin 1989, S. 34-82; 168; Schneider und Wagemann 2007, S. 14.
220 Schneider und Wagemann 2007, S. 15.
221 Ragin 1989, S. x-xiii; 3; 23-33.
222 Schneider und Wagemann 2007, S. 15; Ragin 1989, S. 27 ff.
223 Diesen Begriff prägte der Philosoph J.L. Mackie (1965). Schneider und Wagemann 2007, S. 15.

noch hinreichend, um ein Phänomen zu bewirken, sodass diese nur in Kombination mit weiteren zu dem Phänomen führen.[224] Die Darstellung und Bewertung solcher notwendigen und / oder hinreichenden Bedingungen bzw. INUS-Kausalität ist zentrales Moment in QCA-Analysen, weshalb auf die Differenzierung dieser noch eingegangen wird.[225]

Ein weiterer grundlegender Aspekt von QCA betrifft die Theoriebildung, die letztlich auch die Basis von (Sozial)Wissenschaft darstellt. Die Vielzahl gesellschaftswissenschaftlicher Theorien ist verbaler Natur, wobei verbale Aussagen wiederum meist Beziehungen zwischen Mengen und nicht etwa kontinuierlich variierenden Bedingungen oder Entitäten darstellen.[226] Die Prüfung solcher Hypothesen und Axiome kann, wie zuvor erwähnt, sowohl variablen- als auch fallorientiert durchgeführt werden. Herauszustellen ist allerdings, dass Theorien nicht bloße Aneinanderreihungen beliebiger unabhängiger, möglicherweise voneinander trennbarer, Variablen darstellen, sondern eine reflektierte Zusammensetzung dieser sind und in gewisser

---

[224] Schneider und Wagemann 2007, S. 15. Diese Kausalität kann formell mit folgender Gleichung veranschaulicht werden: $Y = A * B * c + A * C * D * E$. Das Phänomen Y wurde durch die beiden addierten Terme herbeigeführt. In dem ersten Term hat B nur gemeinsam mit A und c zu Y geführt, wohingegen im zweiten A, C, D, E ausschlaggebend für Y waren. B ist damit weder notwendig noch hinreichend für das Phänomen Y. Vor diesem Hintergrund wäre eine Fragstellung singulär nach dem Effekt von B nicht sinnvoll, da B zwar gekoppelt mit A und c relevant für Y zu sein scheint, allerdings im anderen Zusammenhang, nämlich dem zweiten Term, offensichtlich keinerlei Relevanz besitzt. Aussagen zu B können folglich nicht generalisierend gemacht werden, allerdings durchaus unter Berücksichtigung des Kontextes (A und c). Vgl. Cronqvist 2007a, S. 15.

[225] Schneider und Wagemann 2007, S. 15; Cronqvist 2007a, S. 15.

[226] Schneider und Wagemann 2007, S. 16; 31. Ein Beispiel für eine sozialwissenschaftliche Aussage / These wäre, dass unter den Spitzenverdienern fast alle Hochschulabsolventen sind. Geht man dieser empirisch nach, kann man feststellen, dass dies tatsächlich der Fall ist. Die Behauptung weist dabei insofern einen mengentheoretischen Charakter auf, als Hochschulabsolventen eine Teilmenge von Spitzenverdiener darstellen. Damit wird in keiner Weise in Frage gestellt, dass unter den Spitzenverdienern Personen zu finden sind, die keinen Hochschulabschluss oder gar keinen schulischen Abschluss haben, denn die vorliegende verbale Aussage ist asymmetrisch formuliert und bezieht sich lediglich auf Hochschulabsolventen. Vgl. Schneider und Wagemann 2007, S. 16.

Weise, in Ragin'schem Sinne, konfigurativ entwickelt werden.[227] „Leider testen SozialwissenschaftlerInnen verbale Theorieaussagen zu Beziehungen zwischen Mengen häufig mit empirischen Methoden, die auf Korrelationen basieren" und folglich, analytisch, nur begrenzt sinnvoll sind.[228] Dies rührt, vorrangig wenn es um generalisierende Theoriebildung (bzw. Generalisierung von Erkenntnissen) geht, einerseits vom bereits eingeführten „Schisma" qualitativer und quantitativer Methoden, andererseits vom „many-variables-small-n-Dilemma": Liegt eine große Fallzahl vor, wird rasch zu quantitativen Methoden gegriffen, die für die Sozialwissenschaft nur „Anleihen" aus Statistik und Ökonometrie sind und somit oftmals automatisch zur Verletzung von Grundannahmen dieser führen; liegt hingegen eine kleine Fallzahl vor, kommen (zwangsweise) Analyseverfahren zur Anwendung, die wenig bis gar nicht standardisiert sind, sodass es wenig verwundert, wenn Wissenschaftler nicht müde werden, „die Millschen Logiken des Fallvergleichs heranzuziehen [...], die aber schon über 160 Jahre alt sind (und auf Forschungsprinzipien zurückgreifen, die bereits im Denken der Antike von Bedeutung waren)" und analytisch teilweise nicht plausibel sind.[229] Jenes kulminiert schließlich darin, dass analog dazu „methodisch ursprünglich klar umrissenen Vorgehensweisen wie bspw. das ‚Process Tracing' [...] zu einem ‚travelling concept' verkommen [...], einem Konzept also, das heutzutage als Etikett an nahezu jede Einzelfallstudie, die sich über einen längeren Zeitraum erstreckt, gehängt wird, ganz unabhängig davon, ob der Begriff im Sinne seiner Erfinder verwendet wird oder nicht".[230]

Dieser Problematik entgegnet QCA, indem sie „ihr Augenmerk direkt auf die Konfiguration der Bedingungen und den Grad, zu dem die unterschiedlichen empirischen Fälle zu einer theoretisch spezifizierten Kombination von Bedingungen („Situationen") passt" richtet; sie eignet sich somit ausgezeichnet für die Prüfung und Entwicklung von mengentheoretischen Hypothesen, die auch vorliegender Arbeit zugrunde liegen.[231] Weiterhin entgegnet QCA der Problematik, da sie sich hinsichtlich Fallzahlgröße in der Mitte von

---

[227] Schneider und Wagemann 2007, S. 17.
[228] Schneider und Wagemann 2007, S. 16.
[229] Schneider und Wagemann 2007, S. 16.
[230] Schneider und Wagemann 2007, S. 23.
[231] Schneider und Wagemann 2007, S. 17.

„small-n Analysis" und „large-n Analysis" verortet und somit weder ausschließlich für Untersuchungen auf „micro"- (bspw. Individuen) noch
„macro"-Ebene (bspw. Länder) angewendet werden kann, sondern auch auf
einer „meso"-Ebene funktioniert (bspw. Organisationen, soziale Netzwerke,
kollektive Akteure).[232]

Vor diesem Hintergrund und durch die Verwendung Boole'scher Algebra
offeriert QCA ein formelles Verfahren zur Erfassung komplexer Kausalität
bei kleinen und mittleren Fallzahlen, wie auch aus Abbildung 4 zu erkennen
ist, mittels welchem Transparenz sichergestellt ist und Ergebnisse intersubjektiv nachvollzogen bzw. repliziert werden können.[233] Letztlich grenzt gerade der Einsatz Boole'scher Algebra die QCA von statistischen Verfahren
ab, da empirische Daten nicht als Rohwerte in die Analyse eingehen, sondern
zu Aussagen der Form „für den Fall X trifft Y zu" transformiert werden, sodass die Daten nicht quantitativ ausgewertet werden, sondern „im Verhältnis zu einem theoretisch begründeten Konzept".[234]

---

[232] Rihoux und Ragin 2009, S. 3–4. Ragin selbst hat bei der Entwicklung von QCA eigentlich nicht vom Mittelweg zwischen Qualitativen und Quantitativen Methoden gesprochen, sondern zunächst den Mittelweg zwischen großen und kleinen Fallzahlen
gemeint. Erst später zeichnete sich sukzessive auch der methodologisch-epistemolo-
gische Mittelweg zwischen Qualitativen und Quantitativen Methoden ab. Daher ist
auch der Titel seiner Monographie („Moving Beyond Qualitative and Quantitative
Strategies") zunächst irreführend, vgl. Schneider und Wagemann 2007, S. 26. Mittlerweile wurde QCA in unterschiedlichen Fallzahlgrößen und interdisziplinär angewendet; eine gut strukturierte Übersicht bietet die Internetseite http://www.com-
passs.org.

[233] Cronqvist 2007a, S. 20. „Bei identisch verwendeten Parametern werden stets die gleichen Ergebnisse geliefert." Deshalb sind alle Leserinnen und Leser dieser Arbeit dazu
eingeladen, die hier erzielten Ergebnisse in eigener *Replik* der nachfolgenden Kalkulationen nachzuvollziehen.

[234] Cronqvist 2007a, S. 21 f. Dies ist der Grund dafür, wieso Ragin von qualitativen Daten
spricht bzw. die Bezeichnung qualitativ in QCA einbringt: Es geht weniger um die
assoziierten qualitativen Methoden (etwa Diskursanalyse, Hermeneutik), sondern
darum, dass die Daten als qualitative Angabe dargestellt werden (ist ein bestimmtes
Ergebnis beobachtet worden oder nicht) und nicht als quantitative Angabe eines bestimmten Wertes. Dies führt allerdings zu der prominenten sowie breiten Kritik der
zwangsweisen Dichotomisierung der Daten und dem damit einhergehenden Informationsverlust, dem wiederum die mvQCA von Lasse Cronqvist entgegentritt, wie
im Folgenden noch dargestellt wird.

Wie das im Rahmen von QCA praktisch konkret geschieht, soll im Weiteren dargestellt werden. Bevor allerdings auf die Berechnungen der QCA eingegangen wird, soll zum besseren Verständnis erneut exkursartig erklärt werden, was genau unter Boole'scher Algebra zu verstehen ist sowie auf grundlegende *Termini* dieser explizit algebraischen Basis für die vergleichende empirische Sozialforschung eingegangen werden. Insgesamt muss diese, obschon sie sich grundlegend von der herkömmlichen Schulalgebra unterscheidet, allerdings nicht in ihrer Gänze verstanden werden, um ihre Implikationen für die vergleichende empirische Sozialforschung nachzuvollziehen; ihre Prinzipien sind recht simpel.[235] Mehr noch, Menschen nutzen die Boole'sche Logik so gut wie alltäglich, sodass sie zumindest vom Konzept her nicht gänzlich neu ist.[236]

3.1.2.2 Boole'sche Algebra und ihre Implementierung in QCA[237]

Die Boole'sche Algebra, auch Logische Algebra bzw. Schaltalgebra genannt, verdankt ihren Namen dem englischen Mathematiker George Boole (1815-1864), dessen logische Überlegungen auf den Begriff der „Klasse" zurückzuführen sind. Demnach können die „Elemente einer Gesamtheit" nach ihrer Eigenschaft in Klassen geordnet werden; die Menschheit etwa in die Klassen „männlich" bzw. „weiblich".[238] Die Klasse selbst wird in Boole'scher Algebra mit Kleinbuchstaben notiert: Steht z für das Adjektiv „weiblich", so stellt z

---

235 Ragin 1989, S. 85.

236 Schneider und Wagemann 2007, S. 31

237 Im Rahmen des Verfassens vorliegender Arbeit, insbesondere des folgenden Gliederungspunktes, wurde eine Vielzahl von Arbeiten gesichtet, denen eine konfigurationelle Methode zu Grunde liegt. Dabei fiel vor allem die stark selektive Darstellung, auch in einschlägigen Lehrwerken, der Boole'schen Algebra sowie den Operationen und *Termini* konfigurationeller Methoden auf, die aus Perspektive einer „vorbildlichen Wissenschaft(spraxis)" und damit bspw. der Gewährleistung von Transparenz zu Zwecken der Nachvollziehbarkeit und Replizierbarkeit zu bedauern ist. Vor diesem Hintergrund wurde aus persönlichen Gründen (lieber redundant sein, als eine Erklärung des Ergebnisses schuldig bleiben) aber auch aus Gründen der „Good practices" (Rihoux und Ragin 2009, S. 168) die Entscheidung zu einer ausführlicheren Darstellung gefällt. Die Ausführungen des folgenden Gliederungspunktes sind für das Verständnis und die Ergebnisse der Arbeit insgesamt nicht unabdingbar, sondern können vielmehr als komplementär angesehen werden. Folglich ist die Interessierte bzw. der Interessierte ermuntert, hier weiterzulesen und die Kennerin bzw. der Kenner eingeladen, die Lektüre bei Kapitel 4 fortzusetzen.

238 Cronqvist 2007a, S. 28.

alle Elemente der Klasse weiblich dar; genauso gut kann schlicht die eigentliche Bezeichnung gewählt und kleingeschrieben werden, sodass als Parameter anstatt eines Buchstabens, *weiblich* notiert wird, wie in folgenden Beispielen erfolgt.[239]

Insgesamt können Elemente *per se* unterschiedlichen Klassen zugeordnet werden, was in Boole'scher Algebra mit unterschiedlichen Operatoren zum Ausdruck gebracht wird, dem Boole'schen „UND", dem Boole'schen „ODER" sowie dem Boole'schen „NICHT".

Gehören Elemente mehreren Klassen an, wird dies durch Aneinanderreihen (bzw. sog Boole'sche Multiplikation) der jeweiligen Kennzeichnungen dargestellt, dem Boole'schen UND, das mithilfe des Operators „$*$" notiert wird: $z * y * x$ bezeichnet folglich alle Elemente, die der Klasse z <u>und</u> der Klasse y <u>und</u> der Klasse x zugehörig sind.[240] Gehört ein Element nicht gleichzeitig in mehrere Klassen, sondern zu einer Klasse <u>oder</u> einer anderen, wird in der Boole'schen Algebra der Operator „$+$" verwendet, das Boole'sche ODER: $z + y$ kennzeichnet demnach die Elemente, die zur Klasse z oder zur Klasse y gehören, wobei das Boole'sche ODER impliziert, dass die Zugehörigkeit zur Klasse $z + y$ auch dann gegeben ist, „wenn ein Element sowohl zu [z] als auch zu [y] gehört" und somit nicht als „umgangssprachliches entweder oder" zu verstehen ist.[241] Schließlich wird der Operator „$\neg$" benutzt, um Mengen zu beschreiben, deren Element einer Klasse <u>nicht</u> zugehörig ist, das Boole'sche „NICHT": Die Menge $z\neg y$ zeigt die Klasse von Elementen an, die zur Klasse z gehören, <u>nicht</u> aber zur Klasse y. Was die drei Operatoren Boole'scher Algebra insgesamt betrifft, sei darauf hingewiesen, dass keiner eine Verbindung zu dem jeweiligen arithmetischen Zeichen hat und zu jeder Zeit entsprechend interpretiert werden muss.[242]

---

[239] Cronqvist 2007a, S. 28.

[240] Vgl. Cronqvist 2007a, S. 28; 31 f. Auf den Multiplikator „$*$" wird in der QCA-*Notation* verzichtet (wie mathematisch auch üblich und aus der schulischen Algebra bekannt), da auch diese Buchstaben als Parameter für die Klassenbezeichnung verwendet werden, sodass ohnehin eindeutig ist, wie die *Notation* zu verstehen ist. Allerdings verzichtet die mvQCA auf die *Notation* der Multiplikationsoperators nicht; die Gründe dafür werden später noch dargelegt. Ragin 1989, S. 91.

[241] Vgl. Cronqvist 2007a, S. 29.

[242] Cronqvist 2007a, S. 29. So gilt bspw. nicht $1 * 2 = 2$ oder $1 + 2 = 3$ oder $3 - 2 = 1$.

Werden diese vorgenannten Regeln berücksichtigt, „ist es daher auch leicht verständlich warum ($xx = x$) gilt: Gehört ein Element zur Klasse *groß* und zur Klasse *groß*, ist es also sowohl *groß* wie auch *groß*, dann gilt immer, dass das Element zur Klasse *groß* gehört."[243]

Ein anderes Beispiel gibt Ragin ($A + B = Z$), welches erneut nur logisch, nicht arithmetisch erklärt werden kann: Es könnte mehrere Dinge geben, die eine Angestellte (falsch) machen kann ("$A, B, ...$") und als Folge davon in einer Anstellung gekündigt wird ("Z"), wobei es keine Rolle spielt, wie viele dieser Dinge, die Angestellte (falsch) gemacht hat; wenn die Angestellte eines dieser Dinge (falsch) macht, oder sogar alle, wird sie gekündigt, sodass vier Dinge (bspw. "$A + B + C + D$") falsch zu machen keine Angestellte „mehr" kündigen würde als eine Angestellte, die nur zwei falsch gemacht hat („Fired is fired, a truly qualitative state.").[244]

All dies kann formell allerdings nur dargestellt werden, wenn ausschließlich die Zahlen 0 und 1 betrachtet werden, wobei „0" für die Nicht-Zugehörigkeit des Elementes zu der jeweiligen Klasse steht und „1" die Zugehörigkeit zu einer jeweiligen Klasse darstellt.[245] So haben diese Zahlen die „definierten Eigenschaften", dass stets $0x = 0$ und $1x = x$ gilt; d.h. in der hier betrachteten Doppelzugehörigkeit (zwei Faktoren) ergibt das Produkt aus der Multiplikation einer Nicht-Zugehörigkeit (0) immer die leere Klasse (= 0) und das Produkt aus der Multiplikation einer Klassen-Zugehörigkeit (1) immer die Klasse selbst (= x).[246]

Soweit zu den allgemeinen logischen Überlegungen von Boole. Für die konkrete algebraische Anwendung und insbesondere deren Implementierung in QCA sind allerdings weitere Ausführungen vonnöten.

In QCA wird der Begriff der Variable aufgegeben und stattdessen die UV als Bedingung (*condition / state*) sowie die AV als *Outcome* bzw. zu erklärendes

---

[243] Cronqvist 2007a, S. 28.
[244] Ragin 1989, S. 89.
[245] Cronqvist 2007a, S. 28.
[246] Cronqvist 2007a, S. 29.

Phänomen (*outcome*) bezeichnet.[247] Sowohl Bedingung(en) als auch *Outcome* können in Anbetracht des zuvor dargelegten binären Systems zwei Wahrheitswerte annehmen, nämlich wahr (vorhanden), durch „1" ausgedrückt oder falsch (nicht vorhanden), durch „0" repräsentiert, aber niemals beide gleichzeitig haben.[248] Für eine sozialwissenschaftliche Analyse mittels Boole'scher Algebra werden folglich nominalskalierte Daten (z.b. Geschlecht, Geburtsort, Parteizugehörigkeit) benötigt. Intervallskalierte Daten können in eine multikategoriale Nominalskala umgewandelt werden, wohingegen nominalskalierte mit mehr als zwei Kategorien in mehrere binäre Bedingungen geteilt werden können; beides erfolgt idealerweise anhand substantiierter theoretischer Kriterien.[249]

In diesem Sinne ist die Verwendung von Wahrheitstafeln ein zentrales Moment in QCA, ohne die keine vollständige Analyse in Boole'scher Logik durchgeführt werden kann. Dazu werden die in binärer Form kodierten, nominalskalierten Daten (als „1" bzw. „0") in ihren unterschiedlichen Kombinationen von Werten ihrer jeweiligen Bedingung matrizenartig zugeordnet, wobei jede logische Wertekombination einer Zeile der Wahrheitstafel gleicht, wie Abbildung 5 darstellt; die Anzahl der logischen Bedingungen und damit der Gesamtzeilenanzahl der Wahrheitstafel gleicht der Formel 2^n, wobei „n" die Anzahl der Bedingungen ist.[250] Betont sei, dass die Wahrheitstafel in QCA keineswegs mit einer Datenmatrix verwechselt werden darf, in der die (Roh)Daten jedes Falles in einer Zeile abgetragen werden. Vielmehr repräsentieren die Zeilen einer Wahrheitstafel logische Konfigurationen des *Outcome*, die einerseits für mehrere untersuchten Fälle zutreffen können und tatsächlich beobachtet worden sind, andererseits lediglich logisch theoretisch vorkommen und in der Untersuchung nicht beobachtet wurden; dazu im Weiteren ausführlicher.[251]

---

[247] Schneider und Wagemann 2007, S. 32; Ragin 1989, S. 86. Insgesamt zeigt sich aber keine durchgängige Aufgabe und Verwendung dieser *Termini*. In vorliegender Arbeit werden beide *Terminologien* (UV bzw. Bedingung; AV bzw. *Outcome*, zu erklärendes Phänomen) äquivalent verwendet, da QCA- bzw. mvQCA-*Termini* in den Darstellungen, die mithilfe der EDV erstellt wurden, aus arbeitsökonomischen Gründen nicht verändert werden sollten.

[248] Ragin 1989, S. 86.

[249] Ragin 1989, S. 86.

[250] Ragin 1989, S. 87; Schneider und Wagemann 2007, S. 48.

[251] Schneider und Wagemann 2007, S. 45 f.

Abbildung 5:   Dichotome Kodierung und Erfassung als Wahrheitstafel

Fall	Bedingung				Outcome
	X_1	X_2	X_3	X_4	Y
Z_1	0	0	1	0	0
Z_2	0	1	1	1	0
Z_3	1	0	1	0	1

Quelle: Eigene Darstellung nach Rekombination von Ragin 1989, S. 88.

Abbildung 6:   Dichotome Kodierung eines Alltagsbeispiels

Fall (Automarke)	Bedingung				Outcome fährt schnell
	Klimaanlage	Automatik	Sportfahrwerk	Tiptronic	
BMW	1	1	1	1	1
VW	1	1	1	0	1
Audi	1	0	1	0	1
Opel	0	0	0	0	0

Quelle: Eigene Darstellung, eigenes Beispiel.

Ein einzelner Fall wird in QCA mittels sog. „Konjunktionsterm" Boole'scher Algebra abgebildet, wobei ein solcher Konjunktionsterm aus mehreren Bedingungen zusammengesetzt ist, die durch die zuvor eingeführten Boole'schen Operatoren verknüpft sind.[252] In diesem Zusammenhang spricht Cronqvist auch von logischen Ausdrücken: „[...] Konjunktionsterme, welche alle [Bedingungen] für einen Fall beinhalten sind eine Untergruppe dieser logischen Ausdrücke und werden [...] als Konfigurationen des Falles bezeichnet".[253] Für die Konfigurationen ist dabei eine besondere *Notation* zu beachten: Die Wahrheitswerte der jeweiligen Bedingungen werden mit Groß- und Kleinschreibung notiert, sodass wahre Bedingungen in QCA Großbuchstaben entsprechen (*KLIMAANLAGE* für „1" bei BMW) und falsche bzw. unwahre Bedingungen Kleinbuchstaben (*automatik* für „0" bei Audi).[254] Diese

---

252 Cronqvist 2007a, S. 30.
253 Cronqvist 2007a, S. 30.
254 Ragin 1989, S. 85–103. Damit entspricht die *Notation* der Wahrheitswerte in QCA nicht der mathematischen nach Boole. Die mathematische *Notation* verwendet nur die Bezeichnung der jeweiligen Bedingung in Kleinschrift, so sie wahr ist und mit einem

Notation wird allerdings für die mvQCA von Cronqvist, die eine Weiterentwicklung der Ragin'schen QCA darstellt und in vorliegender Arbeit verwendet wird, aufgrund ihrer nicht binären, sondern mehrwertigen Logik aufgegeben.[255] Jedenfalls entspricht im Automarkenbeispiel der logische Ausdruck *KLIMAANLAGE * automatik * SPORTFAHRWERK * tiptronic* der Konfiguration des Falles Audi. Zudem stellt er aufgrund des Operators „*" eine sog. Boole'sche Verknüpfung dar. Von letzterer ist nämlich die Rede, wenn mehrere Bedingungen zu logischen Ausdrücken bzw. Konfigurationen mittels Boole'scher Operatoren kombiniert werden.[256] Dabei gilt für das Boole'sche UND, dass ein logischer Ausdruck dann und nur dann wahr ist, wenn die jeweils einzelnen Bedingungen wahr sind, also *KLIMAANLAGE * automatik* sind bspw. für den Fall Audi wahr, da *KLIMAANLAGE* und *automatik* in dieser *Notation* Teile des Konjunktionsterms für Audi sind (*KLIMAANLAGE * automatik * SPORTFAHRWERK * tiptronic*), was für den Fall Opel nicht gilt. So können beliebig viele Bedingungen mit dem Boole'schen UND verbunden werden, solange alle einbezogenen Bedingungen wahr sind.[257] Für das Boole'sche ODER gilt, dass ein logischer Ausdruck dann wahr ist, „wenn einer der beiden einbezogenen logischen Ausdrücke für sich wahr ist".[258] Folglich ist *KLIMAANLAGE + automatik* dann wahr, wenn die *Notation* in einer Konfiguration dem Ausdruck *KLIMAANLAGE* oder *automatik* entspricht, sodass auch hier beliebig viele logische Ausdrücke verknüpft werden können, solange „mindestens einer der in die Disjunktion eingehenden logischen Ausdrücke wahr ist".[259] Dies wäre in dem Beispiel für die ersten drei Fälle, jedoch erneut nicht für den Fall Opel zutreffend. Schließlich gilt für das Boole'sche NICHT, dass „der negierte Wert einer

---

zusätzlichen Strich über der Bezeichnung der jeweiligen Bedingung, so sie falsch ist (z bzw. $\bar{z}$). Cronqvist 2007a, S. 30.

[255] Cronqvist 2007a, S. 30.

[256] Cronqvist 2007a, S. 30.

[257] Cronqvist 2007a, S. 32.

[258] Cronqvist 2007a, S. 32.

[259] Cronqvist 2007a, S. 32 f. Nochmals ist darauf hinzuweisen, dass das Boole'sche ODER nicht im Sinne der alltagssprachlichen „Entweder-Oder"-*Antivalenz* verstanden werden darf. Cronqvist führt hierzu aus: „Der alltagssprachliche Ausdruck ‚Wir gehen heute ins Kino oder in den Zoo' impliziert, dass wir entweder ins Kino gehen <u>oder aber</u> in den Zoo gehen wollen, aber nicht beides gleichzeitig. Dagegen gilt $a + b$ auch wenn beide [Bedingungen] wahr sind. Die *Antivalenz* kann durch die Boole'sche Funktion XOR berechnet werden: $A \, XOR \, B = \neg A * B + A * \neg B$". Cronqvist 2007a, S. 32.

[Bedingung] dann wahr [ist], wenn der Wert der [Bedingung] falsch ist": Ist *klimaanlage* falsch, so ist *KLIMAANLAGE* wahr, da „alle Werte entweder falsch oder wahr sein müssen".[260] An dieser Stelle sei erwähnt, dass Konjunktionsterme bzw. Konfigurationen beim Einsatz von QCA hauptsächlich in kombinierter Form auftreten, wie auch die Lösung einer Boole'schen Operation; d.h. die logischen Ausdrücke bestehen aus mehreren Boole'schen Operatoren, wie zum Beispiel dem Boole'schen ODER und dem Boole'schen UND: *KLIMAANLAGE* ∗ *automatik* + *SPORTFAHRWERK* ∗ *tiptronic*.[261]

Mit der Implementierung vorstehender Grundlagen Boole'scher Algebra in QCA als auch mvQCA resultierten eigene *Termini*. Eine Gruppe von Fällen bzw. Konfigurationen, die den identischen Wert des *Outcomes* aufweist, wird als Fallgruppe bezeichnet: Im Beispiel stellt die Fallgruppe der Automarken, die schnell fährt (*Outcome*: *fährt schnell* = 1) eine Fallgruppe dar, wohingegen eine andere Fallgruppe die Automarken mit dem Wert „0" darstellen.[262] Zentral in QCA ist zudem der *Terminus* „Implikant" und das Konzept des „Implizierens". Ein logischer Ausdruck *x* impliziert einen anderen logischen Ausdruck *y*, wenn der Ausdruck *y* Teil des Ausdrucks *x* ist; ein logischer Ausdruck *x* wird von einem Fall *F* impliziert, wenn der logische Ausdruck *x* Teil des Falles *F* ist: Die Bedingung *SPORTFAHRWERK* wird folglich von jeder Automarke impliziert, die diese Bedingung aufweist bzw. die ein solches in ihren Fahrzeugen verbaut, hier also BMW, VW, Audi.[263] Logische Ausdrücke, die nur diejenigen Fälle implizieren, welche der gewählten Fallgruppe angehören, werden als Implikanten bezeichnet; den Implikanten implizieren jedoch keine Fälle anderer Fallgruppen (in dem Beispiel impliziert der Implikant von *fährt schnell* = 1 nicht die Fallgruppe *fährt schnell* = 0).[264] Aus dem Autobeispiel gehen *KLIMAANLAGE* ∗ *automatik* ∗ *SPORTFAHRWERK* ∗ *tiptronic* für die Fallgruppe *fährt schnell* = 1 als Implikanten hervor, da es keinen Fall der anderen Fallgruppe *fährt schnell* = 0 gibt, für den diese Bedingungen wahr sind. Weiterhin wird gesagt, dass ein

---

[260] Cronqvist 2007a, S. 31.
[261] Vgl. Cronqvist 2007a, S. 34.
[262] Vgl. Cronqvist 2007a, S. 35.
[263] Vgl. Cronqvist 2007a, S. 35.
[264] Cronqvist 2007a, S. 36.

logischer Ausdruck y einen anderen logischen Ausdruck x abdeckt, wenn der logische Ausdruck x den logischen Ausdruck y impliziert.[265]

Impliziert ein Implikant Q keinen anderen Implikanten, wird er als Hauptimplikant bezeichnet. Drückt also die Menge der in einem Implikanten vorhandenen Bedingungen seine Länge aus, folgt aus dem ersten Satz, dass ein Implikant Q als Hauptimplikant bezeichnet wird, wenn kein anderer Implikant existiert, der weniger Bedingungen beinhaltet als Q bzw. dessen Bedingungen eine Untermenge von Q beinhalten.[266] Die logische Kombination *KLIMAANLAGE * SPORTFAHRWERK* ist ein Hauptimplikant für die Fallgruppe *fährt schnell*, da kein kürzerer Hauptimplikant gebildet werden kann, um alle Fälle abzudecken. Eine solche Kombination wird auch Hülle genannt, da sie eine Menge von Implikanten umfasst, die Fälle einer Fallgruppe sind. Umfasst eine solche Hülle allerdings wie in diesem Beispiel alle Hauptimplikanten, wird sie als Hauptimplikantenhülle bezeichnet.[267] Kann in einer solchen Hauptimplikantenhülle „kein Hauptimplikant entfernt werden […], ohne dass die Hülleneigenschaft verletzt wird", spricht man von einer minimalen Hauptimplikantenhülle: Für die Fallgruppe *fährt schnell* = 0 (also, fährt nicht schnell=Opel) ist die minimale Hauptimplikantenhülle {*klimaanlage * automatik * sportfahrwerk * tiptronic*}, da keine der Bedingungen aus der Hülle entfernt werden kann, ohne dass die Eigenschaft der Hülle verletzt wird. Die Hauptimplikantenhülle, „deren logischer Ausdruck der kürzest mögliche ist", wird als Optimale Hülle bezeichnet; Ragin verwendet die Bezeichnung „logically minimal Boolean Expression".[268] Dieser kürzest mögliche logische Ausdruck, der alle Fälle einer Fallgruppe abdeckt, wird schließlich als Lösung („Solution") einer QCA bzw. mvQCA bezeichnet und geht aus den jeweiligen Berechnungen hervor.[269] Diese Berechnungen werden im Folgenden dargestellt und ergeben sich auf Grundlage vorstehender Ausführungen nahezu geradeheraus.

---

[265] Vgl. Cronqvist 2007a, S. 36.

[266] Vgl. Cronqvist 2007a, S. 38 f. Die Länge eines logischen Ausdrucks ergibt sich durch Addition der Anzahl der eingebundenen Bedingungen: Die Länge von *klimaanlage * automatik* ist 2; die Länge von *KLIMAANLAGE * automatik + SPORTFAHRWERK * tiptronic* ist 4.

[267] Cronqvist 2007a, S. 38.

[268] Cronqvist 2007a, S. 38; Ragin 1989, S. 98.

[269] Cronqvist 2007a, S. 38.

3.1.2.3 QCA

Eine sozialwissenschaftliche Untersuchung mittels QCA erfolgt in der Regel unter Verwendung von EDV und QCA-Software, in welcher einerseits die zu verwendenden Daten aggregiert werden, andererseits die Berechnungen erfolgen.[270] Die von QCA zu verarbeitenden Daten beschreiben die in die Untersuchung einbezogenen hypothetischen unabhängigen Variablen, die sog. Bedingungen („conditions") und die abhängige Variable, das sog. *Outcome* und fassen die Fälle zu sog. Fallgruppen zusammen. Ziel der Berechnungen ist es, diejenigen Bedingungen bzw. Kombinationen von Bedingungen (sog. Konfigurationen) herauszustellen, die für das *Outcome* einer Fallgruppe zutreffen (sog. Hauptimplikanten) und letztlich die Erklärung für das jeweilige Phänomen liefern.[271] Der Hauptimplikant, der sämtliche Fälle der jeweiligen Fallgruppe am einfachsten beschreibt und die kürzeste Kombination aus der gesamten Menge von Hauptimplikanten darstellt, ist die sog. optimale Lösung einer QCA und gilt als Erklärung des jeweiligen Phänomens.[272] Eine optimale Lösung in QCA entspricht etwa der Form $W + X * Y$ und besagt, dass Z dort auftritt, wo entweder W oder X und Y gilt. In diesem Sinne vermag QCA multikausale Erklärungen darzustellen, da eine Kombination aus mehreren Hauptimplikanten bestehen kann und die Lösung einer QCA nicht auf eine Bedingung reduziert werden muss.[273] Die Berechnungen von QCA erfolgen in drei Schritten.

Der erste Schritt umfasst das Erstellen einer Wahrheitstabelle[274], in der Fälle mit identischer Konfiguration (zusammengefassten Bedingungen) gruppiert werden und diesen Konfigurationen wiederum ein Wahrheitswert hinsichtlich *Outcome* zugewiesen wird; dieser entspricht dem Wahrheitswert der Fälle, falls alle Fälle den gleichen Wahrheitswert haben.[275] Weisen diese nicht

---

[270] Mittlerweile existiert eine Vielzahl an Softwareprogrammen, die QCA durchführen können. Die zugrundeliegenden Ausführungen beziehen sich nur auf die Software *QCA 2.0* und *QCA 3.0* für QCA die von Drass & Ragin entwickelt wurde sowie *Tosmana* für mvQCA, die von Cronqvist programmiert wurde. Cronqvist 2011.

[271] Cronqvist 2007a, S. 41.

[272] Cronqvist 2007a, S. 41.

[273] Cronqvist 2007a, S. 42.

[274] S.h. hierzu ausführlicher Gliederungspunkt 3.1.2.1 bzw. 3.1.2.2.

[275] Cronqvist 2007a, S. 42. S.h. hierzu auch die Ausführungen in Gliederungspunkt 3.1.2.1 bzw. 3.1.2.2.

den identischen *Outcome* auf, werden die Konfigurationen als sog. „contradiction" (Widerspruch) markiert.[276] „Contradictions" sind für die Analyse höchst problematisch und werden von dieser meist ausgeschlossen, da Lösungen einer widersprüchlichen Wahrheitstabelle nicht alle Fälle wiederspiegeln und falsche Schlüsse hinsichtlich der Bedingungen resultieren können.[277]

Der zweite Schritt umfasst die Berechnung der Hauptimplikanten, was Ragin wie folgt beschreibt:

> "If two Boolean expressions differ in only one causal condition yet produce the same outcome, then the causal condition that distinguishes the two expressions can be considered irrelevant and can be removed to create a simpler, combined expression."[278]

Dazu werden alle Konfigurationen zusammengefasst und diejenigen Bedingungen aus dieser Zusammenfassung eliminiert, die für das *Outcome* der jeweiligen Fallgruppe irrelevant sind: Sind drei Fälle einer Fallgruppe mit den Konfigurationen *uVWxyZ*, *UVWXYZ* und *uVWXyZ* gegeben, dann sind die Aussagen *uxy* bzw. *UXY* irrelevant, da die Konfiguration *VWZ* reicht, um die drei Fälle zu einer Fallgruppe zu klassifizieren (die Wahrheitswerte dieser Parameter sind nämlich in allen drei Konfigurationen gleich bzw. großgeschrieben), unabhängig davon, welche Wahrheitswerte die anderen Parameter einnehmen.[279] Allerdings müssen sich die Konfigurationen der Fälle in der gleichen Bedingung widersprechen, da sonst keine Reduktion von Bedingungen erfolgen kann: *rstuVW* und *mNoPVW* können nicht zu *VW* reduziert werden (da die Konfiguration aus verschiedenen Parametern besteht).[280] Der Schritt der Minimierung ist abgeschlossen, wenn keine Konfigurationen mehr „miteinander verschmolzen werden können" und die Software die Hauptimplikanten identifiziert hat; eine Konfiguration ist dann ein

---

[276] Cronqvist 2007a, S. 42.

[277] Cronqvist 2007a, S. 41 f. Wieso diese problematisch sind, kann u.a. bei Schneider und Wagemann 2007, S. 50 nachgelesen werden.

[278] Ragin 1989, S. 93.

[279] Vgl. Cronqvist 2007a, S. 43. Cronqvist nennt ein konkretes Beispiel aus dem Alltag: „Gelten zum Beispiel die beiden Aussagen ‚Ich gehe immer spazieren wenn es warm ist und die Sonne scheint' und ‚Ich gehe immer spazieren wenn es kalt ist und die Sonne scheint', so kann die Aussage auf ‚Ich gehe immer spazieren wenn die Sonne scheint' reduziert werden. Die Information über die Temperatur ist überflüssig, da ich immer spazieren gehe wenn die Sonne scheint, egal wie warm / kalt es ist."

[280] Vgl. Cronqvist 2007a, S. 43.

Hauptimplikant, wenn keine andere Konfiguration existiert, deren Bedingungen, Teile der Bedingungen des Hauptimplikanten repräsentieren.[281]

Der letzte und dritte Schritt berechnet schließlich die minimale Lösung aller Hauptimplikanten, wobei aus der Menge aller in der ersten Phase gefundenen Hauptimplikanten diejenige Kombination gesucht wird, die einerseits alle Fälle abdeckt, andererseits die kürzeste Kombination von Bedingungen darstellt (sog. Optimale Hülle).[282] Diese Rechenoperation ist relativ anspruchsvoll, weshalb die Software auf einen Quine-McClusky-ähnlichen Algorithmus zurückgreift.[283] Das dahinterliegende Verfahren erklärt Cronqvist vereinfacht anhand einer Matrix:

Abbildung 7:   „Matrix zur Bestimmung der Optimalen Hülle"

	ABcD	AbcD	abcd
A	X	X	
bc		X	X
cd			X

Quelle: Cronqvist 2007a, S. 45.

In den Zeilen finden sich die in der zweiten Analysestufe gefundenen Hauptimplikanten, wohingegen in den Spalten die jeweiligen Fälle abgetragen sind; das Zutreffen eines Hauptimplikant für einen Fall wird mit X notiert.[284] Die Berechnung erfolgt im Sinne einer Eliminierung, wobei zunächst Hauptimplikanten ausgewählt werden. Im Anschluss wird jede Spalte, die in Bezug auf den Hauptimplikanten ein X aufweist, gestrichen. Wird in der dargestellten Matrix der Hauptimplikant bc gewählt, können die Fälle mit der

---

[281] Cronqvist 2007a, S. 44. Anders ausgedrückt, impliziert ein Implikant Q keinen anderen Implikanten, wird er als Hauptimplikant bezeichnet.

[282] Cronqvist 2007a, S. 41.

[283] Cronqvist 2007a, S. 41 f.; Schneider und Wagemann 2007, S. 57, 63f. Die Berechnung nimmt selbst mit einem überaus modernen und leistungsstarken Rechner einige Zeit in Anspruch, sodass eine solche Analyse ohne EDV nicht denkbar ist. Die algorithmischen Berechnungen werden in mvQCA nochmals komplexer, da hier mit mehrwertigen Bedingungen gerechnet wird, weswegen mvQCA zur Effizienzsteigerung der Berechnungen auf einen anderen, von Cronqvist eigens entwickelten, Algorithmus zurückgreift.

[284] Cronqvist 2007a, S. 44; Schneider und Wagemann 2007, S. 63f.

Konfiguration *AbcD* und *abcd* gestrichen werden, da der Hauptimplikant *bc* diese bereits abdeckt.[285] Dies wird solange fortgeführt, bis alle Fälle eliminiert sind und daraus eine Hülle hervorgeht. Leider ist durch die einfache Auswahl von Hauptimplikanten, wie eben im Beispiel geschehen, nicht gewährleistet, dass diese Hülle die kürzeste Konfiguration repräsentiert, sodass zugleich nicht automatisch die optimale Hülle gefunden wird.[286] Deshalb wird in dem letzten Schritt auf den Quine-McCluskey-Algorithmus zurückgegriffen, der Hauptimplikanten in „nötige" und „nicht nötige" Konfigurationen zu klassifizieren vermag und dem Problem entgegenwirkt. Zuerst werden die „unbedingt nötigen Hauptimplikanten" berechnet und anschließend nach der kürzesten Lösung gesucht.[287] Damit sei den Ausführungen zum dritten Berechnungsschritt und dem sich dahinter verbergenden Algorithmus zunächst Genüge getan; detaillierte Darlegungen würden in diesem Rahmen zu weit führen und sind für das Verständnis zugrundeliegender Arbeit nicht notwendig, da der Schritt ohnehin mittels EDV erfolgt.[288]

Vielmehr soll nun noch ein wichtiges, wenn nicht sogar das zentralste „Feature" und innovative Moment einer QCA dargestellt werden, nämlich die Möglichkeit der Einbeziehung hypothetischer Fälle. Diese Funktion ist dem sog. „Problem fehlender Diversität" geschuldet, was ein unumgängliches Phänomen der Wirklichkeit ist.[289] Was dieses „Problem" genau bedeutet, lässt sich am einfachsten anhand einer Wahrheitstafel veranschaulichen.

Gegeben sei nochmals die Wahrheitstafel aus Abbildung 5: Diese gibt (lediglich) die erhobenen und damit tatsächlich beobachteten Werte der Fälle für die zugrundeliegende Stichprobe wieder und umfasst hier 3 Konfigurationen;[290] eine die maximalen Ausprägungen aller im Beispiel einbezogenen Variablen (X_1, X_2, X_3, X_4) widerspiegelnde Wahrheitstafel umfasst dagegen weitaus mehr Zeilen, nämlich insgesamt 16 logisch möglichen Konfigurationen.

---

[285] Cronqvist 2007a, S. 44; Schneider und Wagemann 2007, S. 63f.

[286] Cronqvist 2007a, S. 44 f.

[287] Cronqvist 2007a, S. 45 f.

[288] Für eine detaillierte Darstellung sei auf Cronqvist verwiesen bzw. auf die in seinem Werk angeführte weiterführende Literatur: Cronqvist 2007a, S. 45 ff.

[289] Ein anderer *Terminus* für diesen Sachverhalt ist „many-variables-small-n-Dilemma", was zuvor thematisiert wurde bzw. die sog. Freiheitsgrade aus der Statistik.

[290] Daraus ergibt sich auch der Name „Wahrheitstafel", weil die Werte beobachtet wurden bzw. die Realität „abbilden".

Zur Errechnung aller logisch möglichen Konfigurationen einer Untersuchung dient die Formel $K = 2^\vartheta$, wobei ϑ die Anzahl der in der Untersuchung eingeschlossenen dichotomen Variablen angibt; hier also: $K = 2^4 = 16$.[291]

Abbildung 8: Dichotome Kodierung und Erfassung als Wahrheitstafel

Fall	Bedingung				Outcome
	X_1	X_2	X_3	X_4	Y
Z_1	0	0	1	0	0
Z_2	0	1	1	1	0
Z_3	1	0	1	0	1

Quelle: Eigene Darstellung nach Rekombination von Ragin 1989, S. 88.

In der Stichprobe des Beispiels existieren also nicht alle 16 möglichen Konfigurationen des Datensatzes bzw. sie wurden nicht alle in der Realität beobachtet. Dieses Szenario ist für die meisten QCA-Anwendungen zutreffend, sodass eine Vielzahl von logisch möglichen Fällen bzw. Konfigurationen in dem jeweils zu untersuchenden Datensatz nicht existent ist. Dieser Umstand ist angesichts der exponentiell wachsenden Anzahl von logisch möglichen Konfigurationen gemäß Formel $K = 2^\vartheta$ und einer kleinen bis mittleren Fallzahl der Untersuchungen nicht überraschend: In dem Beispiel sind lediglich vier Bedingungen (Variablen) verwendet worden, wohingegen eine Vielzahl sozialwissenschaftlicher Untersuchungen mit einer derlei kleinen Anzahl allerdings nicht auskommt. Selbst wenn dies so wäre, sähen sich diese Studien einer anderen Schwierigkeit gegenüber, nämlich derjenigen, dass sie kaum 16 beobachtbare und analytisch relevanten Fälle ihres sozialwissenschaftlichen Phänomens auffinden könnten. Dennoch ist dieses „Dilemma" keines, was zumindest methodisch nicht lösbar ist.

In diesem Sinne sowie zurückkehrend zur QCA gibt es grundsätzlich mehr logische Konfigurationen als beobachtbare Fälle, sodass zwangsweise logische Konfigurationen „übrig bleiben", die in keinem der Fälle gegeben sind. Dieses Fehlen bzw. Nichtbeobachten von logischen Konfigurationen in den Datensätzen der Untersuchung, insbesondere solchen, die viele Variablen

---

[291] Bei mehrwertigen Variablen gilt eine abweichende Formel. Diese wird noch im Zuge der Darstellung des mehrwertigen QCA-Ansatzes (mvQCA) von Cronqvist dargestellt.

umfassen, führt zu dem Problem, dass die bisher beschriebenen Minimierungskalkulationen mit ausschließlich beobachteten Konfigurationen nur eingeschränkt bis überhaupt nicht angewendet werden können, da es kaum „Fälle einer Fallgruppe gibt, die sich nur in einer kausalen Bedingung unterscheiden".[292] Folglich kann keine minimale Lösung des Datensatzes entstehen und mit den Aussagen bzw. Erkenntnissen der Untersuchung keine Reduktion von Komplexität etwa in Form einer sparsamen Theorie realisiert werden.

Um eine solche Reduktion sowie weitreichende Generalisierungen, zumindest was die definierte Grundgesamtheit anbelangt, trotz fehlender beobachtbarer Fälle dennoch zu ermöglichen, können in QCA hypothetische Fälle (sog. „logical remainder"[293]) zur Berechnung der Hauptimplikanten hinzugezogen werden.[294] Dieses Hinzuziehen kann analog einer kontrafaktischen Analyse erachtet werden. Die „logical remainder" gehen dabei als vereinfachende Annahmen (sog. „simplifying assumptions") in die Minimierung mit ein und werden bei der Berechnung der Hauptimplikanten so behandelt, als wären sie Teil der jeweiligen Fallgruppe; in der abschließenden Berechnung der Hauptimplikantenhülle werden davon jedoch nur diejenigen logischen Konfigurationen berücksichtigt, die tatsächlich im Datensatz existent sind.[295] Zur Illustration führt Cronqvist dazu folgendes Beispiel an:

> „Ist *ABCD* Teil der reduzierenden Fallgruppe und die Kombination *ABCd* nicht in einem Fall vertreten, so kann *ABCd* zur Minimierung von *ABCD* zu *ABC* herangezogen werden. Bei der nachfolgenden Bestimmung der Lösungen wird aber nur *ABCD* berücksichtigt, während *ABCd* nicht bei der Suche nach der Optimalen Hülle abgedeckt werden muss. Der hypothetische Fall *ABCd* kann aber durch die gefundene Lösung

---

[292] Cronqvist 2007a, S. 49.

[293] Der Begriff „logical remainder" ist der Originalwortlaut, der von Ragin in seinem Hauptwerk eingeführt wurde und fortan benutzt wird, vgl. Ragin 1989. In der Folgezeit haben sich im wissenschaftlichen Diskurs zur QCA jedoch noch andere Begriffe dafür etabliert: So übersetzt Berg-Schlosser den *Terminus* als „hypothetische Fälle", vgl. Berg-Schlosser und Müller-Rommel 2003; Jahn spricht von einem „nicht eingetretenen Fall", vgl. Jahn 2006, S. 422; Schneider wiederum von „logischen Rudimenten", vgl. Schneider und Wagemann 2007, S. 279. Im Weiteren wird sowohl die Bezeichnung von Berg-Schlosser als auch von Ragin verwendet, da sie am zutreffendsten widergeben, dass es sich um in den beobachteten Fällen nicht vorhandene, aber logisch mögliche Konfigurationen handelt.

[294] Cronqvist 2007a, S. 50; Ragin 1989, S. 105.

[295] Cronqvist 2007a, S. 50.

durchaus miterklärt werden, so dass auch nicht-existierende Konfigurationen von der Lösung umfasst werden können."[296]

Mit dieser Möglichkeit gewinnt QCA ein „Mehr" an Minimierungsmöglichkeiten, was letztlich in sparsamere Lösungen resultieren kann. Solche sparsamen Lösungen sollten jedoch keineswegs pauschal und „mechanisch" als finales Resultat angenommen werden. Weil die den weiterreichenden Minimierung zugrundeliegenden „simplifying assumptions" „die Natur der gefundenen Lösung verändern", muss dieser Umstand bei der Auswertung der Analyseergebnisse stets reflektiert werden: Bei der Minimierung ohne „logical remainder" sind alle Konfigurationen einer ausgegeben Lösung tatsächlich in einem der beobachteten Fälle der Datenmatrix existent. Das trifft bei der Minimierung inklusive „logical remainder" hingegen nicht zu, da die Minimierung auch auf hinzugenommene logische Konfigurationen zurückzuführen ist; dennoch gilt weiterhin, dass nur Fälle des jeweils zu minimierenden *Outcomes* in die Hauptimplikanten eingehen, jedoch keine mit alternativem *Outcome*.[297] Abgesehen davon ist, zumindest sofern zutreffend und eine QCA-Untersuchung inklusive „logical remainder" durchgeführt wird, eine Reihe weiterer Aspekte zu problematisieren, welche sich in einer etablierten Kritik der QCA manifestieren. Hierauf kann und soll jedoch nicht weiter eingegangen werden.[298]

Ist der dritte Schritt, ex- oder inklusive „logical remainder" vollbracht und eine Optimale Hülle gefunden, können die Ergebnisse der QCA in Bezug auf den theoretischen Rahmen der sozialwissenschaftlichen Untersuchung interpretiert werden. Die QCA ist somit abgeschlossen. Die Interpretation und Auswertung der Ergebnisse kann unmittelbar anhand der Lösung bzw. optimalen Hülle erfolgen, wobei das Phänomen durch notwendige („necessary") bzw. hinreichende („sufficient") Bedingungen erklärt wird.[299] Diese sind, wie zuvor angedeutet, zentrale Kausalitätskonzepte in den Sozialwissenschaften. Obwohl nicht explizit formuliert, macht die Vielzahl gesellschaftswissenschaftlicher Hypothesen und Theorien Aussagen über notwendige und hinreichende Bedingungen eines Phänomens: In diesem Sinne gilt

---

[296] Cronqvist 2007a, S. 50.

[297] Cronqvist 2007a, S. 50.

[298] Vgl. bspw. Ragin et al. 2003; Vink und van Vliet 2009; Rihoux und Ragin 2009; Schneider und Wagemann 2007.

[299] Ragin 1989.

QCA auch als „die systematischste Form zur Analyse notwendiger und hinreichender Bedingungen", da QCA-Berechnungen zunächst die notwendige und schließlich die hinreichende Bedingung identifizieren.[300] QCA eignet sich daher bestens für empirische theorie- und hypothesenprüfende bzw. – generierende Arbeiten in den Gesellschaftswissenschaften.

Zur Interpretation der jeweiligen Bedingungen muss folgendes gelten:

> „Eine Bedingung ist dann *notwendig*, wenn sie immer dann, wenn das Outcome vorliegt, ebenfalls vorliegt."[301]

Daraus ergibt sich, dass die Bedingung zwangsweise zusammen mit dem zu erklärenden Phänomen auftauchen muss, da andernfalls nicht davon ausgegangen werden kann, dass die in die Untersuchung eingeschlossene Bedingung notwendig ist, um das Phänomen zu verursachen und letztlich zu erklären.[302] Ferner folgt daraus, dass sich die Analyse auf Fälle beschränken kann, in denen das *Outcome* vorliegt und keine „Varianz auf der abhängigen Variable" vonnöten ist; eine Sache, die in der Methodologie allgemein kontrovers diskutiert wird, allerdings für eine Hypothesenprüfung im Sinne von „Verifikation" und „Falsifikation" durchaus plausibel scheint.[303] Herausgestellt sei jedoch, dass die zu vernachlässigende Varianz keine Allgemeingültigkeit beansprucht, sondern insbesondere hinsichtlich der Identifikation von notwendigen Bedingungen, zunächst in vorliegendem Falle gilt.[304] In Anbetracht dessen gilt eine Hypothese im Hinblick auf eine notwendige Bedingung als vorübergehend „verifiziert", sofern in der untersuchten Fallgruppe alle Fälle sowohl das zu erklärende Phänomen als auch die notwendige Bedingung aufweisen, wohingegen eine Hypothesen im Hinblick auf eine notwendigen Bedingung als vorübergehend „falsifiziert" gilt, sofern das Gegenteil der Fall ist.[305]

---

[300] Schneider und Wagemann 2007, S. 41, 49. Für diese Reihenfolge gibt es gute Gründe, die Schneider und Wagemann verständlich darstellen.

[301] Schneider und Wagemann 2007, S. 37. Vgl. zum Problem „begrenzter empirischer Vielfalt" Schneider und Wagemann 2007, S. 101 ff.

[302] Schneider und Wagemann 2007, S. 37.

[303] Schneider und Wagemann 2007, S. 37. Beide Begriffe sind nicht in strikt Popper'schen Sinne gemeint; vgl. etwa Popper 1989. Für die methodologische Diskussion s.h. bspw. King et al. 1994; Brady und Collier 2004.

[304] Schneider und Wagemann 2007, S. 38.

[305] Schneider und Wagemann 2007, S. 38.

„Eine Bedingung kann dann als hinreichend angesehen werden, wenn sie für jeden untersuchten Fall in unserer Vergleichsstudie zu dem zu untersuchenden Outcome führt."[306]

Somit darf in der Fallgruppe kein Fall bestehen, der zwar die hinreichende Bedingung aufweist, aber nicht das zu erklärende Phänomen. Erneut interessieren auch hier nur diejenigen Fälle der Fallgruppe, die das jeweilige *Outcome* aufweisen. Dies ist insofern plausibel, als die kausal-ursächliche Aussage lautet „Wenn X, dann Y" und „Erwartungswerte für Y" ausschließlich generiert werden, wenn X vorliegt, sodass zunächst irrelevant ist, „was mit Y passiert, wenn X nicht vorliegt".[307] Die Erfassung letzterer, kontrafaktischer Dimension ist durchaus auch machbar, wozu es schlichtweg der Formulierung entsprechender Hypothesen bedarf: Unterschiedliche Konzepte bedürfen unterschiedlicher Hypothesen, auch wenn diese lediglich eine Negation oder Inversion darstellen.[308] Folglich gilt eine Hypothese im Hinblick auf eine hinreichende Bedingung als „verifiziert", wenn alle Fälle der Fallgruppe des interessierenden Phänomens sowohl das Phänomen als auch die hinreichende Bedingung aufweisen und zugleich ausgeschlossen ist, dass Fälle existieren, in denen zwar die hinreichende Bedingung, aber nicht das Phänomen vorhanden ist.[309] Weisen die Fälle der Fallgruppe das jeweilige *Outcome* auf, nicht jedoch die hinreichende Bedingung, gilt die Hypothese im Hinblick auf eine hinreichende Bedingung als „falsifiziert"; Fälle, die die hinreichende Bedingung nicht aufweisen, können insgesamt außer Acht gelassen werden, weil sie die Hypothese „weder falsifizieren noch verifizieren".[310]

Neben der Untersuchung von Hypothesen aus dem singulären Blickwinkel der hinreichenden bzw. notwendigen Bedingung heraus, ist insbesondere für QCA die Analyse der Kombination beider von großem Interesse.[311] Eine sowohl notwendige als auch hinreichende Bedingung würde die vollkommene Deckungsgleichheit von den das Phänomen erklärenden hypothetisierten Bedingungen sowie dem Phänomen selbst bedeuten und gleichzeitig

---

306   Schneider und Wagemann 2007, S. 32.
307   Schneider und Wagemann 2007, S. 33.
308   Schneider und Wagemann 2007, S. 33.
309   Schneider und Wagemann 2007, S. 33.
310   Schneider und Wagemann 2007, S. 33.
311   Schneider und Wagemann 2007, S. 39.

die Äquivalenz von hinreichenden und notwendigen Bedingungen implizieren.[312] Dies kommt einer perfekten Korrelation nach, allerdings ist diese selten bei gesellschaftswissenschaftlichen Phänomenen zu beobachten, sodass umso wichtiger ist, „die Beziehung zwischen kausal relevanten Bedingungen und einem *Outcome* **getrennt** auf hinreichende und notwendige Strukturen zu untersuchen und dies nicht etwa auf einmal erledigen zu wollen".[313]

3.1.2.4 QCA *plus ultra* (Schwächen, Grenzen, Kritik)

Neben dem breiten methodischen Mehrwert, den die Ragin'sche Methode für die Erforschung sozialer Wirklichkeit zu bieten vermag, weist sie leider auch einige Schwächen und Grenzen auf, die in einer breiten Kritik widerhallen.[314] Hauptsächliche Kritikpunkte sind die Vorgehensweise bei fehlenden Werten, die begrenzte empirischer Vielfalt sowie die Dichotomisierung.[315]

Die dichotome Verarbeitung von Daten in QCA kann unter bestimmten Umständen zu Kodierungen führen, die die tatsächliche Datenlage unzureichend widerspiegeln, da nicht alle empirischen Daten und Theorien die soziale Realität in Extrema der Schaltalgebra, also in Form von entweder-oder, an bzw. aus, „0" bzw. „1" darstellen, sondern vielmehr entlang eines

---

[312]   Schneider und Wagemann 2007, S. 39 f.

[313]   Schneider und Wagemann 2007, S. 41.

[314]   Vgl. für eine gute Übersicht Rihoux und Ragin 2009, S. 147 ff.

[315]   Cronqvist 2007a, S. 43 ff., 53 ff., 59 ff. Fehlende Werte können zwar mittels entsprechender Kodierung in QCA ersetzt werden, um weiterhin in die Berechnung einzufließen, allerdings werfen diese eine Reihe von weitreichenderen Problemen für das QCA-Ergebnis auf. Das Problem begrenzter empirischer Vielfalt äußert sich darin, dass es mehr zu testende Konfigurationen gibt als Fälle existieren bzw. in die Untersuchung eingebunden sind. Erinnert sei an die Formel 2^n, die die Zahl möglicher Kombinationen widerspiegelt. Wären in einer Untersuchung mit 3 Bedingungen 8 Fälle notwendig, benötigte man bei 4 Bedingungen bereits 16 Fälle, bei 6 Bedingungen 64 Fälle usw., womit die Anzahl der in die Untersuchung einzuschließenden Fälle rasch unübersichtlich und unrealisierbar wird. Und letztlich wird der Einschluss von theoretisch-logischen Konfigurationen, die in die QCA-Berechnungen einfließen, allerdings nicht empirisch in den Fallgruppen beobachtet wurden, als „Fantasieren" kritisiert.

Kontinuums abbilden und wesentlich mehr Werte umfassen.[316] Dies gilt insofern, als Dichotomisierung das Setzen eines Schwellenwerts („threshold") voraussetzt, ab welchem der „Schalter" Boole'scher Algebra umgelegt wird und der jeweilige Wahrheitswert („wahr" / „falsch" bzw. „0" / „1") gilt. Mit einer bedingungslosen Dichotomisierung solcher Daten geht ein Informationsverlust einher, der zu Fehlinterpretationen der empirischen Befunde führen kann und zugleich einer Fehlevaluation der hypothetisierten Annahmen bzw. des theoretischen Rahmens Tür und Tor öffnet.[317] Demnach eignet sich eine Auswertung nach QCA nicht bei allen Daten, da sie zu einer Vielzahl kodierungsbedingter Widersprüche führen kann und für bestimmte theoretische Annahmen zu kurz greifen würde, wie auch Abbildung 9 darstellt.[318]

Abbildung 9: **Für eine simple Dichotomisierung ungeeignete Datenverteilung**

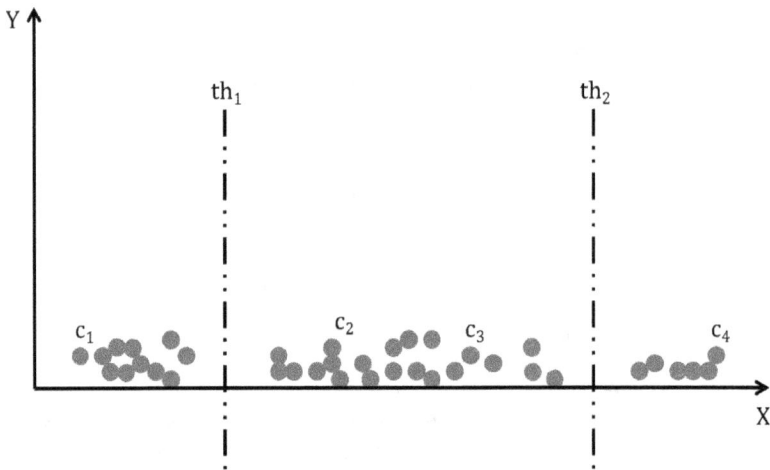

Quelle: Eigene Darstellung nach Rekombination von Rihoux und Ragin 2009, S. 71.

Mit der Dichotomisierung in QCA würden bspw. die dargestellten Fälle unter dem Schwellenwert th_1 berechnet, womit den Fällen c_2, c_3 und c_4 derselbe Wahrheitswert zugeordnet würde, obwohl alle drei durchaus verschiedene

---

[316] Cronqvist 2007a, S. 66.
[317] Rihoux und Ragin 2009, S. 70.
[318] Vgl. Cronqvist 2007a, S. 67.

Werte in den Rohdaten aufweisen.[319] Andererseits würde die Dichotomisierung unter th_2 den Fällen c_1, c_2, und c_3 denselben Wert zuweisen, wobei auch diese vollkommen unterschiedliche Rohdatenwerte verzeichnen. Die Interpretation der empirischen Befunde und die Bewertung der theoretischen Rahmung wären in Anbetracht dessen sicherlich verfälscht. Vor diesem Hintergrund bietet sich die Verwendung von mehreren Schwellenwerten an, die etwa in mvQCA ermöglicht wird.[320] Abgesehen davon bietet mvQCA die Verwendung mehrwertiger Kategorien von nominal skalierten Bedingungen, etwa Regionen: Afrika, Asien, Europa, Nordamerika, etc.; Religionen: Christentum, Judentum, Islam, etc.; Familienstatus: ledig, verheiratet, geschieden, etc.[321]

An dieser Stelle könnte kritisiert werden, dass mehrwertige Daten durchaus in QCA verwendet werden können, indem eine mehrwertige Bedingung unter Verwendung sog. „dummy"-Bedingungen in mehrere dichotome kodiert wird.[322] Diese Idee muss jedoch verworfen werden, wie Cronqvist und Berg-Schlosser gezeigt haben, da die Verwendung von „dummies" weitere, nicht zu vernachlässigende Probleme aufwirft.[323] Cronqvist veranschaulicht die Problematik mit einem treffenden Beispiel: Gegeben sei eine Ampel mit den drei empirisch beobachtbaren Leuchtwerten: Rot, Gelb, Grün; kodiert man diese mehrwertige Bedingung „Licht" mit $P_{Licht} = \{rot, gelb, gruen\}$ in mehrere dichotome QCA-Bedingungen (rot, gelb, grün), so erhält man die Tabelle in Abbildung 10.

---

[319]   Vgl. Rihoux und Ragin 2009, S. 70.

[320]   Rihoux und Ragin 2009, S. 70. Mittels sog. „Thresholdsetter"; s.h. zu den software-technischen Aspekten Cronqvist 2007b.

[321]   Rihoux und Ragin 2009, S. 71.

[322]   Rihoux und Ragin 2009, S. 71; Cronqvist 2007a, S. 70; Berg-Schlosser und Cronqvist 2005.

[323]   Diese sind nachzulesen bei Rihoux und Ragin 2009; Cronqvist 2007a; Berg-Schlosser und Cronqvist 2005.

Abbildung 10: Kodierung einer mehrwertigen Bedingung als mehrere dichotome QCA-Bedingungen

Fall	Rot	Gelb	Grün
Ampel$_{rot}$	1	0	0
Ampel$_{gelb}$	0	1	0
Ampel$_{grün}$	0	0	1
Ampel$_{rotgrün}$	1	0	1
Ampel$_{rotgelb}$	1	1	0
...			
..			
.			

Quelle: Eigene Darstellung nach Rekombination von Cronqvist 2007a, S. 70.

Daraus ergibt sich, dass nicht nur die real existierenden Konfigurationen geschaffen werden, sondern zusätzlich, im Rahmen der Minimierung und Einbeziehung von theoretisch-logischen aber empirisch nicht beobachtbaren Fällen, auch solche Kombinationen generiert werden, die weder logisch denkbar noch empirisch realisierbar sind, etwa eine rot-grüne Ampel.[324] Diese fließen letztlich in die QCA-Berechnungen ein und steigern nicht nur die Berechnungszeit durch das zahlenmäßige Mehr an Bedingungen,[325] sondern können eventuell auch noch Eingang in die QCA-Lösung finden.[326]

Den vorstehenden Aspekten und Kritiken wurde uneingeschränkt begegnet sowie mehr oder minder erfolgreich Abhilfe geschaffen, wobei unterschiedliche methodische Weiterentwicklungen resultierten, die sich insbesondere in alternativen konfigurationellen Methoden auf QCA-Basis äußerten.[327] Hieran wird erneut deutlich, dass sich Gesellschaftswissenschaftler zuhauf dem Problem gegenübersehen, dass es ihnen nicht an zu erforschenden Phänomenen mangelt, sondern vielmehr an entsprechenden Methoden, mittels

---

[324] Rihoux und Ragin 2009, S. 71; Cronqvist 2007a, S. 70.
[325] Was auch entgegen dem Ideal der „parsimony" bzw. Reduzierung der in eine Untersuchung einzubindenden Bedingungen (UV) ist. Rihoux und Ragin 2009, S. 72; George und Bennett 2005; King et al. 1994.
[326] Cronqvist 2007a, S. 70.
[327] In diesem Sinne entwickelte Ragin etwa die „Fuzzy-Set QCA", vgl. Ragin 2000.

welcher die Phänomene befriedigend erforscht werden können. Zu oft werden in Anbetracht dessen die Daten den zur Verfügung stehenden Methoden angepasst, obwohl das Gebot sein sollte, vielmehr die Methoden den Daten anzupassen.

An diesem Punkt setzte Cronqvist an und entwickelte die mvQCA, wobei er mit seiner Analysetechnik eben nicht nur der Kritik von QCA begegnete, sondern die Analysetechnik insgesamt optimierte und den methodischen Werkzeugkoffer um eine weitere Methodik bereicherte, die sich vorbildlich der Datenlage anpasst und nicht umgekehrt.

Diese von ihm entwickelte mvQCA findet in vorliegender Untersuchung Anwendung, weshalb zum Abschluss des Unterkapitels die Vorstellung dieser Analysemethodik erfolgen soll. Wie auch der Name verrät, gründet mvQCA gänzlich auf QCA, weshalb die bisherigen Ausführungen dazu sowie zur Boole'schen Algebra auch für mvQCA maßgeblich sind und nicht nochmals wiederholt werden. Erwähnung finden deshalb ausschließlich die Unterschiede, die zum Verständnis der Analyse als unabdingbar erachtet werden.

3.1.2.5 mvQCA

Das innovative Moment der mvQCA äußert sich vornehmlich in der Möglichkeit, mehrwertige nominal- sowie ordinal-skalierte Daten zu verarbeiten.[328] Die mehrwertige Skalierung kann in der Analyse sehr fein gewählt werden, wobei im Hinblick eines theorieprüfenden bzw. -generierenden Erkenntnisinteresses davon abzuraten ist: Grundsätzlich sollten nur die theoretisch notwendigsten Bedingungen in die Berechnungen eingebunden werden, um die insgesamt zu berechnenden möglichen Konfigurationen (2^n) so niedrig wie möglich zu halten. Andernfalls kann unter Umständen nicht die kürzest mögliche Konfiguration der das Phänomen verursachenden Bedingungen berechnet werden, da die Zahl der zu berechnenden Kombinationen die verfügbare Zahl von empirischen Untersuchungsfällen übersteigt, also das Problem der begrenzten empirischen Vielfalt („many-variables-small-n-

---

[328] Cronqvist 2007a, S. 68. Intervallskalierte Daten müssen hingegen weiterhin auf eine Nominal- bzw. Ordinalskala transformiert werden. Insgesamt gilt, dass sowohl die Bedingungen (UV) als auch das zu erklärende Phänomen bzw. *Outcome* (AV) mehrwertig kodiert werden können.

Dilemma") greift und so womöglich eine Vielzahl von fallspezifischen Bedingungen in die Berechnungslösung einfließen.[329] Damit steht es nicht nur dem „Parsimony"-Gebot von Theorien sowie dem Prinzip der Komplexitätsreduktion sozialer Realität entgegen, sondern auch der Generalisierbarkeit von Aussagen unter den weiter oben angeführten Gesichtspunkten.[330] Obschon in mvQCA mehrere Schwellenwerte gesetzt und so intervallskalierte Daten transformiert werden können, führt auch dieser methodische Mehrwert nicht minder zu Informationsverlusten, ähnlich einer QCA. Um diesen allerdings möglichst gering zu halten und die Daten nicht zu „zerpflücken", sollten die „thresholds" sehr sorgsam und ausschließlich unter theoretischen Gesichtspunkten gesetzt werden.[331]

Insgesamt beziehen sich die hauptsächlichen Unterschiede zur QCA auf die verwendete *Terminologie*, die alternative *Notation* sowie den zweiten Berechnungsschritt, nämlich die Minimierung und den diesbezüglich verwendeten Algorithmus.[332]

In mvQCA wird nicht von einer Wahrheitstabelle gesprochen wie in QCA üblich, sondern von einer sog. Konfigurationstabelle; neben der abweichenden Bezeichnung steht dies insbesondere dafür, dass die Daten nicht mehr einer dichotomen Wahrheitsaussage der Form „wahr" (1) bzw. „falsch" (0) entsprechen, sondern mehrwertiger nominaler bzw. ordinaler Natur sind, etwa klein (0), mittel (1), groß (2).[333] Folglich beginnt eine mvQCA nicht mit der Erstellung einer Wahrheitstabelle, sondern mit der Datenaggregation in

---

[329] Vgl. Cronqvist 2007a, S. 68.

[330] Vgl. George und Bennett 2005; King et al. 1994; Cronqvist 2007a, S. 68, 85. Dazu führt Cronqvist aus, dass sich mit mvQCA zwar das Dichotomisierungsproblem lösen lässt, es allerdings „bei einer übermäßigen Anwendung mehrwertiger Skalen zu Problemen durch eine 'Individualisierung' der Fälle kommen kann: Werden viele mehrwertige Konditionen benutzt, entsteht ein höchst komplexer Datenraum in dem jeder Fall eine eigene Konfiguration einnimmt und sehr viele Konfigurationen ohne Fälle gebildet werden".

[331] Cronqvist 2007a, S. 68; Rihoux und Ragin 2009, S. 72. Dies kann entweder manuell oder mittels des in *Tosmana* integrierten sog. „Thresholdsetters" erfolgen; s.h. zu den softwaretechnischen Aspekten Cronqvist 2007b.

[332] Rihoux und Ragin 2009, S. 72.

[333] Cronqvist 2007a, S. 68. Aus softwaretechnischen Gründen muss das Kodieren immer beim Wert 0 anfangen, unabhängig der Eigenschaft des Parameters. Rihoux und Ragin 2009, S. 73.

Form einer Datenmatrix bzw. Konfigurationstabelle. Daraus folgt, dass auch die Formel zur Errechnung der Gesamtzahl möglicher Kombinationen, durch die Verwendung mehrwertig kodierter Daten, modifiziert werden muss. Dadurch, dass die Anzahl von Kombinationen in mvQCA von der Anzahl der möglichen Werte insgesamt abhängt, gilt für die Maximalzahl möglicher Konfigurationen stets: $K_M = ó_{\vartheta(1)} * ó_{\vartheta(2)} * ... * ó_{\vartheta(n-1)}$ wobei $ó_{\vartheta(n)}$ jeweils die Anzahl möglicher Werte für die Kondition $\vartheta(n)$ angibt.[334] Bestehen in einem Datensatz eine dreiwertige, eine zweiwertige sowie zwei vierwertige Bedingungen, ergeben sich: $K_M = 3 * 2 * 4 * 4 = 96$ mögliche Konfigurationen.

Was die *Notation* anbelangt, muss die Groß- und Kleinschreibung der QCA aufgrund der mehrwertigen Aussagen aufgegeben werden. In Anbetracht dessen verwendet mvQCA die Mengen-*Notation*, um sowohl die logischen Konfigurationen als auch die Hauptimplikanten abzubilden.[335] Eine Konfiguration stellt dabei einen logischen Ausdruck dar, der aus einem oder mehreren Symbolen bestehen kann, welche die Form $X\{S\}$ annehmen, wobei X für die Bedingung eines Datensatzes steht und S eine Teilmenge des möglichen Wertes dieser Bedingung repräsentiert.[336] Dies ermöglicht die Notierung multikategorialer Bedingungen, sodass bspw. die Bedingung „Region" durch die multikategoriale Skala Afrika (0), Asien (1), Europa (2), Ozeanien (3), usw. dargestellt werden kann; entsprechend würde für den Fall Japan die Bedingung den Wert 1 und für den Fall Australien den Wert 4 annehmen.[337] Insofern ist auch die Transformation einer Intervallskala und das Umkodieren von Daten für die Zwecke einer mvQCA ein Leichtes, wie sich aus der Tabelle in Abbildung 11 ergibt.

---

[334] Cronqvist 2007a, S. 69.
[335] Rihoux und Ragin 2009, S. 72. Zu den im Folgenden verwendeten mvQCA-*Termini* wie „Konfiguration", „Hauptimplikant", etc. s.h. die Ausführungen in 3.1.2.2.
[336] Rihoux und Ragin 2009, S. 72; Cronqvist 2007a, S. 70 f.
[337] Vgl. Rihoux und Ragin 2009, S. 73.

Abbildung 11: Beispiel einer mehrwertigen Skala zur Klassifizierung der Bedingung „Note"

Beschreibung	Notenspanne	mvQCA Wert
sehr gut	1.0-1.7	0
gut	1.7-2.7	1
befriedigend	2.7-3.7	2
ausreichend	3.7-4.7	3
ungenügend	5<	4

Quelle: Eigene Darstellung, eigenes Beispiel nach Rekombination von Rihoux und Ragin 2009, S. 74.

Folglich bedeutet der formalisierte Ausdruck $I = A\{0, 1, 2\}$, dass der Implikant I alle Fälle impliziert, in denen die Bedingung A den Wert 0, 1 bzw. 2 annimmt. Verbreitet ist auch, die Mengenwerte in Subskript zu schreiben, etwa $A_{0, 1, 2}$ bzw. mehrere zusammenhängenden Werte mit einem Bindestrich zu notieren, wie A_{0-2}.[338]

Neben den vorgenannten Aspekten, unterscheidet sich mvQCA von QCA letztlich im Berechnungsschritt der Minimierung. Obschon auch mvQCA die identische Zielsetzung verfolgt wie QCA, muss mvQCA dabei auf einen anderen Rechenmodus zurückgreifen und bei der Identifikation und Verknüpfung der Hauptimplikanten einer alternativen Regel folgen.[339] Alles in allem bleiben jedoch die Berechnungsschritte der QCA, nämlich das Erstellen der Konfigurationstabelle, die Zusammenfassung der Fälle gleicher Konfigurationen, die Berechnung der Hauptimplikanten und schließlich die Zusammensetzung der kürzest möglichen Lösung aus der Menge aller Hauptimplikanten, davon unberührt.[340] Ausschließlich die „Regel der Boole'schen Reduktion", die weiter oben nach Ragin zusammengefasst wurde, musste für

---

[338] Rihoux und Ragin 2009, S. 73; Cronqvist 2007a, S. 71.

[339] Rihoux und Ragin 2009, S. 73; Cronqvist 2007a, S. 75. Zusammengefasst ist das Ziel beider Methoden, die in die Untersuchung eingeschlossenen Datensätze in ihrer Komplexität zunächst so weit wie möglich zu reduzieren und die Hauptimplikanten einer bestimmten Fallgruppe zu identifizieren, um diese anschließend zu einer möglichst kurzen Lösung zu kombinieren, die alle Fälle der jeweiligen Fallgruppe am sparsamsten beschreibt.

[340] Cronqvist 2007a, S. 71.

mehrwertige logische Ausdrücke umgeschrieben werden, sodass für die Minimierung in mvQCA gilt:

> „Falls alle n mehrwertigen Ausdrücke c_0è, ..., c_{n-1}è das gleiche Outcome ergeben, und sich nur in der Kondition C unterscheiden, so kann die Kondition C, welche die n Ausdrücke unterscheidet, als irrelevant angesehen werden und zugunsten eines einfacheren Ausdruckes è reduziert werden."[341]

Diese Regel stellt eine Verallgemeinerung der Boole'schen Reduktionsregel wie weiter oben angeführt dar und gilt folglich auch für dichotome Datensätze, da die Boole'sche Regel als eine Unter- bzw. Spezialregel dieser Allgemeinen erachtet werden kann.[342] In Folge der modifizierten Minimierungsregel sowie der mehrwertigen Kodierung und *Notation* gewannen die Kalkulationen an enormer Komplexität, sodass letztlich auch der den Berechnungen zugrundeliegende Algorithmus einer entsprechenden Anpassung bedurfte und Cronqvist einen Algorithmus eigens für mvQCA schrieb.[343]

3.2 Operationalisierung

Nachdem das methodische Instrumentarium, das in der Untersuchung verwendet werden soll, dargelegt worden ist, muss nun der zugrundeliegende theoretische Analyserahmen dafür „messbar" gemacht und aufbereitet werden. Dies beinhaltet die Spezifizierung der Variablen (abhängige und unabhängige) bzw. in der *Terminologie* von mvQCA, die Spezifikation der Bedingungen und des *Outcomes* sowie das Konkretisieren der Datenerhebung und der dazu verwendeten Quellen, der Fallauswahl sowie des Untersuchungsgegenstandes und –zeitraumes.

3.2.1 Gegenstand und Zeitraum der Untersuchung

Ziel der Untersuchung ist es, wie in 1.5 ausgeführt, die Geschäftstätigkeit von privatwirtschaftlichen Akteuren in konfliktgeschüttelten Gebieten unter dem Blickwinkel eines freiwilligen, auf Selbstregulierung-basierenden Beitrags dieser zu Sicherheit und Frieden zu untersuchen und dabei diejenigen Faktoren zu identifizieren, die ein solches Engagement potentiell zu erklären

---

[341] Cronqvist 2007a, S. 72 „è bezeichnet den reduzierten logischen Ausdruck".

[342] Vgl. Rihoux und Ragin 2009, S. 74; Cronqvist 2007a, S. 72 f.

[343] Vgl. Rihoux und Ragin 2009, S. 74 f.; Cronqvist 2007a, S. 71. Erinnert sei an die ins Unermessliche steigende Anzahl von möglichen Kombinationen, errechnet anhand der dargelegten Formel sowie deren Minimierung.

vermögen. Dies ist insofern interessant, als ein solcher Beitrag einerseits noch nicht eindeutig etabliert ist und diesbezüglich keine eigenständige Theorie existiert, andererseits ein solch freiwilliger Beitrag von privatwirtschaftlichen Akteuren in den vergangenen Jahren durchaus an realpolitischer Relevanz gewonnen hat und die solide Grundlage bisheriger Studien sehr wohl eine Auswahl an Erklärungen dafür bietet. Die bislang systematischste Grundlage stellt die in Gliederungspunkt 2.1 und 2.2 formulierte *CSecR* dar, die das Geschäftsgebaren von privatwirtschaftlichen Akteuren als einen *Governance*-Beitrag zu Sicherheit bzw. Frieden konzeptualisiert sowie diverse Charakteristika (Akteurscharakteristika, Produkt- und Produktionscharakteristika, Geschäftsumgebungscharakteristika sowie Konfliktcharakteristika) als potentiell ursächliche Erklärung für einen solchen Beitrag anbietet.

Vor dem Hintergrund, dass in vorliegender Arbeit das vorgenannte Theoriekonzept Verwendung findet und insbesondere die der *CSecR* zugrundeliegenden Charakteristika und Bedingungen einer systematischen Prüfung unterzogen werden sollen, kann der Untersuchungsgegenstand zunächst auf privatwirtschaftliche Akteure beschränkt werden, die in Konflikten operieren.[344] Der Untersuchungsgegenstand kann jedoch noch weiter eingegrenzt werden, da die Untersuchung sich auf transnationale Unternehmen (TNCs) konzentrieren soll.

Konflikte können unterschiedlich definiert und aufgefasst werden. Hier wird der Definition des „Uppsala Conflict Data Program" (UCDP) des „Department of Peace and Conflict Research" der „Uppsala Universitet" (Schweden) gefolgt, wonach ein Konflikt wie folgt verstanden wird:

> „[...] a contested incompatibility that concerns government and / or territory where the use of armed force between two parties, of which at least one is the government of a state, results in at least 25 battle-related deaths."[345]

---

[344] Auch in Anbetracht dieses Vorhabens wurde auf eine konfigurationelle Methode zurückgegriffen: Die mvQCA eignet sich überaus gut für das Testen notwendiger bzw. hinreichender Bedingungen für ein Phänomen.

[345] Uppsala Universitet 2011. Dabei sind die einzelnen Elemente der Definition weiter „operationalisiert", was *en détail* auf http://www.pcr.uu.se/research/ucdp/ definitions/ nachgelesen werden kann. Für den Zweck vorliegender Arbeit ist eine Ausführung dazu jedoch nicht relevant, sodass hier darauf verzichtet wird.

Für Konflikte existieren, genauso wie für TNCs, zahlreiche Definitionen, deren Unterschiedlichkeit hauptsächlich der Evolution dieser Art von Unternehmen geschuldet ist.[346] Hier soll jedoch ausschließlich dem Verständnis gemäß der UNCTAD gefolgt werden:

> „Transnational corporations are incorporated or unincorporated enterprises comprising parent enterprises and their foreign affiliates. A parent enterprise is defined as an enterprise that controls assets of other entities in countries other than its home country, usually by owning a certain equity capital stake. An equity capital stake of 10 % or more of the ordinary shares or voting power for an incorporated enterprise, or its equivalent for an unincorporated enterprise, is normally considered as the threshold for the control of assets. A foreign affiliate is an incorporated or unincorporated enterprise in which an investor, who is a resident in another economy, owns a stake that permits a lasting interest in the management of that enterprise (an equity stake of 10 % for an incorporated enterprise, or its equivalent for an unincorporated enterprise)"[347]

Schließlich kann der Gegenstand der Untersuchung, neben der Geschäftstätigkeit von TNCs in Konfliktgebieten, auf die jeweiligen Charakteristika (Akteurscharakteristika, Produkt- und Produktionscharakteristika, Geschäftsumgebungscharakteristika sowie Konfliktcharakteristika) eingegrenzt werden.

Der Untersuchungszeitraum beschränkt sich insgesamt auf zehn Jahre, nämlich 2001-2011. Dies ist einerseits der Tatsache geschuldet, dass ein Engagement von privatwirtschaftlichen Akteuren, wie in der Einleitung erwähnt, mit dem ersten „Policy Dialogue" im Rahmen des GCs der UN im März 2001 unter dem Titel „The Role of the Private Sector in Zones of Conflict" realpolitisch Erwähnung fand und intuitiv vorrangig nach diesem Zeitpunkt „beobachtet" werden kann.[348] Andererseits ist der Zeitraum der Datenverfügbarkeit geschuldet, da insbesondere nach der Jahrhundertwende ein Anstieg allgemeiner *CSR*-Initiativen und Publikationen seitens der Unternehmen dazu zu verzeichnen war. So ist heutzutage kaum ein TNC zu finden, welches nicht zur unternehmenseigenen *CSR* auf der eigenen Internetseite publiziert.

---

[346] Muchlinski 2007. So benutzen die UN sowie ihre Unterorganisationen andere Begriffe als bspw. die OECD oder die Internationale Arbeitsorganisation (ILO) bzw. Medien und die freie Wirtschaft.

[347] 2009, S. 243.

[348] Siehe hierzu die Initiative im Rahmen des GCs „Business and Peace", verfügbar unter: http://www.unglobalcompact.org/issues/conflict_prevention/index.html, abgerufen am 17.04.2011.

3.2.2 Operationalisierung, Datenquellen und Datenerhebung zur Untersuchung

Das in der Arbeit verwendete Theoriekonstrukt muss für die empirische Untersuchung operationalisiert werden. Genauer gesagt muss es mittels sog. Indikatoren messbar gemacht werden, da die zu untersuchenden Bedingungen (Variablen) sowie das konzeptualisierte Phänomen (*Outcome*), weder unmittelbar erfasst noch gemessen werden können. Die *CSecR* fungiert als zu erklärendes Phänomen und stellt somit die abhängige Variable (AV) bzw. das *Outcome* dar. Zur Erklärung dieses *Outcomes* wurden im Rahmen der Darlegungen in 2.3 diverse Charakteristika angeführt, welche die *CSecR* theoretisch bestimmen und als potentielle Erklärungsfaktoren in Betracht kommen (Akteurscharakteristika, Produkt- und Produktionscharakteristika, Geschäftsumgebungscharakteristika sowie Konfliktcharakteristika). Aus diesen Charakteristika sowie den in 2.4 korrespondierend formulierten Hypothesen ergehen die unabhängigen Variablen (UV) bzw. Bedingungen, nämlich: die Größe des Unternehmens (UV1), Rechtsähnliche Zuordnung von Verantwortlichkeit bzw. Haftung eines Unternehmens (UV2) sowie die Unternehmensethik (UV3) für die Akteurscharakteristika; die Produktsichtbarkeit (Imageabhängigkeit) (UV4) und die Anlagen- bzw. Ressourcennähe („sunk costs") (UV5) für die Produkt(ions)charakteristika; der Grad staatlicher Fehlfunktion (UV6), die Dichte von NGOs (Aktivitäten) (UV7) und die Anzahl der Anbieter (auf dem Markt) (UV8) für die Geschäftsumgebungscharakteristika und schließlich der Konfliktgegenstand (UV9) und die Konfliktphase (UV10) für die Konfliktcharakteristika.[349] Daraus ergibt sich die Variablenübersicht von Abbildung 12.

Die „Messbarmachung" sowie die Erhebung der verschiedenen Variablen stützen sich einerseits auf bereits vorhandene Indikatoren und Indizes, andererseits auf die fallstudienartige, qualitative Auswertung unterschiedli-

---

[349] Obwohl die *Termini* den statistischen Methoden entlehnt sind, wird in der qualitativen empirischen Sozialforschung von UV und AV gesprochen; vgl. auch King et al. 1994. Bei konfigurationellen Methoden ((mv)QVA) spricht man jedoch weniger von Variablen als von Bedingungen („conditions") und dem zu erklärenden Phänomen bzw. *Outcome*. In vorliegender Arbeit werden die *Termini* wechselseitig und synonym verwendet.

cher, auch interdisziplinärer Quellen. Dies ist vor allem der Tatsache geschuldet, dass die benötigten Daten nur teilweise dokumentiert bzw. veröffentlicht sind und so eine große Herausforderung für die Analyse darstellen. In diesem Sinne werden die Geschäftstätigkeiten, -aktivitäten und -strategien der TNCs, die letztlich die *CSecR* ausmachen, hauptsächlich durch Veröffentlichungen der Unternehmen (Webseite, sog. *Codes of Conduct*, Pressemitteilungen, etc.) gewonnen. Aber auch die Bedingungen (AV) werden teilweise fallstudienartig qualitativ, über Sekundärliteratur, Dokumentationen und Papiere von NGOs, Think Tanks bzw. internationalen Organisationen erhoben. In jedem Falle wird die genaue Quelle der Datenerhebung in der Operationalisierung jeder einzelnen Variable angeführt, spätestens mit Darstellung der Datenerhebung.

Abbildung 12: Übersicht der Analysevariablen (Bedingungen)

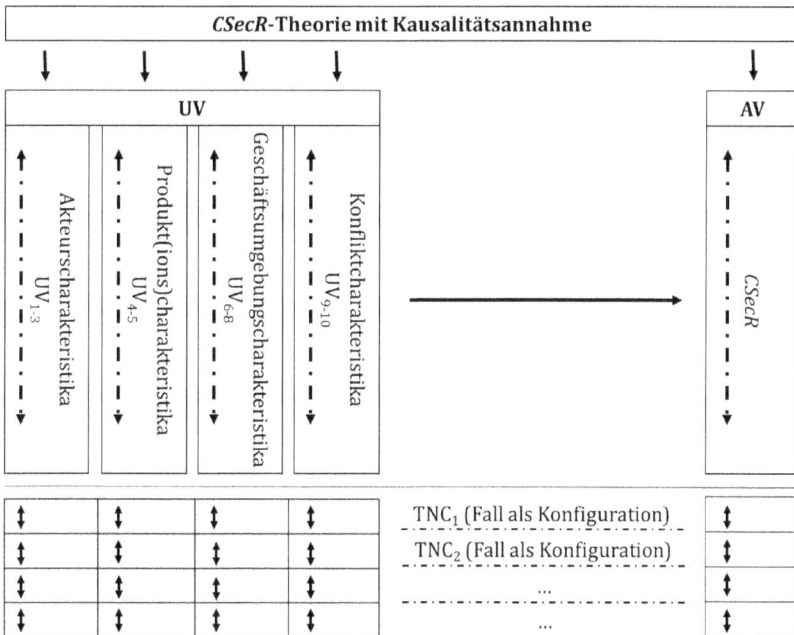

Quelle: Eigene Darstellung.

3.2.2.1 AV: Corporate Security Responsibility (*CSecR*)

Leider stellt die *CSecR*, aufgrund ihrer Neuartigkeit und ihrer Schnittmenge mit *CSR*, ein teilweise diffuses Konzept dar, unter welchem eine Vielzahl von Faktoren zu verstehen ist. In vorliegender Analyse soll auf ein Verständnis gemäß den Ausführungen in 2.2 abgestellt werden und eine *CSecR* seitens TNCs gemäß den dort dargestellten Kategorien qualifiziert werden.

Problematisch ist dabei die Differenzierung zwischen *CSecR* und *CSR*, da die Grenzen geradezu fließend sind und *CSecR* einen teils schemenhaften, teils idealtypischen Charakter aufweist.[350] Um einerseits diese Problematik zu Berücksichtigen und handhabbar zu machen, andererseits das Risiko eines „catch-all" Konzeptes, insbesondere hinsichtlich des Verständnisses der diversen in 2.2 und 2.3 beispielhaft erwähnten *Governance*-Beiträge zu konterkarieren, wird in der vorliegenden Arbeit penibel von Fall zu Fall sondiert werden, welche *Governance*-Beiträge plausibel als *CSecR* qualifizieren und welche nicht; „anti-corruption"-Programme und die Förderung von Transparenz scheinen lediglich ein *CSecR*- bzw. *Governance*-Beitrag in einem Konflikt zu sein, dessen Gegenstand ein korruptes Regime ist, nicht jedoch in einem Konflikt, dessen Ursache knappe Wasserressourcen sind.[351]

Unter Berücksichtigung dieser Schwierigkeit und den Ausführungen in 2.2 und 2.3, die dem Forschungsprogramm von Deitelhoff und Wolf entlehnt sind, ist *CSecR* trichotom, nämlich *keine CSecR*, *indirekte CSecR* und *direkte CSecR*. In dieser Weise soll *CSecR* auch in vorliegender Untersuchung operationalisiert werden. Das Vorfinden einer expliziten Äußerung und / oder eines tatsächlichen Beitrags von einem TNC, welcher unmittelbar auf den Konfliktgegenstand sowie sein Gewaltlevel abzielt, wird als *(direkte) CSecR* gewertet; bspw. die Absicht Demilitarisierungsvorhaben zu unterstützen und dies entsprechend in die Tat umzusetzen oder, etwas konkreter, die Absicht, Brunnen zu graben und anschließend die tatsächliche Grabung bzw. Finanzierung dieser in einem Wassermangelkonflikt. Hingegen wird das Auffinden einer expliziten Äußerung und / oder eines tatsächlichen Beitrags von einem TNC, welcher nicht unmittelbar mit dem Konflikt zu tun hat, aber potentiell das Gewaltlevel mindern kann bzw. in weitem Sinne mit dem Kon-

---

350 Vgl. Deitelhoff und Wolf 2010a, S. 14.
351 Vgl. Deitelhoff und Wolf 2010a, S. 14.

fliktgegenstand zu tun hat, als (*indirekte*) *CSecR* gewertet; bspw. diverse Initiativen zur Schwächung bzw. Eindämmung von Gewaltökonomien (Anti-Korruptions-Initiativen, Geldwäsche-Initiativen, Initiativen gegen Drogen- / Menschen- / Migranten- / Artenhandel bzw. Piraterie, Organisierte und Forstkriminalität, u. ä.). Geschäftsgebaren und –strategien, die unter keine dieser Kategorien fallen, sind *keine CSecR* und werden entsprechend als solche gewertet. Für diese trichotome Operationalisierung ergibt sich das nachstehende Abbild:

Abbildung 13:   Ausprägung der AV

CSecR		
keine	*indirekte*	*direkte*

Quelle: Eigene Darstellung.

Obschon die genannten Kategorien dem *CSecR*-Forschungsprogramm entlehnt sind, folgt die Operationalisierung des zu „erklärenden" Phänomens in vorliegender Arbeit dem ursprünglichen Konzept nicht ganz stringent. Die vorstehende Operationalisierung, genauer gesagt die Ausprägungen der *CSecR*, werden in vorliegender Untersuchung wesentlich „weicher" und „breiter" verstanden. Bei einer direkten *CSecR* muss etwa nicht wie in der ursprünglichen Konzeption bei Deitelhoff und Wolf eine Art unternehmerische Bereitstellung des öffentlichen Gutes „Sicherheit" in polizeilicher Manier beobachtet werden: Als direkte *CSecR* genügt in vorliegendem Rahmen ein *CSR*-Engagement, welches intentional und explizit auf den Konflikt abzielt bzw. mit seinen Ursachen in irgendeiner Form assoziiert ist, dessen sich das Unternehmen offensichtlich bewusst ist und dies entsprechend „äußert". Eine indirekte *CSecR* wird analog dazu gemessen, allerdings wird dabei von einem bewussten Abzielen des unternehmerischen Engagements auf den Konfliktgegenstand sowie einer Äußerung seitens des Unternehmens zur Bewusstheit eines solchen abgesehen. Durchaus wird damit die ursprüngliche Trennschärfe zwischen *CSR* und *CSecR* ein Stück weit aufgegeben und unter Umständen Kritik eingehandelt, gleichzeitig wird damit allerdings den aktuellen Erkenntnissen Rechnung getragen, dass bei keinem der von Deitelhoff und Wolf untersuchten Unternehmen ein direkter Beitrag zu Sicherheit und Frieden, in der von ihnen konzeptualisierten ursprünglichen Form, beobachtet werden konnte.[352]

Da sich die *CSecR* unmittelbar aus dem Geschäftsgebaren der TNCs ergibt, wird diese auf zwei Ebenen erfasst und gemessen, nämlich auf der Ebene von *Output* sowie auf der Ebene von *Outcome*.[353] Unter *Output* werden *policies* verstanden, also individuelle oder kollektive Verpflichtungen zur Lösung entsprechender Probleme (bspw. in Pressemitteilungen, Unternehmenspublikationen, o. ä.), wohingegen *Outcome* die jeweiligen Aktivitäten umfasst, also das letztliche Engagement zu oder entgegen einer *CSecR* (bspw. Errichtung von Überwachungskameras, Ausgleichzahlungen an einen Fonds, o. ä.).[354] Vor diesem Hintergrund ist die *CSecR* insgesamt qualitativ zu bestimmen, was allerdings nicht umfassend und in wünschenswertem Maße systematisch erfolgen kann. Dazu werden für die im Weiteren noch zu ziehende Stichprobe kleine Fallstudien in „kursorischer" Weise erarbeitet. Die Datenquelle dafür liefern vor allem die jeweiligen Veröffentlichungen der TNCs auf ihren Internetseiten (bspw. sog. *Codes of Conduct*, Geschäftsstrategien, Verpflichtungen, u. a.) sowie im Falle geringer Ausbeute Sekundärliteratur, Dokumentationen und Positionspapiere von *Think Tanks*. Strukturiert werden die Fallstudien von den Konflikten, die der Untersuchung zugrundeliegen sowie deren Konfliktgegenstand, auf den etwaige unternehmerische Beiträge abzielen bzw. mit dem sie assoziiert sind. In dieser Weise kann bewertet werden, ob *Output* und *Outcome* der jeweiligen Unternehmen (Fälle), den jeweiligen Konflikt bzw. dessen Gewaltlevel mittelbar oder unmittelbar betreffen.

3.2.2.2 UV1: Größe des Unternehmens

In vorliegender Untersuchung wird angenommen, dass die Größe eines Unternehmens ausschlaggebend für *CSecR* ist, weswegen die Größe der in die Analyse einbezogenen TNCs bewertet werden muss. Unternehmen stellen keine monolithischen Einheiten dar, sondern sind Gebilde, die aus einer Vielzahl heterogener Entitäten bestehen. In Anbetracht dessen ist die Größe eines Unternehmens als mehrdimensionales Merkmal zu verstehen (und kann

---

[352] Deitelhoff und Wolf 2010b, S. 204.
[353] Wolf et al. 2007.
[354] Wolf et al. 2007, S. 302.

nicht, wie die Größe des menschlichen Körpers in *cm* oder etwa die Fläche eines Landkreises in *km²*, eindimensional gemessen werden).[355] Obschon durchaus grundlegende betriebswirtschaftliche Merkmale existieren, „die betriebsgrößenspezifisch sind", wie die Bilanzsumme, die Umsatzerlöse oder die Beschäftigtenzahl, sind in der Betriebswirtschaftslehre sowie in Theorie und Praxis unterschiedliche Ansätze zu finden, anhand welcher die Größe eines Unternehmens bestimmt werden kann; die Ansätze unterscheiden sich in den für sie als maßgeblich erachteten betriebswirtschaftlichen qualitativen und quantitativen Merkmalen.[356] Um eine Diskussion dieser Ansätze sowie die Präferenz einer bestimmten Bestimmungsmethode zu vermeiden, soll in vorliegender Untersuchung auf einen bereits bestehenden Index zurückgegriffen werden, der einen integrativen Ansatz darstellt, indem er verschiedene Unternehmensmerkmale gleichzeitig berücksichtigt: den „Forbes Global 2000".[357] Das „Forbes Global 2000" ist ein *Ranking* des „Forbes" Magazin, welches jährlich die 2000 größten börsennotierten Unternehmen der Welt zusammenstellt. Als Datenquellen dienen „Interactive Data", „Thomson Reuters Fundamentals" und „Worldscope" Datenbanken, wobei die vier betriebswirtschaftlichen Größen Umsatz, Gewinn, Kapital und Marktwert erhoben werden, um anschließend die Unternehmen, unabhängig von Branche, Unternehmensform und Eigentümerstruktur, in Rangsortierung zu bringen.[358]

Anhand des *Rankings* soll die Größe des Unternehmens trichotom dokumentiert werden, nämlich *klein, mittel, groß*. Die genauen Schwellenwerte dazu werden im Laufe der Analyse festgelegt.[359]

---

[355]   Peters et al. 2010, S. 61.

[356]   Peters et al. 2010, S. 61.

[357]   Vgl. Forbes Magazine 2011a.

[358]   Vgl. Forbes Magazine 2011a. Diese vier Merkmale sind „sales, profits, assets and market value".

[359]   Ist im Weiteren die Rede davon, dass Schwellenwerte im Laufe der Arbeit festgelegt werden, so erfolgt dies gemäß den methodologischen Ausführungen zum sog. „Thresholdsetter"; vgl. dazu Gliederungspunkt 3.1.2.4 und 3.1.2.5 bzw. die dazugehörigen Fußnoten.

3.2.2.3 UV₂: Rechtsähnliche Zuordnung von Verantwortlichkeit bzw. Haftung

Mit dem Hypothetisieren eines Zusammenhangs zwischen Verantwortlichkeit bzw. einer Haftung von Unternehmen im juristischen Sinne und *CSecR* wird theoretisch postuliert, dass sich bspw. Einzelunternehmen und Personengesellschaften eher für *CSecR* engagierten als etwa Konzerne bzw. Kapitalgesellschaften. Dabei wird argumentiert, dass erstere Unternehmen unmittelbar zur Rechenschaft gezogen werden könnten, was einerseits im rechtlichen Sinne aufgrund ihrer Unternehmensform gemeint ist, andererseits im moralischen Sinne, durch die entweder unmittelbar gegebene oder wahrscheinlichere Personifizierung der Geschäftsführung bzw. einzelner Unternehmensmitglieder; letzterer Aspekt versteht etwa die soziale Exklusion der Unternehmer in der jeweiligen Region bzw. die Furcht vor Boykotten auf dem jeweiligen lokalen Markt, auf welchem sie operieren.[360] Hingegen brauchten letztere Unternehmen diesen Druck nicht zu fürchten, da die Unternehmensführung dieser *qua* Rechtsform niemals selbst für ihre Fehler haften und eine Rechenschaftspflicht, vereinfacht dargestellt, exklusiv gegenüber den Aktionären bzw. Gesellschaftern besteht, sodass die Unternehmensführung „im Falle des Falles", wenn überhaupt, lediglich mit einem Rücktritt von ihrer Position als Konsequenz rechnen müsste.[361] Darüber hinaus sind die potentiell verantwortlichen Unternehmensmitglieder in Kapitalgesellschaften durch verschachtelte Unternehmensstrukturen und unterschiedliche Unternehmensformen wesentlich schwerer personifizierbar, sodass eine unmittelbare Zurechnung der Taten nicht analog zu Personengesellschaften zu realisieren ist. Erschwerend kommt hinzu, dass Entscheidungen in Kapitalgesellschaften *per se* nicht auf einer, sondern auf mehreren Ebenen getroffen werden. In Anbetracht des Untersuchungsgegenstands vorliegender Arbeit scheint die Rechtsform oder der Grad der „Personifizierbarkeit" bzw. Bekanntheit der Unternehmensführung folglich kein plausibler Indikator für die Verantwortung bzw. Haftung zu sein. Da TNCs vorrangig als Gesellschaften mit beschränkter Haftung strukturiert sind (Kapitalgesellschaften) und eine individuelle Haftung aus diesen Gesellschaftsformen niemals abgeleitet werden kann, würden die Erhebungswerte, aller Voraussicht

---

[360] Dieser Aspekt zieht potentiell wiederum Umsatzeinbußen nach sich.

[361] Dieser Punkt ist stark vereinfacht dargestellt. Zur Rechenschaftspflicht in Unternehmen sei auf einschlägige betriebswirtschaftliche Management- und *Corporate Governance*-Literatur verwiesen.

nach, einer Konstante gleichen und somit wenig aussagekräftig für die Prüfung der Hypothese sein.[362] Da jedoch auf die Prüfung dieser nicht verzichtet werden soll, muss zur Bestimmung der Verantwortlichkeit bzw. Haftung ein alternativer Indikator gebildet werden, wozu die Variable für den zugrundeliegenden Untersuchungsgegenstand weiter differenziert werden muss.

TNCs sind *per definitionem* kein Rechtsbegriff und somit weder „Teil eines Tatbestandes noch einer Rechtsfolge einer innerstaatlichen oder völkerrechtlichen Norm", sodass sich ein rechtlicher Zugriff von TNCs insgesamt schwierig darstellt.[363] Dennoch ist ein solcher Zugriff, wenn auch mit schwachen, „rechtlichen" und „rechtsähnlichen" Steuerungsinstrumente möglich; erstere „sind rechtsverbindliche Vorgaben für die Aktivitäten transnationaler Unternehmen, entweder durch direkte Verhaltensvorschriften oder durch rechtliche Zuordnung von Verantwortlichkeit und Haftung", wohingegen unter letzteren „Leitlinien, Kodizes oder ähnliche rechtlich nicht verbindliche Instrumente des *Soft Law* verstanden [werden], die ebenfalls das Verhalten transnationaler Unternehmen steuern (wollen)".[364]

Für die rechtlichen Instrumente ist von zentraler Bedeutung, welcher Rechtsordnung die Aktivitäten von TNCs zugeordnet werden können, wobei sich, so Krajewski, die Rechtspersönlichkeit und die Staatszugehörigkeit eines Unternehmens, „mangels einer genuin transnationalen Unternehmens- oder Gesellschaftsrechtsordnung" grundsätzlich nach nationalem Recht richtet.[365] TNCs weisen komplexe Unternehmensstrukturen auf, sodass „die verschiedenen Unternehmensteile jeweils anderen Rechtsordnungen unterworfen sein können".[366] Durchaus könnte in diesem Sinne die nationalrechtliche Zugehörigkeit einzelner Unternehmensteile erhoben werden, allerdings bietet sich die Bildung dieses Indikators aus mindestens zwei Gründen nicht an: Zum einen, weil eine persönliche Haftung *qua* Gesellschaftsform, unabhängig des unterstellten nationalen Rechts, wie oben bereits dargelegt, für den

---

[362] Zur Hypothese und „individual accountability" vgl. die Ausführungen 2.3 sowie Wolf et al. 2007, S. 305 f.

[363] Krajewski 2011, S. 3.

[364] Krajewski 2011. Für eine umfassende Darstellung der Steuerungsmöglichkeiten von TNCs sowie der rechtlichen Beziehung und Rahmung insgesamt s.h. Muchlinski 2007.

[365] Krajewski 2011, S. 9.

[366] Krajewski 2011, S. 9.

gesamten Untersuchungsgegenstand nahezu ausgeschlossen werden kann und zum anderen, weil nicht davon ausgegangen werden kann, dass alle Staaten von einer rechtlichen Steuerung in diesem Sinne Gebrauch machen; in gewissen Staaten wird TNCs bewusst eine „lange Leine" gewährt, weil dadurch bspw. Kriegsökonomien finanziert werden.

Obschon die rechtlichen Steuerungsinstrumente der jeweiligen Nationalstaaten die relevanteren, weil verbindlicheren und dadurch effektiveren sind, bietet sich die Erhebung der nationalrechtlichen Zugehörigkeit von TNCs bzw. ihrer einzelnen Unternehmensteile folglich nicht als Indikator für die zugrundeliegende UV an, wohingegen für die rechtsähnlichen Instrumente ein anderes Bild gezeichnet werden kann. Letztere stellen zwar ein schwaches, weil rechtlich nicht verbindliches Steuerungsinstrument dar, sind als Indikator einer Verantwortung bzw. Haftung aber insoweit aussagekräftiger und plausibler, als sie auf Freiwilligkeit beruhen und daraus eine gewisse Personifikation bzw. Identifikation des TNCs mit gesellschaftlichen Problemen und letztlich eine gewisse Sensibilität in Bezug auf Verantwortungsübernahme abgeleitet werden kann. Im Falle einer Zuwiderhandlung gegen die selbstverpflichteten Ziele im Rahmen von Codizes, sanktionieren sich TNCs mit einem Imageverlust, welcher aus der Perspektive einer Gewinn-Verlust-Rechnung mindestens einem Bußgeld gleicht.

Vor diesem Hintergrund wird die Zugehörigkeit eines TNC zu einer Initiative von „Leitlinien, Kodizes oder ähnlichen, rechtlich nicht verbindlichen Instrumenten des *soft law*" als Indikator für die Zurechenbarkeit von Verantwortlichkeit bzw. in eingeschränktem und übertragenem Sinne von Haftung verwendet.[367] Dazu werden zwei solcher Initiativen herangezogen, nämlich der GC sowie die „Global Reporting Initiative" (GRI), da sie als komplementär erachtet werden können. Der GC ist eine „Initiativen zur Förderung von verantwortungsvollen Unternehmenspraktiken", wozu „Unternehmen durch freiwillige Selbstverpflichtung gutes Unternehmensbürgertum demonstrieren sowie gesellschaftliche Verantwortung in ihren Kerngeschäften übernehmen".[368] Weiterhin verpflichten sie sich „(in allen Staaten, in denen

---

[367] Krajewski 2011, S. 8 ff.
[368] Bundeszentrale für Politische Bildung 2010; Crane und Matten 2007, S. 154 ff.

sie tätig sind) zehn Prinzipien aus den Bereichen Menschenrechte, Arbeit-nehmerrechte, Umwelt und Korruptionsbekämpfung einzuhalten".[369] Ihr Engagement soll in Form von jährlichen „*CSR-* bzw. Nachhaltigkeitsberich-ten" auf der GC Internetseite veröffentlicht werden, wobei diese schriftliche Form der Berichterstattung bestimmte Kriterien erfüllen muss und das wich-tigste Kontrollinstrument des GCs darstellt.[370] Die GRI dient hingegen der Entwicklung von Richtlinien für die Erstellung von Nachhaltigkeitsberichten von Unternehmen, Regierungen sowie NGOs und versteht sich als interna-tionaler Dialog, der eine Vielzahl von *Stakeholdern* miteinbezieht, etwa Fir-men, Menschenrechts-, Umwelt-, Arbeits- und staatlichen Organisationen.[371]

Das Mitgliederverzeichnis der jeweiligen Initiativen dient als Datenbasis für die Messung der relevanten Variable, die dichotom kodiert werden soll: Die Zugehörigkeit zu bzw. Ratifikation von beiden Initiativen wird als rechts-ähnliche Zuordnung von Verantwortlichkeit bzw. Haftung des Unterneh-mens gewertet, wohingegen die Zugehörigkeit nur zu einem der beiden oder eine gänzliche Nichtzugehörigkeit als das Gegenteil gewertet wird.

3.2.2.4 UV3: Unternehmensethik

Das Vorhandensein bzw. Nichtvorhandensein einer Unternehmensethik soll anhand der Identifikation von sog. *Codes of Conduct* bzw. „Codes of Ethics" innerhalb der TNCs erfolgen, wobei diese anhand der Definition von Crane und Matten festgestellt werden:

> „In terms of content, codes of ethics typically attempt to do one or both of the follow-ing:
>
> > (a) Define principles or standards that the organization, profession, or industry believes in or wants to uphold;
> >
> > (b) Set out practical guidelines for employee behavior, either generally or in spe-cific situations (such as accepting gifts, treating customers, etc.)."372

Folglich wird die Veröffentlichung solcher Codizes eines Unternehmens als vorhandene Unternehmensethik kodiert; die Nichtidentifikation einer sol-

---

[369] Bundeszentrale für Politische Bildung 2010; Crane und Matten 2007, S. 154 ff.

[370] Bundeszentrale für Politische Bildung 2010; Crane und Matten 2007, S. 154 ff.

[371] Rieth 2009.

[372] Crane und Matten 2007, S. 149 ff.

chen Absichtserklärung wird hingegen als nicht vorhandene Unternehmensethik notiert. Als Datenquelle dienen hauptsächlich die Veröffentlichungen der Unternehmen auf ihren Internetseiten. Weiterhin werden Arbeiten und Publikationen der entsprechend kompetenten Unternehmensabteilung dazu untersucht.

3.2.2.5 UV4: Produktsichtbarkeit (Imageabhängigkeit)

Für diese Variable soll die Marke („Brand" bzw. „Branding") des jeweiligen TNCs als Indikator herangezogen werden, wobei als Messgröße der jeweilige Markenwert („Brand Equity") dienen soll.

Für das Konzept des Markenwertes wird, angesichts der Provenienz dieses, auf Grundlagen der Betriebswirtschaftslehre rekurriert. Diese unterscheidet zunächst einmal grundlegend zwischen Marke und Produkt. Vereinfacht dargestellt ist ein Produkt das, was ein Unternehmen herstellt, wohingegen die Marke das ist, was der Kunde erwirbt.[373] In Anbetracht dieser Differenzierung ergibt sich eine absatzorientierte und eine konsumentenorientierte Perspektive „auf den Begriff Marke": Obwohl die Markierung von Produkten vorrangig die Identifikation und Unverwechselbarkeit des Angebots des jeweiligen Unternehmens sichert, kann eine Marke „über die Unterscheidungsmerkmale hinaus immaterielle Vorteile, d. h. Zusatznutzen für die Konsumenten bringen (z. B. subjektive, intrinsische Merkmale)".[374] Der Markenwert versucht beiden Aspekten gerecht zu werden.

In diesem Sinne ist die Extension des Konzeptes so vielfältig, dass eine unüberschaubare Anzahl von Definitionen und Ansätzen zur Markenbewertung existiert und selbst bei der Markenwertberechnung kein Konsens herrscht; von letzteren sind mehrere hundert verschiedene Modelle zu finden.[375] Insgesamt können die unterschiedlichen Bewertungsmodelle jedoch, angelehnt an die absatzorientierte bzw. konsumentenorientierte Perspektive der Marke, in drei Kategorien unterteilt werden, nämlich (i) finanzwirt-

---

[373] Bentele et al. 2009a, S. 5.
[374] Bentele et al. 2009a, S. 5.
[375] Hierfür sei auf einschlägige Literatur der Betriebswirtschaftslehre im Allgemeinen und des Marketings im Besonderen verwiesen. Ein guter Überblick dazu sowie darüber hinaus ist bspw. zu finden bei Bentele et al. 2009b.

schaftlich-orientierte Ansätze, (ii) verhaltenswissenschaftlich-orientierte Ansätze und (iii) integrative Ansätze (finanzwirtschaftlich- verhaltens-orientierte Ansätze).[376]

Angesichts der zugrundeliegenden Variable „Produktsichtbarkeit" bzw. „Imageabhängigkeit" bietet sich eine konsumentenorientierten Perspektive an, die unter verhaltenswissenschaftlich-orientierte Ansätze fallen und den Markenwert, zusammengefasst, als Wahrnehmung einer Marke durch den Konsumenten erachten; denn „alle Assoziationen, Anmutungen und Vorstellungen der Konsumenten gegenüber einer Marke resultieren in einer bestimmten Wertschätzung des Konsumenten für diese Marke und stellen somit den Markenwert aus Sicht des Konsumenten dar".[377] Zudem bietet sich das Heranziehen der Ausführung von Franz-Josef Esch dazu an:

> „Der Markenwert kann als das Ergebnis der unterschiedlichen Reaktionen von Konsumenten auf Marketingmaßnahmen einer Marke im Vergleich zu identischen Maßnahmen einer fiktiven Marke auf Grund spezifischer Markenvorstellungen verstanden werden."[378]

Genau dieses konsumentenorientierte Verständnis erlaubt letztlich die Verwendung von „Markenwert" als Indikator für „Produktsichtbarkeit" bzw. „Imageabhängigkeit", da einerseits aus einem höheren Markenwert eine stärkere Sichtbarkeit der Marke bzw. des jeweiligen Unternehmens im Markt abgeleitet werden kann, wobei das jeweilige Produkt, in Anbetracht der ausgeführten Differenzierung zwischen Marke und Produkt, vernachlässigt werden kann und eine branchenunabhängige Erhebung möglich wird, andererseits der Markenwert die Imageabhängigkeit unmittelbar umfasst, indem die Unternehmensmaßnahmen für die Imagegestaltung und –steuerung direkt in das Konzept miteinfließen. Anders ausgedrückt, führt der Indikator „Markenwert" zur Amalgamierung von „Produktsichtbarkeit" und „Imageabhängigkeit", sodass diese nicht getrennt voneinander beobachtet werden müssen.

Abgesehen von der konsumentenorientierten Sicht, soll der finanzwirtschaftliche Aspekt nicht gänzlich vernachlässigt werden, weshalb für die vorliegende Analyse auf einen integrativen Ansatz zurückgegriffen wird,

---

[376] Bentele et al. 2009b.
[377] Sander 1994, S. 44 f.
[378] Esch 1999, S. 58.

der beide Ansätze miteinander verbindet, nämlich das „Branddirectory"-
Modell. Als Datenquelle dient die „Branddirectory"-Datenbank, die mehrere
Tausend Marken der Welt umfasst.[379]

Auch der Markenwert wird trichotom erfasst, nämlich *gering, mittel, hoch*. Die
Schwellenwerte dazu werden im Laufe der Analyse bestimmt.

3.2.2.6 UV₅: Anlagen- bzw. Ressourcennähe („sunk costs")

Die Hypothese in 2.4 stellt insgesamt auf die unterschiedlichen Produktions-
arten (und damit auf die unterschiedlichen Branchen bzw. Industrien der
Unternehmen) sowie die diesen inhärenten unterschiedlichen Kostenkurven
ab: Unternehmen, deren Geschäftstätigkeit im jeweiligen Staat physische
bzw. materielle Anlagen und / oder Ressourcen umfasst, sind potentiell an-
greifbarer und ungeschützter (da Unternehmen in Konflikten hohe Kosten
fürchten müssen, wird *CSecR* zur Kostenreduzierung wahrscheinlicher, als
bei Unternehmen, deren Geschäftstätigkeit nicht auf physischen Anlagen
gründen). In diesem Sinne sind auch die in 2.3.2 angeführten „sunk costs" zu
würdigen: In Wirtschaftssektoren,[380] in denen „sunk costs" verhältnismäßig
hoch sind, ist *CSecR* wahrscheinlicher, da ein *Exit* aus dem Konflikt keine
Option darstellt.[381]

„Sunk Cost" sind „diejenigen Kosten, die nicht abgebaut werden können,
wenn eine Produktion eingestellt und die eingesetzten Produktionsfaktoren
liquidiert werden"[382] bzw. diejenigen Kosten, „die eine Unternehmung nur
dadurch vermeiden kann, daß sie eine bestimmten Markt nicht betritt
[...]".[383] Folglich unterscheidet sich die Höhe von „sunk costs" mit der Branche bzw. Industrie, in welcher Unternehmen operieren. Prominente Beispiele

---

[379] Vgl. Brand Finance plc 2011.
[380] Volkswirtschaften werden im Allgemeinen in sog. Wirtschaftssektoren eingeteilt.
Diese Klassifikation fußt wiederum auf der Drei-Sektoren-Hypothese, die u.a. durch
Jean Fourastié bekannt wurde, vgl. Fourastié 1954. Im Ursprung brachte die Einteilung nach Fourastié den Primär-, Sekundär- und Tertiärsektor hervor, wohingegen
Volkswirtschaften heute, interdisziplinär und von unterschiedlichen Autoren, sogar
nach fünf Sektoren differenziert werden, vgl. Voppel 1999, S. 170 ff.
[381] Vgl. die Ausführungen zur Erklärung der *CSecR* bzw. den theoretischen Rahmen in
2.3 sowie Wolf et al. 2007, S. 306 und die dort angegebenen Verweise.
[382] Hauer 1990, S. 48.
[383] Windisch 1987, S. 59.

für Industriezweige, in denen relativ hohe „sunk costs" gegeben sind, finden sich vorrangig im Primärsektor,[384] also etwa die Landwirtschaft bzw. die Förderung von Rohstoffen (Mineralölindustrie): Hier können die anfänglichen Investitionskosten nicht durch Verkauf der Anlagen gänzlich abgebaut werden (Entwicklung bestimmter Bio-Kulturen in der Landwirtschaft, Drillmaschinen für Erdölbohrungen, Bohrinseln, etc.); d.h. die Mittel wurden für einen bestimmten Zweck verwendet und nur für diesen Zweck eingesetzt, da sie in anderen Verwendungskontexten ihren Wert verlieren.[385] Da im Sekundärsektor, der auch als Rohstoffverarbeitungssektor bezeichnet wird und zudem die gesamte Industrie sowie etwa das Handwerk und das Baugewerbe gehören, die Rohstoffe aus dem Primärsektor zu Produkten weiterverarbeitet werden, sind auch bei diesem Wirtschaftszweig nicht zu vernachlässigende „sunk costs" gegeben.[386] Dementgegen weisen die meisten Industrien und Branchen des Tertiär- und Quintärsektors[387] nur sehr geringe „sunk costs" auf, da sie hauptsächlich immaterielle Güter erbringen und sich durch „fehlende Lagerfähigkeit" sowie eine relativ hohe Humankapital- und Arbeitsintensität auszeichnen: Lokale und Läden von Banken, Versicherungen, Rechtsanwaltskanzleien lassen sich durchaus aufgeben (da sie verkauft, weitervermietet werden können), genauso wie Fluggesellschaften und Mobilfunkanbieter ihre Dienstleistungen gänzlich ohne eine Niederlassung anbieten können.

Leider können Daten zu „sunk costs" nicht erhoben werden; ein Umstand mit dem sich die empirische Forschung der Wirtschaftswissenschaften bereits lange abfinden musste: „Empiricist have had limited success in testing

---

[384] Der Primärsektor umfasst hauptsächlich die Land- und Forstwirtschaft sowie Fischerei und die Nutzung von Wasserkraft; er ist auch als Rohstoffgewinnungssektor klassifiziert, da er vorrangig die Rohstoffe für ein Produkt liefert, vgl. Voppel 1999, S. 164 ff.; Kulke 2009, S. 22 ff.

[385] Vgl. Rosenbaum und Lamort 1992, S. 299.

[386] Vgl. Rosenbaum und Lamort 1992.

[387] Der Tertiärsektor umfasst die gesamte Dienstleistungsbranche wie den Handel, Verkehr, Finanzwesen, Gesundheitswesen, Bildung, Öffentliche Dienste, u.a., wohingegen der Quartärsektor die Informationsbranchen umfasst bzw. die Bereitstellung von Gütern in Form von Informationen, die allerdings mit höheren intellektuellen Ansprüche und / oder ausgeprägtem Kompetenzbereich einhergeht (etwa Beratungsleistungen von Anwälten, Ingenieuren sowie Telekommunikation), vgl. Voppel 1999, S. 166 ff., 170; Kulke 2009, S. 22 ff.

these predictions, primarily because they lack firm-level data on sunk costs".[388]

Dennoch soll das Konzept der „sunk costs" in vorliegender Untersuchung nicht ausgeschlossen werden, weswegen die Nähe von Anlagen und Ressourcen in einem Konflikt mit „sunk costs" verknüpft und vielmehr als eine unabhängige Variable konzipiert werden soll: Sind fixe materielle Anlagen gegeben bzw. gründen die Geschäftsaktivitäten des jeweiligen Unternehmens auf dem in dem jeweiligen Land vorhandenen Ressourcenvorkommen (-reichtum), kann zugleich von hohen „sunk costs" ausgegangen werden, da die Förderung dieses bzw. Verarbeitung von Ressourcen verwendungskontextspezifisch ist. Um in diesem Sinne die Hypothese in 2.4 zu prüfen, soll primär die Nähe von Anlagen und / oder Ressourcen in dem jeweiligen Konflikt festgestellt werden. Die Identifikation dessen lässt zugleich eine Aussage über „sunk costs" zu.

Dies kann ferner mit dem bereits eingeführten Wirtschaftssektorenkonzept gerechtfertigt werden, was folgende Klassifikation verdeutlicht:[389]

- **Primärsektor**
  (Urproduktion) Landwirtschaft, Forstwirtschaft, Fischerei
- **Sekundärsektor**
  (Verarbeitende Wirtschaft = Sachgüterproduktion durch Be- und Verarbeitung sowie anorganische Urproduktion) Bergbau, Industrie, Handwerk
- **Tertiärsektor**
  (Dienstleistungswirtschaft = Erstellung immaterieller Güter) Handel, Verkehr, Finanzwesen, Gesundheitswesen, Bildung, Öffentliche Dienste u.a.

---

[388] Bresnahan und Reiss 1994, S. 183.
[389] Kulke 2009, S. 22. Insgesamt besteht in Theorie und Praxis eine Vielzahl von Untergliederungen, die u.a. auch einen Quartär- und Quintärsektor umfassen sowie darüber hinaus weitere Untergliederungen innerhalb der einzelnen Wirtschaftssektoren, sodass hier nur die für das Verständnis der Arbeit und Illustrationszwecke Unabdingbaren aufgeführt sind.

Ist das Unternehmen dem Primär- oder Sekundärsektor zugehörig, kann die Nähe von Anlagen bzw. Ressourcen zum Konflikt als „gegeben" gewertet werden sowie implizit die Existenz von „sunk costs": Befasst sich das jeweilige Unternehmen mit Land- und / oder Fortwirtschaft ist die Nähe der „Anlagen" bzw. Ressourcen in dem jeweiligen Staat *per definitionem* gegeben, genauso wie im sekundären Sektor bei der Förderung und Verarbeitung von fossilen und mineralischen Energierohstoffen bzw. alternativer Ausbringung materieller Güter durch Sachkapital (Maschinen und Geräte – teilweise spezielle); gehört das Unternehmen jedoch dem Tertiärsektor an, wird unter Berücksichtigung der Merkmale von Dienstleistungen, die Nähe von Anlagen bzw. Ressourcen zum Konflikt als „nicht gegeben" erachtet sowie implizit von geringen bzw. keinerlei „sunk costs" ausgegangen. Dienstleistungen sind immaterielle Güter in Form eines „Haarschnittes" oder einer Beratung, beide immateriellen Güter weisen keine Lagerfähigkeit auf, d.h. sie können nicht aufbewahrt und bei Bedarf verwendet werden, für ihre Nutzung bedarf es eines Interaktionsprozesses zwischen Anbieter und Nachfrager, sie werden durch das sog. „uno-actu-Prinzip" beschrieben, wobei Produktion und Verwendung zeitlich und räumlich zusammenfallen und Dienstleistungen durch eine hohe Humankapital- bzw. Arbeitsintensität charakterisiert sind.[390]

Zurückkommend auf die Messung, erfolgt diese letztlich qualitativ, auf Grundlage von Unternehmensquellen. Dabei wird geprüft, ob Angaben seitens der Unternehmen verfügbar sind, welche auf in dem jeweiligen Konfliktgebiet vorhandene Anlagen bzw. Ressourcen schließen lassen.

Als Datenquelle dienen die Internetseiten der jeweiligen Unternehmen, wobei es sich sowohl um den globalen Internetauftritt des Mutterkonzerns als auch die jeweilige Landes-Internetseite, in der das jeweilige Tochterunternehmen tätig ist, handeln kann.

3.2.2.7 UV6: Grad staatlicher Fehlfunktion

Um zu bestimmen, wie hoch der Grad staatlicher Fehlfunktion ist, soll auf einen Index zurückgegriffen werden, der die Staatlichkeit einzelner Natio-

---

[390] Kulke 2009, S. 23.

nalstaaten der Welt indiziert. Der etablierteste Index ist der „Failed State Index", welcher jährlich vom *Think Tank* „Fund for Peace" in Zusammenarbeit mit der Zeitschrift „Foreign Policy" erstellt wird und Nationalstaaten auf das Risiko von Staatszerfall untersucht.[391] Dabei werden zwölf verschiedenen Indikatoren verwendet und zu einem Gesamtindex akkumuliert; je höher dieser Indexwert ausfällt, desto höher ist der Grad staatlicher Fehlfunktion bzw. die Wahrscheinlichkeit des Staatszerfalls.[392]

Die Datenquelle vorliegender Untersuchung ist der „Failed State Index" des Jahres 2011, der 177 Nationalstaaten umfasst. Die Variable wird trichotom kodiert, nämlich *gering, mittel, hoch*, wobei auch hier die Schwellenwerte noch im Laufe der Untersuchung festgelegt werden.

3.2.2.8 UV7: Dichte von NGO (Aktivitäten)

Die Erhebung dieser Variable kann geradewegs unter quantitativen Gesichtspunkten erfolgen. Der Operationalisierung liegt dabei eine Ökonomieähnliche Annahme des Wettbewerbs zugrunde, wonach das eigennützig-rationale Streben der einzelnen NGOs nach maximaler Erreichung ihrer Ziele zu steigendem Gemeinwohl beiträgt; allgemein sollen die Ziele von NGOs dem Gemeinwesen dienen und diejenigen Interessen bedienen, die öffentliche oder private Institutionen nicht ausreichend verfolgen. Folglich ist plausibel, dass eine größere Zahl von NGOs und damit ihre stärkere Präsenz zugleich als höhere Dichte ihrer Aktivitäten gewertet werden kann. In diesem Sinne sollte die quantitative Erhebung der NGOs in einem Nationalstaat bzw. dem jeweiligen Heimatstaat des TNCs hinreichender Indikator für die zugrundeliegende UV sein.

Als Datengrundlage dient die Datenbank der "World Association of Non-Governmental Organizations" (WANGO), in welcher alle NGOs der Welt vertreten sind, die für „the ideals of universal peace, justice, and well being for all humanity" einstehen.[393] Die jeweilige Dichte wird zahlenmäßig erhoben, wobei die Variable trichotom kodiert wird: *gering, mittel, hoch*. Die Schwellenwerte werden auch hier im Laufe der Analyse festgelegt.

---

[391] The Fund for Peace 2011b.
[392] The Fund for Peace 2011a. Darin *in extenso* auch zu den Indikatoren sowie zur Methodologie insgesamt.
[393] World Association of Non-Governmental Organizations (WANGO) 2011.

3.2.2.9 UV8: Anzahl der Anbieter

Der in 2.1.3 hypothetisierte Zusammenhang zielt auf die Strukturierung des Marktes ab, auf denen Unternehmen operieren. Im Allgemeinen können Märkte sowohl nach qualitativen als auch nach quantitativen Gesichtspunkten beschrieben werden, weswegen in den Wirtschaftswissenschaften eine Vielfalt beider Ansätze zu finden ist.[394] Die wohl geläufigste Beschreibung von Marktstrukturen ist das Marktformenschema, welches Märkte anhand der Anzahl ihrer Teilnehmer klassifiziert. Demnach wird bspw. bei einem Anbieter und einem Nachfrager von einer monopolistischen Struktur des Marktes gesprochen, wohingegen bei wenigen Anbieter und Nachfrager von oligopolistischen sowie bei vielen Anbietern und Nachfragern von polypolistischen Märkten die Rede ist.[395] Das Wissen um die Marktstruktur, mehr noch, um die Marktteilnehmer, ist insgesamt von großer Relevanz: Indem Unternehmen auf Märkten, gemäß neoklassischer Theorie, als Gewinnmaximierer und Kostenminimierer operieren, stehen sie, so sie keine Monopolstellung auf diesen Märkten genießen, im Wettbewerb mit anderen Unternehmen, die ebenso auf jenen Märkten operieren; anders ausgedrückt, konkurrieren die gesamten Unternehmen eines bestimmten Marktes um den Gesamtabsatz und –umsatz und damit um das größte Stück des Kuchens, den Marktanteil.[396] Für die zugrundeliegenden Branchen bzw. Industrien ist *de*

---

[394] Unterschieden wird bspw. bei den qualitativen Ansätzen nach: vollkommener / unvollkommener Markt, organisierter / nicht organisierter Markt, Markt mit / ohne Zutrittsbeschränkung sowie unterschiedlichen Arten von Märkten (Monopol, Oligopol, Polypol, etc.), etwa nach Teilnehmerzahl (Anbieter / Nachfrager), nach geographischen Grenzen, etc. Dementgegen umfassen quantitative Aspekte etwa Marktkapazität, Marktvolumen, Marktpotenzial etc. Für die einzelnen Ansätze sei auf einschlägige Literatur der Betriebs- bzw. Volkswirtschaftslehre verwiesen.

[395] Für eine Übersicht unterschiedlicher Marktformen im Allgemeinen sei auf einschlägige Literatur der Volkswirtschaftslehre verwiesen, vgl. etwa Mankiw und Wagner 2004; Pindyck und Rubinfeld 2008.

[396] Vgl. Mankiw und Wagner 2004; Pindyck und Rubinfeld 2008. Dies stellt nur eines der wichtigsten Unternehmensziele der neoklassischen Theorie der Unternehmung dar und ist stark vereinfacht dargestellt. Eine detaillierte Ausführung ist jedoch in gegebenem Rahmen nicht möglich und nicht erwünscht. Für weiterführende und genauere Darstellungen der wirtschaftlichen Zusammenhänge sei erneut auf einschlägige Literatur der Betriebs- bzw. Volkswirtschaftslehre verwiesen.

facto etabliert, dass Konkurrenz herrscht, da keines der untersuchten Unternehmen auf dem Weltmarkt eine Monopolstellung aufweist.[397]

In Anbetracht dessen sind die dargelegten Zusammenhänge auch für die vorliegende Hypothese von zentraler Bedeutung,[398] weswegen das Konzept der „Unternehmenskonzentration" für die Operationalisierung der UV gewählt wurde.[399]

Zum Konzept der Unternehmenskonzentration ist eine Vielzahl an definitorischen Abgrenzungen zu finden, ebenso wie zu ihrer Berechnung.[400] Hier soll der Definition von Schenk gefolgt werden, wonach *„Konzentration* (Unternehmenskonzentration)" definiert ist als:

> „Zustand oder Prozeß, bei dem aufgrund von internem und / oder externem Wachstum und / oder Per-saldo-Ausscheiden von Unternehmen die größten Unternehmen bzw. die Unternehmen der oberen Größenklasse größere bzw. überproportional wachsende Anteile am Gesamtmerkmalsbetrag (Umsatz) im Vergleich zu den übrigen Unternehmen auf sich vereinen".[401]

Anders gesagt ist Unternehmenskonzentration, Ausdruck der Disparität des jeweiligen Merkmals (Gesamtumsatz) auf die Gesamtheit der Merkmalsträger (Unternehmen). Folglich bedeutet eine hohe Konzentration, dass das jeweilige Merkmal wesentlich ungleicher auf die Merkmalsträger verteilt ist, als eine niedrige Konzentration.[402]

---

[397] Dass die Unternehmen der Analyse nicht die einzigen Anbieter auf dem Weltmarkt sind, verdeutlicht ein Blick auf das „Forbes Global 2000" *Ranking*, sortiert man dieses nach Branchen und Industrien; vgl. Forbes Magazine 2011a.

[398] Polypolistische Märkte unterliegen anderen Kostenkalkülen als monopolistisch strukturierte Märkte. Anbieter in einem Wettbewerbsmarkt müssen bspw. mit jeder Einheit mehr an Kosten eine Schwächung ihrer Marktposition bzw. -macht fürchten, da ein anderer Anbieter denselben *Output* potentiell zu einem geringeren Preis anbieten und andere Anbieter vom Markt drängen könnte, wohingegen ein Monopolist, da er sich keinen Konkurrenten gegenübersieht, Preise prinzipiell autonom bestimmen kann, vgl. Mankiw und Wagner 2004; Pindyck und Rubinfeld 2008.

[399] Dies ist auch der Tatsache geschuldet, das in dem hypothetisierten Zusammenhang ausschließlich auf die Anbieterseite abgestellt wird.

[400] Vgl. Schenk et al. 1984, S. 24-60; 130-173.

[401] Schenk et al. 1984, S. 44.

[402] Schenk et al. 1984, S. 147.

Für die Berechnung wird auf den Herfindahl-Hirschman-Index (HHI) zu-rückgegriffen, der wohl die weitverbreitetste Kennzahl zur Messung von Unternehmenskonzentration in einem Markt darstellt.[403] Dabei gründet der HHI auf der bereits oben eingeführten Annahme, dass etwa der Absatz eines Produktes oder einer Dienstleistung auf mehrere Unternehmen in einem be-stimmten Markt ungleich verteilt wird, sodass der HHI-Wert Auskunft über das Ausmaß dieser Ungleichverteilung gibt.[404] Dazu wird „die Summe der Quadrate der relativen [Umsatz-] Anteile aller Merkmalsträger am gesamten Merkmalsbetrag [also Gesamtumsatz] berechnet":

$$H = \sum_{i=1}^{N} p_i^2 = \frac{\sum_{i=1}^{N} a_i^2}{\left(\sum_{i=1}^{N} a_i\right)^2}$$

wobei a_i dem i-ten (positiven) Merkmalswert entspricht, dem Umsatz des jeweiligen Unternehmens.[405]

Mathematisch folgt aus der Formel, dass der HHI sich in einem Wertebereich zwischen $0 < H \leq 1$ bewegt, wobei 1 dem höchsten bzw. maximalen Kon-zentrationsgrad entspricht; weil „der gesamte Merkmalsbetrag auf einen ein-zigen Merkmalsträger entfällt", kann dieser Wert als Monopol interpretiert werden.[406] Dagegen erreicht der Konzentrationsgrad „den Wert $\frac{1}{n}$ und damit sein Minimum (also nicht bei 0), wenn der gesamte Merkmalsbetrag gleich-mäßig unter allen Merkmalsträgern aufgeteilt ist".[407] Da es in der Verwen-dung des HHI üblich ist, die Marktanteile der Unternehmen anhand des Um-satzes, nicht in prozentualer *Notation* zu rechnen, bewegt sich der HHI im Wertebereich $0 < H \leq 10.000$, der auch in vorliegender Untersuchung maß-gebend ist.[408]

---

[403] Vgl. Schenk et al. 1984, S. 148; Pennings et al. 1999, S. 117 ff.; Outreville 2007, S. 11, 12.

[404] Schenk et al. 1984, S. 148; vgl. auch Pennings et al. 1999, S. 117 f.; Outreville 2007, S. 11, 12.

[405] Bleymüller et al. 2000, S. 192; Pennings et al. 1999, S. 118; Outreville 2007, S. 11, 12.

[406] Schenk et al. 1984, S. 148; Pennings et al. 1999, S. 118; Outreville 2007, S. 11, 12.

[407] Schenk et al. 1984, S. 148; Pennings et al. 1999, S. 118.

[408] Diese Werte lassen sich durch entsprechendes multiplizieren bzw. dividieren mit 10.000 stets ineinander umrechnen.

Als Datenquelle dient erneut das „Forbes Global 2000" *Ranking*, welches, sortiert nach Branchen und Industrien, die jeweiligen Umsatzdaten für die Berechnungen listet.[409] Die Variable wird trichotom kodiert: *gering, mittel, hoch*. Die entsprechenden Schwellenwerte werden im Laufe der Analyse festgelegt.

3.2.2.10   UV9: Konfliktgegenstand

Die Bestimmung eines Konfliktgegenstandes ist nicht immer einwandfrei möglich, sodass in der Wissenschaft eine Vielzahl von Ansätzen für die Entstehung von Kriegen vorzufinden ist und eine ebenso große Vielfalt von Beweggründen kontrovers diskutiert wird.[410] Diese Problematik ist vorrangig dem Umstand geschuldet, dass „die hochgradige Komplexität von Konfliktstrukturen und ihre beträchtliche innere Dynamik [...] die eigentlichen Konfliktursachen und den genuinen Konfliktgegenstand nicht immer deutlich hervortreten" lassen.[411] Dennoch lassen sich Konfliktgegenstände zumindest abstrakt erschließen, etwa hinsichtlich „knapper Güter als auch Normierungen", was sich in den unterschiedlichen wissenschaftlichen Ansätzen entsprechend widerspiegelt.[412]

Einer dieser Ansätze ist der sog. „Greed-Grievance"-Ansatz von Collier und Hoeffler, welcher Ende der 1990er Jahre die Kriegsforschung aus ökonomischer Perspektive betrachtete und bahnbrechend Bürgerkriege auf ökonomische Gründe hin untersuchte.[413] Ausgangspunkt der Überlegungen von Col-

---

[409]   Die Filterfunktion nach Branchen und Industrien ermöglicht überhaupt erst die Berechnungen, da die Unternehmen auf entsprechend abgegrenzten Märkten operieren und die Umsatzangaben ausschließlich für den jeweiligen Markt gelten (müssen): So ist etwa der Markt für Flugzeuge oder Rüstung anders aufgeteilt, als der Markt für Mobiltelefone oder Brettspiele, wobei letztere wahrscheinlich weniger konzentriert sind als erstere, da mehr Marktteilnehmer gegeben sind. Für die Übersicht der in den jeweiligen Branchen und Industrien agierenden TNCs sei auf das „Forbes Global 2000" *Ranking* verwiesen, vgl. Forbes Magazine 2011a.

[410]   Zusammengenommen sind gerade diese vielfältigen Diskurse Gegenstand der Friedens- und Konfliktforschung sowie einem Großteil der IB. S.h. dazu bspw. Imbusch und Zoll 2010; Ahlbrecht et al. 2009.

[411]   Imbusch und Zoll 2010, S. 221; vgl. auch Ahlbrecht et al. 2009, S. 23–36.

[412]   Imbusch und Zoll 2010, S. 70; vgl. auch Ahlbrecht et al. 2009, S. 23–36.

[413]   Collier und Hoeffler 2002.

lier und Hoeffler war die Annahme, dass die Beweggründe von Kriegsakteuren entweder „Greed" („atypical circumstances that generate profitable opportunities", ökonomische Motivationen) oder „Grievance" („inequality, political oppression, and ethnic and religious divisions", ideologische Motivationen) darstellen, welche die Autoren letztlich mittels verschiedener „objective indicators" untersuchten.[414] Insgesamt arbeiteten sie mehrere Faktoren heraus, welche die Wahrscheinlichkeit eines Bürgerkrieges potentiell erhöhen, wobei sie zu der Folgerung kamen, dass „Greed" bzw. ökonomische Motivationen eine stärkere Erklärungskraft besitzen als „Grievance" bzw. ideologische Faktoren; dennoch betonten sie, dass beide Ansätze nicht unabhängig voneinander betrachtet werden sollten und sprachen sich schließlich für eine Synthese dieser aus.[415]

In Anbetracht der Hypothese $H_K 1$ eignet sich dieser Ansatz für die Operationalisierung der diesbezüglich interessierenden UV und ihres Wertes. Um zu identifizieren, ob der in der Analyse jeweils vorliegende Konfliktgegenstand unmittelbar mit ökonomischen Aspekten im Zusammenhang steht, wird der Logik des „Greed"-Ansatzes gefolgt und auf die diesem zugrundeliegenden Indikatoren und Kategorien zurückgegriffen.[416] Die signifikantesten waren (i) der Anteil der Steuereinnahmen aus Rohstoffexporten am Bruttoinlandsprodukt des jeweiligen Nationalstaates (ein Indikator für die finanzielle „Abhängigkeit" des Staates an natürlichen Ressourcen und zugleich für eine atypische Möglichkeit der Kriegsfinanzierung)[417], (ii) das Pro-Kopf-

---

[414] Collier und Hoeffler 2002, S. 7 ff. Darin auch weiterführend zu den genauen Hypothesen, Indikatoren, Kategorien. (Die Messung von „Grievance" im Gegensatz zu „Greed" könnte nur schemenhaft erfolgen, da „Grievance" durchaus vorgetäuscht sein kann, wenn Kriegsakteure „Greed" durch Furcht vor Imageverlusten nicht zugeben wollen.)

[415] Collier und Hoeffler 2002, S. 35 ff. Der den Ansatz von Collier und Hoeffler kritisierende und weiterführende Diskurs würdigt dies und knüpft ebenso daran an: "[…] economic incentives and opportunities have not been the only or even the primary cause of these armed conflicts; rather, to varying degrees, they interacted with socioeconomic and political grievances, interethnic disputes, and security dilemmas in triggering the outbreak of warfare". Ballentine 2003, S. 260.

[416] Collier und Hoeffler 2002, S. 6–12.

[417] Dazu Collier und Hoeffler: "[…] we measure the ratio of primary commodity exports to GDP for each of the 161 countries. As with our other variables, we measure at five year intervals starting in 1960 and ending in 1995. We then take the history of conflict

Einkommen sowie (iii) das Wachstum des Pro-Kopf-Einkommens (beides Indikatoren für atypisch niedrige Kosten eines Krieges).[418]

Wie bereits erwähnt kann ein Konfliktgegenstand weder ausschließlich durch „Greed" noch „Grievance" erklärt werden, sondern vielmehr aus einer Synthese beider. Vor diesem Hintergrund soll zur „Absicherung" der vorliegenden „Messung" auf zwei weitere Indikatoren des „Failed State Index" zurückgegriffen werden, nämlich auf „Uneven Economic Development" und „Poverty, Sharp or Severe Economic Decline".[419]

Wird in dem konfliktgeschüttelten Nationalstaat, in dem das zu untersuchende Unternehmen operiert, ein großer Anteil der Steuereinnahmen aus Rohstoffexporten, ein niedriges Pro-Kopf-Einkommen sowie ein geringes Wachstum des Pro-Kopf-Einkommens verzeichnet und zudem ein hoher Wert für „Uneven Economic Development" als auch „Poverty, Sharp or Severe Economic Decline" gemessen, dann wird der Konfliktgegenstand als mit ökonomischen Aspekten assoziiert gewertet; werden Gegenteilige Werte gemessen, so wird der Konfliktgegenstand als nicht im Zusammenhang mit ökonomischen Sachverhalten stehend erachtet.[420] Die UV ist dabei dichotom kodiert in *trifft zu* bzw. *trifft nicht zu*.

---

in the subsequent five years, and compare those in which a conflict broke out with those which were conflict free" (Collier und Hoeffler 2002, S. 7).

[418] Collier und Hoeffler 2002, S. 6–12. Diese beiden Größen reflektieren die wirtschaftliche Situation der Staatsbürger des jeweiligen Nationalstaates, indem sie die wichtigste Komponente der volkswirtschaftlichen Gesamtrechnung berücksichtigen, die die Leistung und das Wachstum einer Volkswirtschaft wiederspiegelt, das Bruttoinlandsprodukt. Darüber hinaus verwendeten Collier und Hoeffler weitere Indikatoren und Kategorien für die Untersuchung, die sich jedoch gegenüber den hier zu verwendenden nicht signifikant zeigten und somit in vorliegender Arbeit vernachlässigt werden können. Stattdessen werden weitere alternative Indikatoren zur „Absicherung" der vorliegenden Messung herangezogen, die im Folgenden dargelegt werden.

[419] The Fund for Peace 2011b.

[420] Die Messung erfolgt u.a. in Anlehnung an die Logik: „[...] at the risk-maximizing value of the primary commodity export share (0.32), the risk of civil war is about 22 percent, while a country with no natural resource exports only has a probability of a war-start of one percent. Hence, the basic economic variables - the level, growth and structure of income - are highly important in conflict risk" (Collier und Hoeffler 2002, S. 23).

Als Erhebungsquelle dienen die "World Development Indicators" (WDI) und das „Global Development Finance" (GDF) der Weltbank-Datenbank „World dataBank"[421] sowie der „Failed State Index" 2010 des „Fund for Peace"[422].

3.2.2.11   UV₁₀: Konfliktphase

Um den in 2.1.3 hypothetisierten Zusammenhang zwischen dem *CSecR*-Engagement eines TNCs und der zeitlichen Dimension eines Konfliktes zu prüfen, muss die Konfliktphase bestimmt werden, wobei drei unterschiedliche Zeitpunkte annehmbar sind, nämlich die Phase vor dem Ausbruch eines Konfliktes (*Pre-Konflikt-Phase*), die Phase eines manifesten Konfliktes (*In-Konflikt-Phase*) als auch die Phase nach Beilegung eines Konfliktes (*Post-Konflikt-Phase*); die UV hat folglich drei mögliche Werte in vorliegender Untersuchung.

Für Konfliktphasen bzw. zeitliche Dimensionen von Konflikten bestehen in der Wissenschaft unterschiedliche Definitionen und Ansätze zu ihrer Bestimmung. Eine prominente Institution, die sich damit im Besonderen befasst, ist das „Department of Peace and Conflict Research" der „Uppsala Universitet" in Form des „Uppsala Conflict Data Program" (UCDP), von welchem auch die in der Arbeit verwendete Konfliktdefinition stammt.[423]

Das UCDP ist sehr breit aufgestellt und unterhält eine Vielzahl von Datenbanken, die unterschiedliche Konflikte ab 1970 erfassen. Damit stellt das UCDP "one of the most accurate and well-used data-sources on global armed conflicts" dar, insbesondere weil es derart differenzierte Ansätze verwendet, dass sie einen „standard in how conflicts are systematically defined and studied" markieren.[424]

Für die Bestimmung des Wertes der letzten UV bzw. die Einteilung der Konfliktphasen wird auf zwei Datenbanken dieser Institution zurückgegriffen, nämlich das „UCDP Conflict Termination Dataset"[425] sowie das „UCDP /

---

[421] World Bank 2011.
[422] The Fund for Peace 2011b.
[423] Uppsala Universitet 2011.
[424] Uppsala Universitet 2011.
[425] Vgl. Kreutz 2010; Uppsala Universitet 2011.

PRIO Armed Conflict Dataset".[426] Die Bestimmung der Konfliktphase muss, aufgrund der Datenverfügbarkeit bzw. –differenziertheit, auf zwei Ebenen erfolgen, weshalb auch zwei Datenbanken des UCDP benötigt werden.

Grundlegend ist zunächst das „UCDP Conflict Termination Dataset", in welchem alle beobachteten Konflikte des UCDP gelistet sind und worunter sowohl „aktive" bzw. anhaltende als auch beendete Konflikte fallen. Über den jeweiligen Status gibt die Spalte „EpEnd" Aufschluss: Wird dort für den in der Untersuchung interessierenden Konflikt der Wert „1" identifiziert, so gilt der Konflikt laut UCDP als beendet und wird in vorliegender Untersuchung als *Post-Konflikt-Phase* gewertet.[427] Wird hingegen der Wert „0" identifiziert, gilt der jeweilige Konflikt, laut Kodierung und Operationalisierung des UCDP, als noch „aktiv". Dieser kann dann grundsätzlich sowohl als *Pre-*als auch *In-Konflikt-Phase* qualifizieren, sodass die Bewertung der Intensität des „aktiven" Konfliktes zur Differenzierung herangezogen wird. Die Intensität eines Konfliktes kann dem „UCDP / PRIO Armed Conflict Dataset" in der Spalte „CumInt" entnommen werden.[428] Dies vorausgeschickt, wird der Eintrag dieser Spalte für den in der „EpEnd"-Spalte des „UCDP Conflict Termination Dataset" mit „1" kodierten Konflikts im „UCDP / PRIO Armed Conflict Dataset" geprüft. Weist jene Spalte für den jeweiligen Konflikt den Wert „0" auf, so bedeutet das nach UCDP Kodierung bzw. Operationalisierung, dass der Konflikt über seinen bisher andauernden Zeitraum insgesamt weniger als 999 Opfer forderte (die Kodierung des UCDP diskontiert um die zeitliche Dimension).[429] Demnach kann durchaus davon ausgegangen werden, dass der Konflikt nicht „im Gange", sondern vielmehr „latent" und von sporadischen gewaltsamen Ausschreitungen gekennzeichnet ist. In diesem Sinne wird der jeweilige Konflikt als *Pre-Konflikt-Phase* gewertet. Ist in der „CumInt"-Spalte für den jeweiligen Konflikt hingegen der Wert „1" zu identifizieren, so hat dieser mehr als 1.000 Opfer gefordert und kann durchaus als „manifest" erachtet werden: In vorliegender Untersuchung wird er als *In-Konflikt-Phase* gemessen.

---

[426] Vgl. Themner und Wallensteen 2011; Uppsala Universitet 2011.

[427] Zu den Spalten, Kodierungen, Operationalisierungen des UCDP sei auf die sog. „Code books" verwiesen: Uppsala Conflict Data Program 2010, 2011.

[428] Vgl. auch hier zu Kodierungen, Operationalisierungen des UCDP das sog. „Code book": Uppsala Conflict Data Program 2011.

[429] Ausführlicher dazu sowie zur Entgegnung der Kritiken Uppsala Conflict Data Program 2011.

3.2.3 Zusammenfassung der Operationalisierung; Verfahrensweise

Die vorstehenden, einzeln operationalisierten Variablen lassen sich wie in Abbildung 14 zusammenfassen.

Abbildung 14: Operationalisierte Variablen

Art der Variable		Bezeichnung der Variable	Verwendetes Konzept	Indikator(en)
Abhängig	AV	*CSecR*	*CSR* in Bezug zum Gewaltlevel des Konfliktes	*Output* und *Outcome* seitens TNCs, die (in)direkt das Gewaltlevel des Konfliktes betreffen
Unabhängig	UV₁	Größe	Größenindex bestehend aus vier betriebswirtschaftlichen Kennzahlen (Umsatz, Gewinn, Kapital und Marktwert)	„Forbes Global 2000" *Ranking*
	UV₂	Rechtsähnliche Zuordnung von Verantwortlichkeit bzw. Haftung	Zugehörigkeit eines TNC zu einer Initiative von Leitlinien, Kodizes o.ä. rechtlich nicht verbindlichen Instrumenten des *Soft Law*	Teilnehmerverzeichnis: „Global Compact,", „Global Reporting Initiative"
	UV₃	Unternehmensethik	„Codes of Ethics" nach Crane und Matten	Veröffentlichung von „Codes of Ethics" durch Unternehmen
	UV₄	Produktsichtbarkeit (Imageabhängigkeit)	Markenwert („Brand Equity") nach dem „Branddirectory"-Modell	„Branddirectory"-Datenbank
	UV₅	Anlagen- bzw. Ressourcennähe („sunk costs")	Angaben zu physikalischen Anlagen, Ressourcen durch Unternehmen; („sunk costs": Wirtschaftssektorenzugehörigkeit gemäß der Drei-Sektoren-Hypothese)	Veröffentlichung von Angaben zu Anlagen, Ressourcen durch Unternehmen (Internet)
	UV₆	Grad staatlicher Fehlfunktion	Globaler Index des Staatsversagens bestehend aus 12 Haupt- und 14 Sub-Indikatoren	"Failed State Index" („Fund for Peace")
	UV₇	Dichte von NGO (Aktivitäten)	Quantitative Bestimmung der Niederlassung von NGOs	Verzeichnis der "World Association of Non-Governmental Organizations" (WANGO)
	UV₈	Anzahl der Anbieter (auf dem Markt)	Unternehmenskonzentration	Herfindahl-Hirschman-Index (HHI)
	UV₉	Konfliktgegenstand	„Greed-Grievance"-Modell nach Collier und Hoeffler	"World Development Indicators (WDI)" und das „Global Development Finance (GDF)" (Weltbank) sowie der "Failed State Index" („Fund for Peace")
	UV₁₀	Konfliktphase	„Conflict Termination" und „Conflict intensities" (Konfliktbeilegung und Konflikteskalationsstufen)	„UCDP Conflict Termination dataset", „UCDP / PRIO Armed Conflict Dataset"

Quelle: Eigene Darstellung.

Schließlich lässt sich mit dieser Operationalisierung die Verfahrensweise der empirischen Analyse zusammenfassen. Aus den bisherigen Darlegungen und insbesondere dem theoretischen Rahmen folgt, dass eine *CSecR*, gemäß Konzeptualisierung, ausschließlich bei Unternehmen in konfliktgeschüttelten Gebieten beobachtet werden kann. Unter Berücksichtigung dessen, erfolgt zunächst die theoriegeleitete Auswahl der in die Untersuchung einzubindenden Fälle; genauere Kriterien zur Fallauswahl werden im Folgenden noch dargelegt. Für die ausgewählten Fälle werden in einem weiteren Schritt, anhand der in dargelegter Operationalisierung erwähnten Datenquellen, die Werte der einzelnen Variablen ermittelt, die eigentliche Messung. Schließlich werden die erhobenen Rohdaten in einem letzten Schritt unter Verwendung der in Gliederungspunkt 3.1.2.5 explizierten mvQCA-Methodik analysiert und im Hinblick auf die der Arbeit zugrundeliegenden Fragestellungen ausgewertet.

3.3 Auswahl der Fälle[430]

Der Untersuchungsgegenstand vorliegender Arbeit umfasst die (potentielle) *CSecR* von privatwirtschaftlichen Unternehmen, wobei sich die untersuchungsleitende Hauptfragestellung sowie die Unterfragen und Hypothesen auf TNCs gemäß der UNCTAD-Definition beschränken und Konflikte gemäß der UCDP-Definition verstanden werden.[431] Dies vorausgeschickt, stellen alle TNCs der Welt, die sowohl ersterer Definition entsprechen als auch in einem Konfliktgebiet gemäß letzterer Definition operieren, die Grundgesamtheit der Untersuchung dar: Laut Angaben der UNCTAD existierten 2010 insgesamt 103.788 TNCs mit 882.114 ausländischen Unternehmensteilen bzw. –einheiten[432] und parallel dazu beobachtete das UCDP insgesamt 30 Konflikte, global.[433] Die vorstehenden Ausführungen zur Grundgesamtheit beschränken sich gleichsam auf diese nicht weiter differenzierten Angaben, da eine Aufschlüsselung, welche der 103.788 TNCs in die 30 Konfliktregio-

---

430 Zu „Fällen" und ihrer Definition vgl. Ragin und Becker 1992 sowie King et al. 1994, S. 49–76; Lijphart 1971.

431 Vgl. hierzu die jeweiligen Definitionen in 3.2.1.

432 Annex table 34: Number of parent corporations and foreign affiliates, by region and economy, latest available year, 28/07/11 in United Nations Conference on Trade and Development 2010c.

433 Themner und Wallensteen 2011, S. 525 f.

nen fallen, in gegebenem Rahmen nicht realisierbar ist. Vor diesem Hintergrund muss sich vorliegende Analyse auf eine Auswahl von Fällen beschränken, die bewusst getroffen wurde.[434]

Die zugrundeliegende Selektion erfolgt nach der Logik einer sog. „negativen" Fallauswahl, die einem Ausschlussverfahren gleicht und hier mehrstufig, in insgesamt drei Schritten erfolgt. Der erste Schritt umfasst die Auswahl von TNCs, wohingegen der zweite Schritt eine Auswahl von Konflikten ist; beide erfolgen anhand noch darzulegender Kriterien. Der dritte Schritt stellt eine Synthese der vorangegangenen Schritte dar und verknüpft die TNCs sowie die Konflikte. Aus dieser Zusammenführung werden dann, erneut anhand noch auszuführender Kriterien, diejenigen Fälle bestimmt, die schließlich Eingang in die Analyse finden und die Stichprobe der Untersuchung stellen.

Unternehmen
Unter Berücksichtigung des theoretischen Rahmens soll die Fallauswahl eine breite Varianz hinsichtlich der Akteurs-, Produkt- und Produktions- sowie Geschäftsumgebungscharakteristika aufweisen; die in die Analyse einzubeziehenden TNCs also möglichst unterschiedlicher Größe als auch unterschiedlicher Branche sein. Vor diesem Hintergrund sowie unter besonderer

---

[434] Bewusst, weil eine solche Fallauswahl in einem vergleichenden Forschungsdesign eine „Kontrollfunktion" übernimmt, ähnlich der bewussten Manipulation einer UV in experimentellen Untersuchungen bzw. der partiellen Korrelation in statistischen Untersuchungen. Die bewusste Fallauswahl fungiert gleichsam als Hebel des analytischen Ertrags der Untersuchung, sie ist zentrales Moment und muss mit größter Sorgfalt in Bezug zum Forschungsvorhaben vorgenommen werden. Dafür sind in der methodischen und methodologischen Diskussion unterschiedliche Ansätze und Auswahlkriterien zu finden, sodass ebenso eine kontroverse Debatte zwischen den Forschungstraditionen des quantitativen und qualitativen Lagers herrscht, auf die hier nicht weiter eingegangen werden soll. Verwiesen sei auf die bereits mehrfach genannte, einschlägige Methoden-Literatur in den Fußnoten des Gliederungspunktes 3.1.1. Für das zugrundeliegende Vorhaben sollen die Auswahlgrundsätze gemäß den konfigurationellen Methoden, wie sie von Berg-Schlosser und DeMeur zusammengefasst wurden, Beachtung finden; vgl. Berg-Schlosser und De Meur 2009.

Beachtung von Hypothese *H A 1* sollen hier die größten TNCs der Welt Eingang in die Analyse finden.[435] In diesem Sinne wird auf die UNCTAD Daten(banken) zurückgegriffen: In regelmäßigen Abständen veröffentlicht die UNCTAD „The Top 50 financial TNCs, ranked by Geographical Spread Index (GSI)" sowie „The world's top 100 non-financial TNCs, ranked by foreign assets", womit sie die größten TNCs global erfasst.[436] Für die vorliegende Analyse werden die „Top 50 financial TNCs" ausgeschlossen, da diese *per se* einer Branche („Finanzbranche") angehören und eine Einbeziehung dieser die bereits ohnehin nicht gerade überschaubare Fallauswahl in ihrer Komplexität unnötig steigern würde; abgesehen von den Schwierigkeiten einer trennscharfen Differenzierung von Dienstleistungen, Produkten, Unternehmen, etc. innerhalb der Finanzbranche insgesamt und der Herausforderung der parallelen Verknüpfung zu den „World's top 100 non-financial TNCs". Beschränkt auf die „The World's top 100 non-financial TNCs" wird die Auswahl anhand der aktuellsten Liste der UNCTAD vorgenommen, die aus dem Jahre 2008 stammt, vgl. Annex 1. Weiterhin soll dem zuvor erwähnten Bestreben einer möglichst heterogenen Stichprobe geschuldet, je Branche bzw. Industrie, ein TNC in die Untersuchung aufgenommen werden, wobei erneut das größte Unternehmen der jeweiligen Branche für die Fallauswahl qualifiziert. D.h. aus den 150 TNCs werden diejenigen Unternehmen aussortiert, deren Branche in der Liste mehrfach auftaucht.[437] Dabei werden zunächst alle TNCs nach der Branche sortiert und sodann das Unternehmen gewählt, das in der Rangfolge (1-100) die niedrigste Rangzahl aufweist; daraus resultieren 22 TNCs und Branchen, vgl. Annex 2.[438] Daraufhin wurde als

---

[435] Vgl. die Hypothese in Gliederungspunkt 2.4. Diese geht davon aus, dass *CSecR* von großen und „sichtbaren" TNCs potentiell wahrscheinlicher ist als von kleinen; wenn *CSecR* also schon nicht in den Reihen der Größten zu finden ist, wo sonst soll dies der Fall sein.

[436] United Nations Conference on Trade and Development 2010a, 2010b. Die Spaltung in zwei Listen ist auf plausible methodische Gründe zurückzuführen, die auf der UNCTAD Internetseite nachvollzogen werden können, vgl. United Nations Conference on Trade and Development 2011.

[437] Vgl. Spalte „Industry" in Annex 1.

[438] Die hohe Rangzahl, vgl. Spalte „Ranking by: Foreign Assets" in Annex 1 steht für die Größe des Unternehmens hinsichtlich Kapitalausstattung, wohingegen der TNI, vgl. Spalte „Ranking by: TNI" in Annex 1, die „intensity of foreign activities in relation to domestic or global activities" angibt, vgl. Outreville 2007, S. 13.

Vorarbeit für die beiden nächsten Schritte der Fallauswahl für diese 22 Unternehmen festgestellt, in welchen Teilen der Erde sie operieren, vgl. Annex 3.

Konflikte

Für die Stichprobe der Untersuchung qualifizieren nur diejenigen Unternehmen, die gemäß oben bestimmter Grundgesamtheit, in einem Konflikt(gebiet) tätig sind. Um also eine analytisch ertragreiche Stichprobe zu erhalten, müssen nicht nur TNCs, sondern auch Konflikte ausgewählt werden, die analysiert werden sollen. Dabei gilt es auch in diesem Schritt den Heterogenitätsvorsatz hinsichtlich Stichprobe zu wahren, was eine möglichst breite Varianz der Konfliktcharakteristika impliziert. Konkret bedeutet das, Konflikte zu nehmen, die sich in Bezug auf die in 3.2.2 operationalisierten Variablen unterscheiden. Als Datengrundlage wird auf zwei Datenbanken des UCDP zurückgegriffen, nämlich das „UCDP / PRIO Armed Conflict Dataset v.4-2011, 1946 – 2010" sowie das „UCDP Conflict Termination dataset".[439] Diese bieten sich einerseits aufgrund der in der Arbeit verwendeten UCDP-Konfliktdefinition an, andererseits aufgrund der guten Datenverfügbarkeit.[440] Neben einer Vielzahl von unterschiedlichen Variablen, weisen die Datenbanken u.a. Erhebungen zur Konfliktphase bzw. Intensität auf, jedoch keine für vorliegenden Zwecke ausreichend differenzierten Daten zum „Konfliktgegenstand". In Anbetracht dessen sowie der Absicht diese Variable ohnehin, wie in 3.2.2 operationalisiert, eigenständig im Empirieteil der Arbeit entsprechend differenziert zu erheben, bietet es sich an, die Konflikte

---

[439] Vgl. Themner und Wallensteen 2011 sowie zur Variablenkodierung und Operationalisierung Uppsala Conflict Data Program 2011; Kreutz 2010 sowie zur Variablenkodierung und Operationalisierung Uppsala Conflict Data Program 2010.

[440] Das „UCDP Conflict Termination dataset" dient der eigentlichen Fallauswahl, wohingegen das „UCDP/PRIO Armed Conflict Dataset v.4-2011, 1946 – 2010" lediglich als „Sortierhilfe" für anhaltende Konflikte in der *Pre-Konflikt-Phase* dient. Entgegen des Titels und der Intuition enthält das „UCDP Conflict Termination dataset" nämlich nicht nur beendete, sondern auch anhaltende Konflikte. Da jedoch anhaltende Konflikte in zwei „Unterphasen" gemäß Operationalisierung geteilt werden (anhand der Konfliktintensität sowie unter Berücksichtigung der zeitlichen Dimension, wie vom UCDP konzeptualisiert), muss im „UCDP/PRIO Armed Conflict Dataset v.4-2011, 1946 – 2010" nach der Intensität festgestellt werden, welche davon für die *Pre-Konflikt-Phase* qualifizieren; vgl. Spalte „Int" und „CumInt" sowie die Ausführungen zu den Variablen im Codebook Uppsala Conflict Data Program 2011.

zumindest anhand der Konfliktphasen auszuwählen. Für jede in 3.2.2 operationalisierte Konfliktphase soll ein Konflikt in die Untersuchung aufgenommen werden; insgesamt also drei unterschiedliche Konflikte (*Pre-Konflikt-Phase*, *In-Konflikt-Phase*, *Post-Konflikt-Phase*).

Dazu wird das „UCDP Conflict Termination dataset" zunächst gemäß dem in 3.2.1 spezifizierten Untersuchungszeitraum sortiert, vgl. Annex 4.[441] Sodann werden die Konflikte für die *Post-Konflikt-Phase* ausgewählt, wozu die Datenbank nach dem Konfliktstatus bzw. nach beendeten Konflikten sortiert und aufbereitet wird, vgl. Annex 5.[442] Das UCDP unterscheidet beigelegte Konflikte anhand verschiedener Kriterien. Um sicher zu gehen, dass der Konflikt „offiziell" als beendet gilt und somit valide für die zugrundeliegende Untersuchungseinheit ist, wird die Tabelle weiterhin nach solchen Konflikten sortiert, die mit einem Friedensvertrag beigelegt wurden, woraus 10 Konflikte für die *Post-Konflikt-Phase* resultieren, vgl. Annex 8 und 5.[443]

Im Weitergang wird nochmals das „UCDP Conflict Termination dataset" sortiert, diesmal allerdings nach anhaltenden, nicht beendeten Konflikten, vgl. Annex 6. Anschließend werden die anhaltenden Konflikte in *Pre-Konflikt-* und *In-Konflikt-Phase* geteilt, um die Auswahl für die letzten beiden Phasen zu bestimmen, was anhand der Konfliktintensität bzw. der Verluste erfolgt, analog zu dem Vorgehen in der Operationalisierung der UV10. Dazu wird auf das „UCDP / PRIO Armed Conflict Dataset" zurückgegriffen.[444] Daraus resultieren 9 Konflikte für eine *Pre-Konflikt-Phase* und 26 Konflikte für eine *In-Konflikt-Phase*, vgl. Annex 7.

Es folgt die dritte Stufe der Fallauswahl, in der die bisherige Auswahl der TNCs mit der Auswahl der Konflikte zusammengebracht und festgestellt wird, wie viele Unternehmen in den jeweiligen Konflikten operieren; Annexe 9-11 dokumentieren diesen Schritt. Dies resultiert für alle Unternehmen und alle Konflikte in Annex 12. An dieser Stelle wird deutlich, dass die Fallauswahl nicht nur nach quantitativen Gesichtspunkten und aus Gründen der

---

[441] Zeile „YEAR (final)".
[442] Zeile "EpEnd" und "EpEndDate".
[443] Zeile „ Outcome" sowie Kodierung "1", vgl. Uppsala Conflict Data Program 2010.
[444] Zeile „ Int" und „CumInt" sowie Kodierung "1" für *In-Konflikt-Phase* und „0" für *Pre-Konflikt-Phase*, vgl. Uppsala Conflict Data Program 2011.

Datenverfügbarkeit erfolgen kann, da es mehrere Konflikte mit identischer Anzahl von TNCs gibt; zudem sind nicht all diese Konflikte gleich relevant (die ID Nummer bezeichnet den Fall, wobei sich einige davon nur auf kleine Provinzen / Regionen beschränken). Vor diesem Hintergrund erfolgt schließlich die endgültige Fallauswahl nach analytischem Ertrag, wobei für jede Konfliktphase derjenige Konflikt gewählt wird, der einen möglichst weiten Wirkungsradius in dem jeweiligen Nationalstaat besitzt bzw. eine breite Bevölkerung betrifft. Damit soll dem Umstand Rechnung getragen werden, dass nicht identifiziert werden kann, wo genau sich das Unternehmen in einem Land befindet, es allerdings analytisch wenig ertragreich ist, bspw. Russland zu nehmen: Einem Land, in dem zwar viele Unternehmen operieren, diese jedoch im Großraum Moskau angesiedelt sind und nicht etwa in den tschetschenischen Provinzen, in denen der Konflikt vorherrscht; ein „selection bias" wäre damit vorprogrammiert und eine Ausbeute hinsichtlich *CSecR* potentiell gering.

Nach eingehendem Studium der Konflikte auf Grundlage der „UCDP Conflict Encyclopedia" resultierte schließlich folgende Fallauswahl, die eine Stichprobe von 39 Fällen umfasst.

Abbildung 15: Fallauswahl und Umfang der Stichprobe

Nigeria	Indien	Indonesien
ABB	ABB	ABB
Air Liquide	Air Liquide	Air Liquide
Deutsche Post DHL	Anheuser-Busch	ArcelorMittal
General Electric (GE)	ArcelorMittal	BASF
Mitsubishi Corporation	BASF	Deutsche Post DHL
Roche	Deutsche Post DHL	EADS
Royal Dutch / Shell	EADS	General Electric (GE)
Toyota	Ferrovial	Hutchison Whampoa
Wal-Mart	General Electric (GE)	Mitsubishi Corporation
WPP	Mitsubishi Corporation	Roche
	Roche	Royal Dutch / Shell
	Royal Dutch / Shell	Toyota
	Toyota	WPP
	Vodafone	
	Wal-Mart	
	WPP	

Quelle: Eigene Darstellung.

4 Empirie

"Although I would be as delighted as any other political scientist to discover simple, elegant and powerful explanations, I think the common sense of the layperson is correct. We must presume that politics is extremely complex, and the burden of proof rests on those who claim that it is not. From this admittedly perfectionist perspective, all approaches yield only a partial and conditional glimpse of the truth. Nevertheless, all approaches have some value because, as Karl Deutsch said, the truth lies at the confluence of independent streams of evidence. Any method that helps us identify some of the many possible plausible hypotheses or judge how plausible these hypotheses are is useful."[445]

Umfassend theoretisch und methodisch gerüstet, kann nun das im Theorieteil dargelegte Forschungsdesign in die Tat umgesetzt und zum eigentlichen Kern der Arbeit fortgeschritten werden, der empirischen Untersuchung und ihrer Auswertung. Als Vorarbeit wurden dazu zunächst die Werte für die Akteurs-, Produkt(ions)-, Umgebungs- und Konflikt-Charakteristika (die UV) als auch die Werte für die *CSecR* (die AV), wie in 3.2 operationalisiert, erhoben.

Nun wird die daraus resultierte Datenmatrix im Rahmen einer mvQCA analysiert. Dazu müssen die Daten aus Kompatibilitätsgründen, wie in 3.1.2 erläutert, nochmals aufbereitet werden. Erst nachdem dies erfolgt ist, kann unter Rückgriff auf die Software *Tosmana* ermittelt werden, welche der in 2.3 vermuteten Charakteristika für eine *CSecR* von TNCs relevant und welche davon vernachlässigt werden können. Die Software errechnet dazu, mittels mehreren Minimierungskalkulationen, die jeweils minimalste Erklärung für das jeweilige *Outcome*; anders ausgedrückt, die kürzest logische Kombination von unabhängigen Variablen für den jeweiligen Wert der abhängigen Variable. Um die Validität der schließlich zu treffenden Aussagen über die Relevanz der Bedingung(en) zu erhöhen, werden in der folgenden Analyse alle Ausprägungen der AV berücksichtigt und die Minimierungsvorgänge jeweils unter Einbeziehung aller UV unternommen.

---

[445] Coppedge 1999, S. 467.

Dies vorausgeschickt, besteht die empirische Untersuchung aus drei Schritten: (i) der Aufbereitung der Daten(matrix), (ii) der Minimierungskalkulation für alle erhobenen Werte der *CSecR* sowie (iii) der Ergebnisauswertung hinsichtlich notweniger und hinreichender Bedingung(en).

4.1 Aufbereitung der Daten(matrix)

Abbildung 16 fasst die in vorliegender Studie ermittelten Messwerte für die in 3.2 operationalisierten Variablen, auf Grundlage der dort angegebenen Datenquellen, als Rohdaten zusammen. Die ursprüngliche Bezeichnung der Variablen wurde aus Übersichtsgründen gemäß Annex I kodiert.

In Entsprechung zum Forschungsdesign liegen der Untersuchung zehn UV und eine AV vor. Von den unabhängigen sind fünf ordinal skaliert, im Sinne von *klein / mittel / groß* bzw. *gering / mittel / niedrig* (SZE, BREQ, FAILSTA, NGO, COMPT) und fünf nominal, im Sinne von *trifft zu / trifft nicht zu* bzw. *gegeben / nicht gegeben* (ACCGC, COD, ANLSUNK, COISSU, COPHAS). Auch ist die AV (CSECR) nominalskaliert, verstanden als *keine, indirekte* und *direkte CSecR.*

Abbildung 16: Erhobene Messwerte der Untersuchung

FAELLE	CSECR	SZE	ACCGC	COD	BREQ	ANLSUNK	FAILSTA	NGO	COMPT	COISSU	COPHAS
ABB Ltd. (Nigeria)	0	180	1	1	3,95	0	99,9	317	1152,801632	1	0
ABB Ltd. (India)	2	180	1	1	3,95		81,6	317	1152,801632	1	1
ABB Ltd. (Indonesia)	0	180	1	1	3,95	1	79,3	317	1152,801632	0	2
Air Liquide (Nigeria)	0	275	0	1	3,043	1	99,9	886	386,0491019	1	0
Air Liquide (India)	0	275	0	1	3,043	1	81,6	886	386,0491019	1	1
Air Liquide (Indonesia)	0	275	0	1	3,043	1	79,3	886	386,0491019	0	2
Deutsche Post AG (Nigeria)	0	168	1	1	3,949	1	99,9	607	2555,586263	1	0
Deutsche Post AG (India)	1	168	1	1	3,949	1	81,6	607	2555,586263	1	1
Deutsche Post AG (Indonesia)	1	168	1	1	3,949	1	79,3	607	2555,586263	0	2
General Electric (Nigeria)	2	3	1	1	30,504	1	99,9	21649	605,7774358	1	0
General Electric (India)	1	3	1	1	30,504	1	81,6	21649	605,7774358	1	1
General Electric (Indonesia)	1	3	1	1	30,504	1	79,3	21649	605,7774358	0	2
Mitsubishi Corporation (Nigeria)	0	123	1	1	163,473	0	99,9	141	669,6796646	1	0
Mitsubishi Corporation (India)	2	123	1	1	163,473	0	81,6	141	669,6796646	1	1
Mitsubishi Corporation (Indonesia)	1	123	1	1	163,473	1	79,3	141	669,6796646	0	2
Roche Group (Nigeria)	0	89	0	1	5,599	0	99,9	317	591,5657044	1	0
Roche Group (India)	0	89	0	1	5,599	0	81,6	317	591,5657044	1	1
Roche Group (Indonesia)	1	89	0	1	5,599	1	79,3	317	591,5657044	0	2
Royal Dutch/Shell Group (Nigeria)	2	5	1	1	18,605	1	99,9	4041	409,0642351	1	0
Royal Dutch/Shell Group (India)	1	5	1	1	18,605	1	81,6	4041	409,0642351	1	1
Royal Dutch/Shell Group (Indonesia)	0	5	1	1	18,605	0	79,3	4041	409,0642351	0	2
Toyota Motor Corporation (Nigeria)	0	55	0	1	26,152	0	99,9	141	729,1011322	1	0
Toyota Motor Corporation (India)	1	55	0	1	26,152	1	81,6	141	729,1011322	1	1
Toyota Motor Corporation (Indonesia)	0	55	0	1	26,152	0	79,3	141	729,1011322	0	2
WPP Group Plc (Nigeria)	0	417	0	1	3,922	0	99,9	4041	1875,101966	1	0
WPP Group Plc (India)	0	417	0	1	3,922	1	81,6	4041	1875,101966	1	1
WPP Group Plc (Indonesia)	0	417	0	1	3,922	0	79,3	4041	1875,101966	0	2
Wal-Mart Stores (Nigeria)	0	18	0	1	36,22	0	99,9	21649	4838,150674	1	0
Wal-Mart Stores (India)	1	18	0	1	36,22	0	79,3	21649	4838,150674	1	1
ArcelorMittal (India)	0	90	1	1	4,388	0	81,6	42	502,8590695	1	1
ArcelorMittal (Indonesia)	0	90	1	1	4,388	0	79,3	42	502,8590695	0	2
BASF AG (India)	2	73	1	1	4,393	1	81,6	607	619,7051037	1	1
BASF AG (Indonesia)	0	73	1	1	4,393	1	79,3	607	619,7051037	0	2
Eads NV (India)	0	241	1	1	4,08	1	81,6	886	819,4269674	1	1
Eads NV (Indonesia)	0	241	1	1	4,08	1	79,3	886	819,4269674	0	2
Grupo Ferrovial (India)	0	376	1	1	2,355	1	79,3	212	1083,205203	1	1
Hutchison Whampoa Limited (Indonesia)	0	160	0	1	336	1	81,6	27	605,7774358	0	2
Anheuser-Busch Inbev SA (India)	0	96	1	1	27,781	1	79,3	429	880,4307787	1	1
Vodafone Group Plc (India)	0	27	0	1	30,674	0	79,3	4041	422,8950468	1	1

Anmerkung (zur Erhebung / Quelle): **CSecR**: Vgl. Annex III; **SZE**: Vgl. (Forbes Magazine 2011b); **ACCGC**: Vgl. (United Nations 2011; Global Reporting Initiative 2011); **COD**: Vgl. Annex III bzw. die entsprechenden Internetseiten des jeweiligen Unternehmens nach veröffentlichten *Codizes* (globale Präsenz des Mutterkonzerns oder jeweilige Landesseite des Tochterunternehmens); **BREQ**: Vgl. (Brand Finance plc 2011); **ANLSUNK**: Vgl. Anmerkung zu COD; **FAILSTA**: Vgl. (The Fund for Peace 2011b); **NGO**: Vgl. (World Association of Non-Governmental Organizations (WANGO) 2011); **COMPT**: Vgl. Annex 27; **COISSU**: Vgl. Annex 28; **COPHAS**: Vgl. (Uppsala Conflict Data Program 2010, 2011).

Quelle: Eigene Darstellung auf Basis eigener Erhebung gemäß Operationalisierung in 3.2.

Obschon gerade die Verwendung mehrwertiger Variablen der innovative Moment und die Stärke von mvQCA ist, sollen getreu dem „Parsimony"-Gebot so wenige mehrwertige Variablen wie möglich eingesetzt werden; es gilt die Komplexität der Realität zu reduzieren und so sparsame Erklärungen als auch so einfache Darstellungen wie möglich anzubieten.[446] Leider fällt die Umsetzung dieser *Maxime* in zugrundeliegender Untersuchung, in Anbetracht vier dichotomer und sechs trichotomer UV sowie der trichotomen AV, also insgesamt sieben, eher grenzwertig aus, ist jedoch angesichts des Forschungsziels und Untersuchungsdesigns nicht weiter problematisch.[447] Ganz im Gegenteil, im Sinne des verwendeten Modells der *CSecR* sowie der verwendeten Methode hat es in dieser Ausprägung sogar seine Richtigkeit.

Weiterhin muss nun aus Kompatibilitätsgründen, die Datenmatrix in Abbildung 16 einer Re-Kodierung unterzogen werden, wobei getreu „good practices", unter Berücksichtigung des theoretischen als auch empirischen Kontextes der Untersuchung verfahren wird.[448] Konkret umfasst die Re-Kodierung das Setzen von Schwellenwerten für die ordinalskalierten trichotomen Variablen (SZE, BREQ, FAILSTA, NGO, COMPT), da deren numerische Werte, entgegen der nominalskalierten dichotomen Variablen (ACCGC, COD, ANLSUNK, COISSU), für eine mvQCA analytisch wertlos sind. Dazu bietet die Software *Tosmana* den sog. „Thresholdsetter" zur Arbeitserleichterung an. Dieser ist eine graphische Anzeige aller Datenpunkte einer Kondition, „in welche direkt mit der Maus die entsprechenden Schwellenwerte gesetzt werden können", sodass sofort erkannt werden kann, „ob ein Schwellenwert sehr ähnliche Datenpunkte trennt und somit eine künstliche Unterteilung vornimmt".[449] Sind die Schwellenwerte gesetzt, ordnet die Software den Rohdaten-Messwerten die für eine mvQCA kompatiblen, entsprechend kodierten, Werte zu.

---

[446] Vgl. Cronqvist 2005; Schneider und Wagemann 2007 sowie zur Sparsamkeit von Erklärungen und Theorien in den Sozialwissenschaften die Ausführungen in Fußnoten 198, 325 und 330.

[447] Wie und weshalb die Variablen entsprechend kodiert werden müssen, wird in der Operationalisierung unter 3.2 dargestellt.

[448] Cronqvist 2003, S. 18 f., 2007a, S. 88 ff.

[449] Cronqvist 2007a, S. 95.

Für die ordinalskalierten trichotom zu kodierenden Variablen (SZE, BREQ, FAILSTA, NGO, COMPT) werden zwei Schwellenwerte gesetzt: Rohdatenwerte, die unter dem ersten Schwellenwert liegen, erhalten eine „0" als Kodierung; Werte, die oberhalb des ersten und unterhalb des zweiten Schwellenwertes liegen, erhalten die Kodierung „1", wohingegen Werte, die oberhalb des zweiten Schwellenwertes liegen, mit „2" kodiert werden. Bei den nominalskalierten dichotomen Variablen (ACCGC, COD, ANLSUNK, COISSU) sowie den nominalskalierten trichotomen Variablen (COPHAS) und (CSECR) muss keine Re-Kodierung erfolgen, da diese in vorliegender Form bereits mvQCA-kompatibel sind.

Als erstes werden die Schwellenwerte für die unabhängige Variable SZE festgelegt; Abbildung 17 gibt die insgesamt für SZE gemessenen Werte wieder. Aus der graphischen Verteilung der Messwerte ergibt sich eine sehr vorteilhafte Ausgangslage für die Schwellenwertsetzung, da bereits auf den ersten Blick drei *Cluster* zu erkennen sind. Die theoretische Rahmung und die Operationalisierung der Variable berücksichtigend, sollen die Unternehmen in drei möglichst gleichgroße Gruppen unterteilt werden, wozu die Abstände zwischen den Werten bzw. TNCs ausschlaggebend sind. An dieser Stelle wird der Mehrwert des sog. „Thresholdsetters" und der graphischen Verteilung deutlich: Würde die Schwellenwertsetzung rein arithmetisch erfolgen (Division des Größten Wertes durch drei, da drei Gruppen zu bilden sind), so würden Unternehmen falsch gruppiert und die Analyse zu inkorrekten und gar widersprüchlichen Ergebnissen kommen.[450] Beachtet man die 2000 Rangplätze des „Forbes Global 2000"-*Rankings*, gehören alle TNCs der Untersuchung (niedrigster bzw. schlechtester Rangplatz ist 417) zu den oberen und damit besten Rangplätzen, allerdings müssen diese für die zugrundeliegende Untersuchung analytisch sinnvoll in Relation gesetzt werden. Vor diesem Hintergrund bietet sich die Setzung des ersten Schwellenwertes beim

---

[450] Hierzu wurde im Vorfeld, aus Interesse, eine zusätzliche „Testmessung" durchgeführt, woraus Widersprüchliche Werte und Konfigurationen resultieren, die sogar von *Tosmana* entsprechend gekennzeichnet wurden („C"). Obschon das Rechnen mit „contradictions" durchaus möglich ist, sollten diese vermieden werden und vielmehr die Daten idealerweise nochmals auf Konsistenz und Kohärenz geprüft werden. Manchmal resultieren widersprüchliche Fälle nämlich gerade durch die falsche, die theoretischen als auch analytischen Aspekte nicht berücksichtigende Schwellenwertsetzung. Zu Schwellenwerten und „contradictions" insgesamt s.h. Cronqvist 2007a, S. 42, 58, 95, 2003, S. 15 ff., 23.

größten Abstand zwischen den Werten des ersten und zweiten *Clusters* an, also nach einem Wert von 180, wohingegen der zweite Schwellenwert beim größten Abstand zwischen den Werten des zweiten und dritten *Clusters* gesetzt wird (ABB (180) kann nämlich nicht gemeinsam mit EADS (241) gruppiert werden. Unbestritten zählen beide zu den größten, allerdings ist ABB dennoch als größer zu bewerten, da ABB in seinem Segment wahrlich als „world leader" operiert, wohingegen EADS ebenso starke Konkurrenten aufweist, etwa Boeing). Damit sind sowohl die theoretisch-analytischen Aspekte berücksichtigt, um aussagekräftige Ergebnissen zu erzielen und gleichzeitig gewährleistet, dass die eingeteilten Gruppen gleich groß sind.

Abbildung 17:   Schwellenwerte für Variable SZE

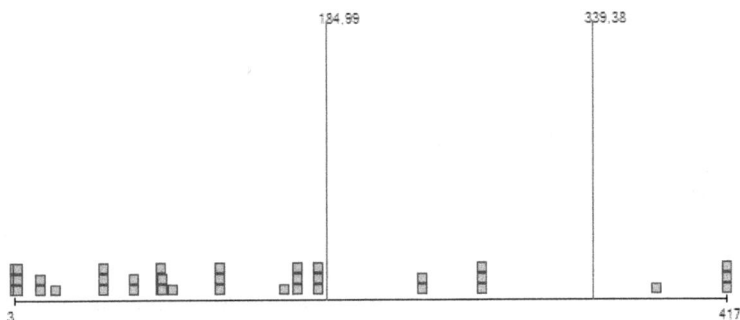

Quelle: Eigene Generierung mit „Thresholdsetter" der *Tosmana* Version 1.3.2.

Abbildung 18 fasst die Messwerte der Variable BREQ zusammen. Auch bei dieser Variable soll der *„Cluster*-Ansatz" Anwendung finden, wobei sich diese, in Anbetracht der graphischen Verteilung der Rohdaten, noch einfacher einteilen lässt: Die eher „unbekannteren" und damit sowohl intuitiv als auch theoretisch bzw. operationalisierungstechnisch weniger „imageabhängigen" Unternehmen weisen Messwerte weit unter 10 auf (ABB, Air Liquide, Deutsche Post, Roche, WPP, ArcelorMittal, BASF, EADS, Grupo Ferroval).[451]

---

[451] Vgl. zur „Bekanntheit" bzw. „Imageabhängigkeit" die Operationalisierung in 3.2. D.h. nicht, dass die Deutsche Post, ABB, EADS etc. „in der Welt" nicht bekannt oder nicht davon abhängig sind, ein gutes Image zu wahren, sondern, wenn überhaupt, dass sie konsumententechnisch weniger darauf bedacht sein müssen, da sie „world

Deswegen bietet sich hier das Setzen des ersten Schwellenwertes an (der nächste Wert, ausgehend von dem größten der ersten Gruppe (5,599), ist bei 18,605). Jenseits dieser Schwelle finden sich die „bekannteren" und damit vom Produkt her „sichtbareren" Unternehmen wieder (General Electric, Royal Dutch / Shell, Toyota, Wal-Mart, Anheuser-Busch, Vodafone). Leider liegen zwei sich von den anderen Messwerten „extrem" unterscheidende Daten vor (Mitsubishi Corporation (163,473), Hutchison Whampoa (336)), die beim Setzen des zweiten Schwellenwertes auch entsprechend berücksichtigt werden sollen. Um diese beiden (Ausreißer) möglichst zur gleichen Gruppe zusammenzufassen, bietet sich an, den zweiten Schwellenwert unterhalb des ersten bzw. geringeren dieser beiden, bei 158,75, zu setzen.

Abbildung 18:   Schwellenwerte für Variable BREQ

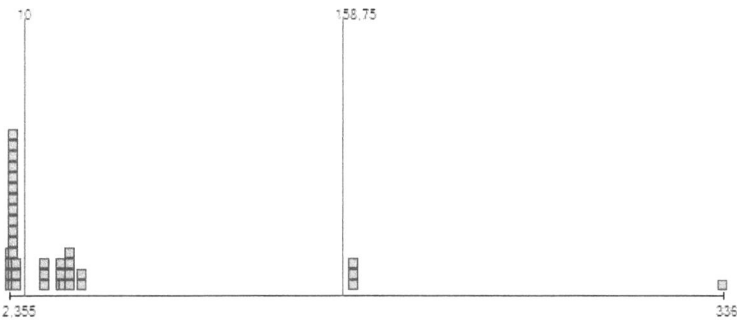

Quelle: Eigene Generierung mit „Thresholdsetter" der *Tosmana* Version 1.3.2.

Dem „*Clustern*" weiter folgend, werden auch die Schwellenwerte für die Variable FAILSTA entsprechend festgelegt. Dabei kann sogar die „*Cluster-Funktion*" der Software *Tosmana* verwendet werden, welche die Verteilung

---

leaders" in ihrem Bereich sind und nahezu eine Monopolstellung haben; die jeweiligen Nachfrager sind nahezu auf diese „angewiesen" (Roche durch die Patente auf bestimmte Pharmazeutika). Auch zeigt sich hier die inhaltliche Validität des Indikators; die Messwerte reflektieren das Konzept der „Imageabhängigkeit" durchaus gut: EADS hat einen niedrigen Wert, da nicht davon ausgegangen wird, dass die breite Bevölkerungszahl weiß, dass sich das weitaus bekanntere Unternehmen Airbus dahinter verbirgt, genauso wenig wie die wenigsten wissen, wie Air Liquide unseren Alltag bestimmt. In diesem Sinne sei hinsichtlich Produkten und Expertisen der TNCs auf die jeweiligen Internetseiten der Unternehmen verwiesen.

„automatisch" in drei gleich große Teile gruppiert. Diese arbeitserleichternde Schwellenwertsetzung kann bei den Messwerten für FAILSTA bedenkenlos angewendet werden, da aufgrund der ohnehin ordinalskalierten Variable keineswegs ein Informationsverlust einhergeht. Die Verteilung der Rohdatenwerte sowie die gemäß „Cluster-Funktion" gesetzten Schwellenwerte sind in Abbildung 19 graphisch dargestellt.

Abbildung 19:   Schwellenwerte für Variable FAILSTA

Quelle: Eigene Generierung mit „Thresholdsetter" der *Tosmana* Version 1.3.2.

Obschon bei der Variable NGO, graphisch in Abbildung 20, durchaus drei *Cluster* offensichtlich sind, können die Schwellenwerte nicht entsprechend gesetzt werden, sondern müssen erneut analytisch sinnvoll, theoriegeleitet sowie das Verhältnis zugrundeliegender Werte beachtend, gewählt werden. Insgesamt gilt es für die vorliegenden Rohdaten, gemäß Operationalisierung, erneut drei gleich große Gruppierungen zu wählen. Leider weisen auch die NGO-Messwerte zwei „Extrema" auf, nämlich sehr hohe Werte von mehreren Tausend auf der rechten Seite der Verteilung sowie sehr niedrige Werte auf der linken Seite der Verteilung (dies sind einerseits diejenigen Unternehmen, die ihren Hauptsitz im Vereinigten Königreich Großbritannien und Nordirland (4.041) sowie in den Vereinigten Staaten von Amerika (21.649) haben und andererseits die TNCs, deren Muttergesellschaften in Luxemburg (42) bzw. im asiatischen Raum ansässig sind).[452] Um die Einbezie-

---

[452]   Zur Bedeutung dieser Zahlen für die Präsenz von NGOs in einem Land soll und kann hier nicht mehr ausgeführt werden: Zwar könnte angesichts einer großen Anzahl von

hung dieser Werte in den Ergebnissen „auswertbar" zu machen und möglichst gleichgroße Gruppen zu erhalten, müssen diese Daten erneut, wie bei den vorherigen „Ausreißer-Werten" auch geschehen, in einer Klasse zusammengefasst werden. In diesem Sinne ergeben sich zwei „Extremwert"-Gruppierungen, nämlich oberhalb des Größten Wertes der Unternehmenshauptsitzländer mit wenigen NGOs (größter Wert 141) sowie unterhalb des kleinsten Wertes der Hauptsitzstaaten mit extrem hohen NGO-Anteil (geringster Wert 4.041), konkret also 162,14 und 3.495,53.[453]

Abbildung 20:   Schwellenwerte für Variable NGO

Quelle: Eigene Generierung mit „Thresholdsetter" der *Tosmana* Version 1.3.2.

Schließlich sind die Schwellenwerte für die Variable COMPT festzulegen, deren Rohdaten-Verteilung in Abbildung 21 graphisch dargestellt ist. Ausgehend davon, dass bei der Erhebung der Variable COMPT, gemäß Operatio-

---

NGOs, wie hier in den angelsächsischen Ländern, durchaus auf eine „Ideal-Demokratie" und vorbildliche Einbindung der Zivilgesellschaft in die Politik geschlossen werden, muss aber nicht. Insgesamt sind Schlussfolgerungen dazu weitaus differenzierter zu treffen, da eine Vielzahl von Faktoren berücksichtigt werden muss. Angemerkt sei, dass bei Betrachtung der unterschiedlichen Werte nicht vernachlässigt werden soll: Die USA sind gemäß diverser Demokratieindizes ein stark demokratisches Land und zudem geographisch sehr groß, wohingegen ersterer Aspekt für die Länder des asiatischen Raumes kontrovers zu sehen ist und schließlich die Ziffern für Länder wie Luxemburg oder die Autonomieregion Hong Kong durch ihre besonderen Verwaltungsaspekte entsprechend zu würdigen sind.

[453]   Die „krummen" Zahlen haben keine besondere Bewandtnis, sondern ergeben sich durch das Verschieben des sog. „Thresholdsetters", der so fein programmiert ist, dass es schwer fällt, diesen bei einer geraden Zahl „einzurasten".

nalisierung, Werte bis 10.000 resultieren können und einem Monopol gleichen, kann konstatiert werden, dass in vorliegender Untersuchung insgesamt eine geringe Marktkonzentration vorherrscht. Da Werte unter 1.500 eine geringe Marktkonzentration anzeigen, können die größeren, also einer höheren Marktkonzentration entsprechenden und deswegen „relevanteren" Werte, in einer Gruppe zusammengefasst werden; der zweite Schwellenwert, die mittlere und hohe Marktkonzentration teilend, kann also zwischen 1.152,801632 und 1.875,101966 gesetzt werden. Weiterhin ist noch der erste Schwellenwert festzulegen; die Werte unter 1.500 können nicht vernachlässigt werden, da sich das *Gros* der Rohdaten vorliegender Untersuchung in diesem Bereich bewegt. Weil die meisten geringeren Werte bis 1.152,801632 gemessen wurden und letzterer Wert die bereits gesetzte zweite Schwelle zur dritten Wert-Gruppierung (hohe Marktkonzentration) darstellt, soll dieser Wertebereich „mittig" geteilt werden, sodass die ersten beiden Wert-Gruppen (geringe und mittlere Marktkonzentration) in etwa gleich groß sind. Durch diese Zweiteilung des Wertes 1.152,801632 ergibt sich der erste Schwellenwert, nämlich 576,40.

Abbildung 21:   Schwellenwerte für Variable COMPT

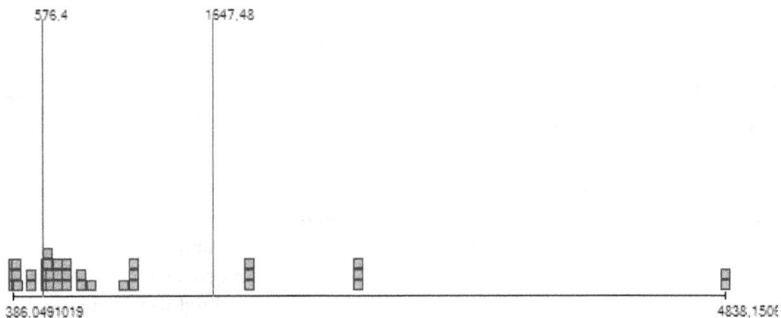

Quelle: Eigene Generierung mit „Thresholdsetter" der *Tosmana* Version 1.3.2.

Abbildung 22 fasst die im Zuge der Re-Kodierung aufbereiteten Daten nochmals als mvQCA-kompatible Datenmatrix zusammen und stellt die Grundlage für die im Folgenden resultierende Wahrheitstafel und die auszuführenden Minimierungskalkulationen dar.

Abbildung 22: Datenmatrix mit mvQCA-kompatiblen Werten

FAELLE	CSECR	SZE	ACCGC	COD	BREQ	ANLSUNK	FAILSTA	NGO	COMPT	COISSU	COPHAS
ABB Ltd. (Nigeria)	0	0	1	1	0	0	2	1	1	1	0
ABB Ltd. (India)	2	0	1	1	0	1	1	1	1	1	1
ABB Ltd. (Indonesia)	0	0	1	1	0	1	0	1	1	0	2
Air Liquide (Nigeria)	0	1	0	1	0	1	2	1	0	1	0
Air Liquide (India)	0	1	0	1	0	1	1	1	0	1	1
Air Liquide (Indonesia)	0	1	0	1	0	1	0	1	0	0	2
Deutsche Post AG (Nigeria)	0	0	1	1	0	1	2	1	2	1	0
Deutsche Post AG (India)	1	0	1	1	0	1	1	1	2	1	1
Deutsche Post AG (Indonesia)	1	0	1	1	0	1	0	1	2	0	2
General Electric (Nigeria)	2	0	1	1	1	1	2	2	1	1	0
General Electric (India)	1	0	1	1	1	1	1	2	1	1	1
General Electric (Indonesia)	1	0	1	1	1	1	0	2	1	0	2
Mitsubishi Corporation (Nigeria)	0	0	1	1	2	0	2	0	1	1	0
Mitsubishi Corporation (India)	2	0	1	1	2	0	1	0	1	1	1
Mitsubishi Corporation (Indonesia)	1	0	1	1	2	1	0	0	1	0	2
Roche Group (Nigeria)	0	0	0	1	0	0	2	1	1	1	0
Roche Group (India)	0	0	0	1	0	0	1	1	1	1	1
Roche Group (Indonesia)	1	0	0	1	0	1	0	1	1	0	2
Royal Dutch/Shell Group (Nigeria)	2	0	1	1	1	1	2	2	0	1	0
Royal Dutch/Shell Group (India)	1	0	1	1	1	1	1	2	0	1	1
Royal Dutch/Shell Group (Indonesia)	0	0	1	1	1	0	0	2	0	0	2
Toyota Motor Corporation (Nigeria)	0	0	0	1	1	0	2	0	1	1	0
Toyota Motor Corporation (India)	1	0	0	1	1	1	1	0	1	1	1
Toyota Motor Corporation (Indonesia)	0	0	0	1	1	1	0	0	1	0	2
WPP Group Plc (Nigeria)	0	2	0	1	0	0	2	2	2	1	0
WPP Group Plc (India)	0	2	0	1	0	0	1	2	2	1	1
WPP Group Plc (Indonesia)	0	2	0	1	0	0	0	2	2	0	2
Wal-Mart Stores (Nigeria)	0	0	0	1	1	0	2	2	2	1	0
Wal-Mart Stores (India)	1	0	0	1	1	0	0	2	2	1	1
ArcelorMittal (India)	0	0	1	1	0	0	1	0	0	1	1
ArcelorMittal (Indonesia)	0	0	1	1	0	0	0	0	0	0	2
BASF AG (India)	2	0	1	1	0	1	1	1	1	1	1
BASF AG (Indonesia)	0	0	1	1	0	1	0	1	1	0	2
Eads NV (India)	0	1	1	1	0	1	1	1	1	1	1
Eads NV (Indonesia)	0	1	1	1	0	0	0	1	1	0	2
Grupo Ferrovial (India)	0	2	1	1	0	1	0	1	1	1	1
Hutchison Whampoa Limited (Indonesia)	0	0	0	1	2	1	1	0	1	0	2
Anheuser-Busch Inbev SA (India)	0	0	1	1	1	1	0	1	1	1	1
Vodafone Group Plc (India)	0	0	0	1	1	0	0	2	0	1	1

Quelle: Eigene Darstellung.

4.2 Minimierungskalkulationen

Auf Grundlage der vorstehenden mvQCA-kompatiblen Datenmatrix kann nun zur Identifikation von hinreichenden und notwendigen Bedingungen für eine *CSecR* mittels Minimierungskalkulationen der Software fortgeschritten werden. Für die Berechnungen nutzt die Software einen bestimmten Algorithmus, der die eingestellten Bedingungen zur Minimierung miteinbezieht und die Lösung(en) in ebenso vom Benutzer festgelegten Arten ausgibt:[454] Etwa die Ausgabe einer Minimallösung, die zu dem jeweils spezifizierten *Outcome* durch Minimierung der in der Wahrheitstafel enthaltenen

---

[454] Obschon QCA-Methoden insgesamt sehr transparent und intersubjektiv nachvollziehbar sind, ist die letztlich dahinterliegende Berechnung mittels Algorithmus we-

Fälle führt, welche allerdings ausschließlich das jeweilige *Outcome* aufweisen (sog. „Fallgruppe")[455]; die Ausgabe einer Minimallösung unter Einbeziehung aller in der Wahrheitstafel enthaltenen und somit tatsächlich beobachteten Fällen; die Ausgabe einer Minimal-Lösung unter Einbeziehung logisch möglicher, allerdings in der Wirklichkeit nicht beobachteter und somit in der Wahrheitstafel nicht repräsentierter Fälle und Konfigurationen (sog. „logical remainders" bzw. „simplifying assumptions") oder eine Kombination dieser verschiedenen Erklärungs- und Minimierungsmöglichkeiten.[456] Abgesehen von dieser Unterschiedlichkeit im Ausgabemodus, sind den Berechnungen zwei elementare Aspekte gemein: In jedem Falle geben sie die minimalste Erklärung für eine spezifizierte Ausprägung der AV wieder und jede dieser zieht ihre ihr inhärenten forschungslogischen Implikationen und Problematiken nach sich, die bei der Auswertung und Interpretation der Lösung und Ergebnisse berücksichtigt und reflektiert werden sollten.[457]

Dieser Umstand fügt sich perfekt in das Gesamtbild der QCA ein: Wie bisher ersichtlich geworden sein konnte und noch weiter wird, ist QCA eine Methode die nicht „mechanisch" angewendet werden kann, noch sollte. Insbesondere durch den „dialogue between ideas and evidence"[458], werden dem Forscher, während des Untersuchungsprozesses, eine Vielzahl von Entscheidungen abverlangt, die er entsprechend seinem Forschungsdesign und Forschungsvorhaben zu treffen hat.[459] Benôit Rihoux und Bojana Lobe fassen dies treffend zusammen:

---

niger transparent. Dies liegt einerseits daran, dass dessen genaue Kenntnis zur Auswertung der Daten nicht notwendig, andererseits die Darstellung dessen relativ komplex und ohne eine gewisse Affinität zu mathematisch-logischen Zusammenhängen nicht für jedermann verständlich ist. Für daran sowie an der technischen Umsetzung mittels Software Interessierte sei verwiesen auf Cronqvist 2007b, 2007a. Zu den Minimierungen allgemein vgl. die Ausführungen zur QCA unter 3.1.2.2 bzw. 3.1.2.3.

[455]   Vgl. zur sog. „Fallgruppe" die Ausführungen zur QCA unter 3.1.2.

[456]   Für eine ausführlichere Darstellung der mvQCA-Möglichkeiten im Allgemeinen sowie zu den „logical remainders" bzw. „simplifying assumptions" im Besonderen sei auf die Ausführungen in 3.1.2 verwiesen. Für eine umfassende Darstellung der Funktionen, forschungslogischen Implikationen und technischen Hintergründen vgl. Cronqvist 2003, 2005, 2007a, 2007b.

[457]   Herrmann und Cronqvist 2006.

[458]   Ragin 1989.

[459]   Vgl. bspw. Schneider und Wagemann 2009.

"[…] reminds us vividly that, far from being a push-button-type technique, the use of QCA is (or should be) a fundamentally iterative and creative process. […] the philosophy of QCA is that the researcher should play a more active role, that he / she should interact more actively with the cases, and also with the software tools."[460]

In vorliegender Untersuchung und mit vorstehendem Datensatz ergibt sich (leider) eine limitierten Auswahl der Minimierungsart: Aufgrund des trichotomen *Outcomes* (CSECR) kann der Minimierungslogarithmus ausschließlich mit „logical remainders", wie 3.1.2.2 bzw. 3.1.2.3 beschrieben, gewählt werden und keine „konservative" Berechnung erfolgen.[461] Für die zugrundeliegende Analyse heißt das konkret, dass eine Minimallösung, in der ausschließlich die in der Wahrheitstafel enthaltenen und somit tatsächlich beobachteten Fälle, welche zudem den entsprechend zu minimierenden Wert des *Outcomes* aufweisen, nicht berechnet werden kann. Anders gesagt müssen für die Reduzierung des in Abbildung 16 gegebenen Datensatzes zwangsweise „logical remainders", also hypothetische, nicht beobachtete Kombinationen (Zeilen der Wahrheitstafel), verwendet werden.[462] Dieser Umstand mag zunächst intuitiv technischer Insuffizienz zugeschrieben werden, ist jedoch vielmehr forschungslogischen Aspekten geschuldet, die dem in 3.1.2.1 und 3.1.2.3 dargelegten „Problem Begrenzter Empirischer Vielfalt" begegnen möchten:

> „Das Problem der Einbeziehung von hypothetischen Fällen entsteht vor allem bei der Benutzung von mehr als drei oder vier Konditionen. Hier muß bei der für QCA typischen Fallzahl auf hypothetische Fälle zurückgegriffen werden, um überhaupt Minimierungen durchführen zu können".[463]

---

[460] Rihoux und Lobe 2009, S. 238.

[461] „konservativ" bedeutet, dass ausschließlich diejenigen Zeilen der Wahrheitstafel in die Minimierung eingehen, die tatsächlich beobachtet wurden und den entsprechend spezifizierten, zu minimierenden Wert des *Outcomes* aufweisen. Diese Minimierungsart sollte gemäß Lehrbuch allen anderen Minimierungsarten stets vorangestellt werden, vgl. ausführlicher dazu Schneider und Wagemann 2007, S. 101 ff.; 112.

[462] Versucht man ein trichotomes *Outcome* in *Tosmana* ohne "logical remainders" zu minimieren, so erhält man die Fehlermeldung: "Synthesis of data sets with multi-valued outcome not including the remainders has not been implemented to Tosmana yet. Please recode the outcome data (using the threshold setter) to dichotomous data and repeat your calculation".

[463] Cronqvist 2007a, S. 52.

In diesem Sinne und unter Berücksichtigung der Darlegungen zur Einbeziehung hypothetischer Fälle aus 3.1.2.3 ist der Umstand keineswegs als Einschränkung zu erachten. Ganz im Gegenteil, die Einbeziehung von „logical remainders" ist das innovative, zentrale Moment einer mvQCA und gerade als eine Stärke anzusehen: Soll eine Frage nach den Ursachen eines empirischen Phänomens beantwortet werden, muss der Versuch unternommen werden, durch Abstraktion zu generalisierenden Aussagen zu gelangen. Da vorliegende Arbeit auch gewissermaßen „Generalisierungen" anstrebt, genauer gesagt, die Möglichkeit der (mv)QCA nutzen möchte, generalisierende Aussagen mittlerer Reichweite im Sinne eines Schlusses von zugrundeliegender Stichprobe auf die oben definierte Grundgesamtheit zu treffen, ist der Einschluss von hypothetischen Fällen mithin erwünscht und das obenstehende „leider", berechtigterweise, in Klammer geschrieben.[464]

Weiterhin ist das „leider" in Klammern geschrieben, weil es grundsätzlich auch mit vorliegendem Datensatz möglich ist, eine „konservative" Berechnung ohne hypothetische Fälle durchzuführen. Diese Vorgehensweise ist hier allerdings nicht gewünscht, da es dem eigentlichen Forschungsvorhaben und dem theoretischen Rahmen in seiner „ursprünglichen" und „umfassenden" Form widerspricht. Wollte man eine solche „konservative" Minimierung unter der ausschließlichen Einbeziehung der beobachteten Fälle ausführen, müsste die Variable CSECR dichotomisiert werden. Da sie aber nicht dichotom konzeptualisiert ist, müsste nach noch „brachialeren" Schwellenwerten als sie ohnehin schon sein mögen, entschieden werden, ob letztlich eine *CSecR* („1") beobachtet wurde oder nicht („0"). Dies würde insgesamt zu eklatanten Informationsverlusten und einer starken Subjektivierung der Analysedaten führen. Zudem würde der Fundamentalkritik der QCA eine Steilvorlage *par excellence* geliefert, da ein kontinuierliches Konzept *par force* zu einem diskreten, dichotomen Konzept transformiert würde.

Dies berücksichtigend jedoch für die Vorgehensweise zugrundeliegender Arbeit davon absehend, soll in Einklang mit dem theoretischen Rahmen verfahren und die Minimierung der Variable CSECR in trichotomer Form vorgenommen werden; für die Realisierung des Forschungsdesigns wurde ge-

---

[464] Dass diese Möglichkeit mit mvQCA durchaus gegeben ist, bekräftigt Maria Josua, vgl. Josua 2006.

rade die mvQCA gewählt, weil sie eine der wenigen Methoden ist, die mehrwertige Bedingungen und *Outcomes* zulässt. Unbestritten wird dabei mit der ausschließlich unter Einbeziehung von „logical remainders" durchgeführten (bzw. aufgrund der trichotomen Variable CSECR nur durchführbaren) Minimierung nicht weniger Kritik eingehandelt, die später zumindest in der Reflexion des Auswertungsteils der Analyseergebnisse durchaus wird problematisiert werden müssen.

Dies vorausgeschickt, folgen im Weiteren die Minimierungskalkulationen, die insgesamt drei verschiedene Berechnungen umfassen, nämlich I: *Outcome* 2 inklusive aller UV; II: *Outcome* 1 inklusive aller UV; III: *Outcome* 0 inklusive aller UV.

4.2.1 Minimierungskalkulation I: *Outcome* 2 inklusive aller UV

In der ersten Minimierungskalkulation soll unter Einbezug von „logical remainder" der direkte *CSecR*-Beitrag erklärt werden (CSECR bzw. *Outcome* mit dem Wert „2"), wozu alle in 2.4 hypothetisierten Charakteristika in ihren jeweils maximal verfügbaren Ausprägungen herangezogen werden.[465] In diesem Sinne werden die gesamten mvQCA-kompatiblen Werte in *Tosmana* eingegeben, woraus die Wahrheitstafel in Abbildung 23 resultiert.[466] Betrachtet man die ausgegebene Wahrheitstafel, wird zunächst deutlich, dass keine

---

[465] „herangezogen" bzw. in der Sprache von *Tosmana* „include for reduction" bedeutet, dass der Algorithmus zur Herstellung der Hauptimplikanten die jeweils spezifizierten bzw. vom Benutzer ausgewählten Faktorenkombinationen einbindet (etwa nur beobachtete, hypothetische Fälle, etc.). Dazu werden zuerst die möglichen Ergebnisse vom Algorithmus automatisch selektiert, d.h. jener Ausdruck ausgegeben, der alle aufgetretenen Fälle mit dem untersuchten *Outcome* impliziert (die sog. Fallgruppe) und mit der kürzest möglichen Gleichung auskommt, (d.h. jener, deren logischer Ausdruck der kürzest mögliche ist). Sofern mehrere solcher kürzesten, möglichen Ausdrücke entstehen, werden alle in jeweils einer Gleichung ausgegeben.

[466] Etablierte Gütekriterien empirischer Sozialforschung sind u.a. die Transparenz der Datenerhebung sowie die Offenlegung und Begründung aller Auswertungsschritte. Dass diese auch für eine QCA gelten (sollten), steht außer Frage. In diesem Sinne soll die Leserin und der Leser zu jedem Analysevorgang Einsicht in die Wahrheitswerttabelle haben. *Tosmana* gewährleistet das automatisch, in dem nach jeder Analyse unmittelbar ein sog. „Report" ausgegeben wird, in welchem sämtliche Parameter der Analyse bzw. Minimierungskalkulation nebst Lösung enthalten sind. In der Regel wird dieser Report abgedruckt (etwa im Anhang einer Publikation). Hat man einen komplexen Datensatz bzw. mehrere Analysen mit unterschiedlichen Variablensets

widersprüchlichen Konfigurationen auftauchen. Das heißt, dass es keine Konfigurationen gibt, die in den einzelnen Bedingungen vollkommen identisch, aber im *Outcome* nicht deckungsgleich und deshalb widersprüchlich sind. Dies ist vor allem aus arbeitspraktischen Gründen vorteilhaft, da von Anbeginn weder widersprüchliche Zeilen geprüft noch entsprechend eliminiert werden müssen. Weiterhin spricht es für das zugrundeliegende Vorgehen und die Kohärenz des verwendeten Theoriegebäudes: Tauchen im Rahmen einer Minimierung widersprüchliche Zeilen in der Wahrheitstafel auf („C" in der Spalte „O"), so ist dies Indiz für eine unvollständige Erklärung bzw. ein unterspezifiziertes Theoriegebäude, da wahrscheinlich noch nicht alle Bedingungen in die Analyse mit einbezogen worden sind, die das entsprechende *Outcome* „erklären" können.[467] Da dies in vorliegender Wahrheitstafel, trotz offensichtlicher Komplexität, nicht der Falle ist, kann konstatiert werden:

> „However, if there are no contradictions from the outset there are no contradictions to be solved and the model is accepted. However, any other model might proof to be as 'explanatory' as another one. So one should specify the model in such a way that contradictions should normally occur if the model has omitted relevant variables, the research population is to heterogeneous (non-comparable cases) and measurement error occurred. If the model is designed carefully the above analysis supports the idea that QCA can distinguish real from random data and seems to do well for what is was designed to do namely 'determine the number and character of the different causal [paths] that exist among comparable cases'".[468]

---

wird dies aus Platzgründen nicht realisierbar; so auch in vorliegendem Falle. Daher wird hier mit der Dokumentationspflicht wie folgt umgegangen: Es wird bei jeder Analyse auf den einschlägigen „Tosmana Report" der Software verwiesen. Dieser findet sich einerseits in stark gekürzter und für die Besprechung der Ergebnisse im Fließtext aufbereiteter Form wieder, andererseits in ursprünglicher und gänzlicher Form im HTML-Format auf der eigens für diese Arbeit eingerichteten Internetseite (vgl. Vorwort). Ferner sind dort alle in der Analyse verwendeten Rohdaten und Datensätze im *Tosmana*-Format, einschl. der Ergebnisse, der Einstellungen des Algorithmus sowie der von *Tosmana* verwendeten vereinfachenden Annahmen, sog. „simplifying assumptions", einseh- und herunterladbar. Leider musste diese digitalisierte Form gewählt werden, da allein der Report der Minimierung *Outcome* „0" ca. 496 Seiten als *Microsoft Word*-Dokument umfasst.

[467] Marx 2006, S. 21 f.
[468] Marx 2006, S. 21 f.; Ragin 1989, S. 167.

Evident wird damit, dass das verwendete Thoriegebäude, zumindest *bis dato*, so sparsam konzipiert ist, dass es nicht weiter vereinfacht werden kann. Andernfalls könnten möglicherweise widersprüchliche Zeilen auftauchen. Aus einer kritischen Perspektive mag das zugrundeliegende Modell sehr komplex, die Vorgehensweise des Einschlusses aller Bedingungen und der Minimierung des trichotomen *Outcomes* zunächst unberechtigt kompliziert erscheinen. Dies ist jedoch vor dem Hintergrund, dass das Model in seiner Komplexität nicht weiter reduzierbar ist, durchaus genauso berechtigt wie die damit einhergehende Einbeziehung von „logical remainder".

Abbildung 23:   Wahrheitstafel

v1	v2	v3	v4	v5	v6	v7	v8	v9	v10	O	id
0	1	1	0	0	2	1	1	1	0	0	ABB Ltd. (Nigeria)
0	1	1	0	1	1	1	1	1	1	2	ABB Ltd. (India),BASF AG (India)
0	1	1	0	1	0	1	1	0	2	0	ABB Ltd. (Indonesia),BASF AG (Indonesia)
1	0	1	0	1	2	1	0	1	0	0	Air Liquide (Nigeria)
1	0	1	0	1	1	1	0	1	1	0	Air Liquide (India)
1	0	1	0	1	0	1	0	0	2	0	Air Liquide (Indonesia)
0	1	1	0	1	2	1	2	1	0	0	Deutsche Post AG (Nigeria)
0	1	1	0	1	1	1	2	1	1	1	Deutsche Post AG (India)
0	1	1	0	1	0	1	2	0	2	1	Deutsche Post AG (Indonesia)
0	1	1	1	1	2	2	1	1	0	2	General Electric (Nigeria)
0	1	1	1	1	1	2	1	1	1	1	General Electric (India)
0	1	1	1	1	0	2	1	0	2	1	General Electric (Indonesia)
0	1	1	2	0	2	0	1	1	0	0	Mitsubishi Corporation (Nigeria)
0	1	1	2	0	1	0	1	1	1	2	Mitsubishi Corporation (India)
0	1	1	2	1	0	0	1	0	2	1	Mitsubishi Corporation (Indonesia)
0	0	1	0	0	2	1	1	1	0	0	Roche Group (Nigeria)
0	0	1	0	0	1	1	1	1	1	0	Roche Group (India)
0	0	1	0	1	0	1	1	0	2	0	Roche Group (Indonesia)
0	1	1	1	1	2	2	0	1	0	2	Royal Dutch/Shell Group (Nigeria)
0	1	1	1	1	1	2	0	1	1	1	Royal Dutch/Shell Group (India)
0	1	1	1	0	0	2	0	0	2	0	Royal Dutch/Shell Group (Indonesia)
0	0	1	1	0	2	0	1	1	0	0	Toyota Motor Corporation (Nigeria)
0	0	1	1	1	1	0	1	1	1	1	Toyota Motor Corporation (India)
0	0	1	1	1	0	0	1	0	2	0	Toyota Motor Corporation (Indonesia)
2	0	1	0	0	2	2	2	1	0	0	WPP Group Plc (Nigeria)
2	0	1	0	1	2	2	1	1	1	0	WPP Group Plc (India)
2	0	1	0	0	2	2	0	2	0	0	WPP Group Plc (Indonesia)
0	0	1	1	0	2	2	2	1	0	0	Wal-Mart Stores (Nigeria)
0	0	1	1	0	0	2	2	1	1	1	Wal-Mart Stores (India)
0	1	1	0	0	1	0	0	1	1	0	ArcelorMittal (India)
0	1	1	0	0	0	0	0	0	2	0	ArcelorMittal (Indonesia)
1	1	1	0	1	1	1	1	1	1	0	Eads NV (India)
1	1	1	0	0	0	1	1	0	2	0	Eads NV (Indonesia)
2	1	1	0	1	0	1	1	1	1	0	Grupo Ferrovial (India)
0	0	1	2	1	1	0	1	0	2	0	Hutchison Whampoa Limited (Indonesia)
0	1	1	1	0	0	1	1	1	1	0	Anheuser-Busch Inbev SA (India)
0	0	1	1	0	0	2	0	1	1	0	Vodafone Group Plc (India)

Quelle: Eigene Aufbereitung auf Grundlage von „Tosmana Report" der *Tosmana* Version 1.3.2, vgl. Annex 15 und 16. (v1: SZE / v2: ACCGC / v3: COD / v4: BREQ / v5: ANLSUNK / v6: FAILSTA / v7: NGO / v8: COMPT / v9: COISSU / v10: COPHAS / O: CSECR / id: FÄLLE.)

Führt man nun die algorithmische Minimierung durch, resultiert eine Lösung mit insgesamt 55 Gleichungen, wie Abbildung 24 zeigt.

Abbildung 24: Lösung von „Minimizing Value 2 including: R" [469]

(Mitsubishi Corporation (India))	(General Electric (Nigeria)+Royal Dutch/Shell Group (Nigeria))	(ABB Ltd. (India),BASF AG (India))
BREQ{2}COPHAS{1} +	ACCGC{1}BREQ{1}FAILSTA{2} +	SZE{0}ACCGC{1}BREQ{0}FAILSTA{1}COMPT{1}
BREQ{2}COPHAS{1} +	ACCGC{1}BREQ{1}FAILSTA{2} +	SZE{0}ACCGC{1}BREQ{0}COMPT{1}COPHAS{1}
BREQ{2}COPHAS{1} +	ACCGC{1}BREQ{1}FAILSTA{2} +	SZE{0}ACCGC{1}FAILSTA{1}NGO{1}COMPT{1}
BREQ{2}COPHAS{1} +	ACCGC{1}BREQ{1}FAILSTA{2} +	SZE{0}BREQ{0}ANLSUNK{1}FAILSTA{1}COMPT{1}
BREQ{2}COPHAS{1} +	ACCGC{1}BREQ{1}FAILSTA{2} +	SZE{0}BREQ{0}ANLSUNK{1}COMPT{1}COISSU{1}
BREQ{2}COPHAS{1} +	ACCGC{1}BREQ{1}FAILSTA{2} +	SZE{0}BREQ{0}ANLSUNK{1}COMPT{1}COPHAS{1}
BREQ{2}COPHAS{1} +	ACCGC{1}BREQ{1}FAILSTA{2} +	SZE{0}ANLSUNK{1}FAILSTA{1}NGO{1}COMPT{1}
BREQ{2}COPHAS{1} +	ACCGC{1}BREQ{1}COPHAS{0} +	SZE{0}ACCGC{1}BREQ{0}FAILSTA{1}COMPT{1}
BREQ{2}COPHAS{1} +	ACCGC{1}BREQ{1}COPHAS{0} +	SZE{0}ACCGC{1}BREQ{0}COMPT{1}COPHAS{1}
BREQ{2}COPHAS{1} +	ACCGC{1}BREQ{1}COPHAS{0} +	SZE{0}ACCGC{1}FAILSTA{1}NGO{1}COMPT{1}
BREQ{2}COPHAS{1} +	ACCGC{1}BREQ{1}COPHAS{0} +	SZE{0}BREQ{0}ANLSUNK{1}FAILSTA{1}COMPT{1}
BREQ{2}COPHAS{1} +	ACCGC{1}BREQ{1}COPHAS{0} +	SZE{0}BREQ{0}ANLSUNK{1}COMPT{1}COISSU{1}
BREQ{2}COPHAS{1} +	ACCGC{1}BREQ{1}COPHAS{0} +	SZE{0}BREQ{0}ANLSUNK{1}COMPT{1}COPHAS{1}
BREQ{2}COPHAS{1} +	ACCGC{1}BREQ{1}COPHAS{0} +	SZE{0}ANLSUNK{1}FAILSTA{1}NGO{1}COMPT{1}
BREQ{2}COPHAS{1} +	ACCGC{1}FAILSTA{2}NGO{2} +	SZE{0}ACCGC{1}BREQ{0}FAILSTA{1}COMPT{1}
BREQ{2}COPHAS{1} +	ACCGC{1}FAILSTA{2}NGO{2} +	SZE{0}ACCGC{1}BREQ{0}COMPT{1}COPHAS{1}
BREQ{2}COPHAS{1} +	ACCGC{1}FAILSTA{2}NGO{2} +	SZE{0}ACCGC{1}FAILSTA{1}NGO{1}COMPT{1}
BREQ{2}COPHAS{1} +	ACCGC{1}FAILSTA{2}NGO{2} +	SZE{0}BREQ{0}ANLSUNK{1}FAILSTA{1}COMPT{1}
BREQ{2}COPHAS{1} +	ACCGC{1}FAILSTA{2}NGO{2} +	SZE{0}BREQ{0}ANLSUNK{1}COMPT{1}COISSU{1}
BREQ{2}COPHAS{1} +	ACCGC{1}FAILSTA{2}NGO{2} +	SZE{0}BREQ{0}ANLSUNK{1}COMPT{1}COPHAS{1}
BREQ{2}COPHAS{1} +	ACCGC{1}FAILSTA{2}NGO{2} +	SZE{0}ANLSUNK{1}FAILSTA{1}NGO{1}COMPT{1}
BREQ{2}COPHAS{1} +	ACCGC{1}NGO{2}COPHAS{0} +	SZE{0}ACCGC{1}BREQ{0}FAILSTA{1}COMPT{1}
BREQ{2}COPHAS{1} +	ACCGC{1}NGO{2}COPHAS{0} +	SZE{0}ACCGC{1}BREQ{0}COMPT{1}COPHAS{1}
BREQ{2}COPHAS{1} +	ACCGC{1}NGO{2}COPHAS{0} +	SZE{0}ACCGC{1}FAILSTA{1}NGO{1}COMPT{1}
BREQ{2}COPHAS{1} +	ACCGC{1}NGO{2}COPHAS{0} +	SZE{0}BREQ{0}ANLSUNK{1}FAILSTA{1}COMPT{1}
BREQ{2}COPHAS{1} +	ACCGC{1}NGO{2}COPHAS{0} +	SZE{0}BREQ{0}ANLSUNK{1}COMPT{1}COISSU{1}
BREQ{2}COPHAS{1} +	ACCGC{1}NGO{2}COPHAS{0} +	SZE{0}BREQ{0}ANLSUNK{1}COMPT{1}COPHAS{1}
BREQ{2}COPHAS{1} +	ACCGC{1}NGO{2}COPHAS{0} +	SZE{0}ANLSUNK{1}FAILSTA{1}NGO{1}COMPT{1}
BREQ{2}COPHAS{1} +	BREQ{1}ANLSUNK{1}FAILSTA{2} +	SZE{0}ACCGC{1}BREQ{0}FAILSTA{1}COMPT{1}
BREQ{2}COPHAS{1} +	BREQ{1}ANLSUNK{1}FAILSTA{2} +	SZE{0}ACCGC{1}BREQ{0}COMPT{1}COPHAS{1}
BREQ{2}COPHAS{1} +	BREQ{1}ANLSUNK{1}FAILSTA{2} +	SZE{0}ACCGC{1}FAILSTA{1}NGO{1}COMPT{1}
BREQ{2}COPHAS{1} +	BREQ{1}ANLSUNK{1}FAILSTA{2} +	SZE{0}BREQ{0}ANLSUNK{1}FAILSTA{1}COMPT{1}
BREQ{2}COPHAS{1} +	BREQ{1}ANLSUNK{1}FAILSTA{2} +	SZE{0}BREQ{0}ANLSUNK{1}COMPT{1}COISSU{1}
BREQ{2}COPHAS{1} +	BREQ{1}ANLSUNK{1}FAILSTA{2} +	SZE{0}BREQ{0}ANLSUNK{1}COMPT{1}COPHAS{1}
BREQ{2}COPHAS{1} +	BREQ{1}ANLSUNK{1}COPHAS{0} +	SZE{0}ANLSUNK{1}FAILSTA{1}NGO{1}COMPT{1}
BREQ{2}COPHAS{1} +	BREQ{1}ANLSUNK{1}COPHAS{0} +	SZE{0}ACCGC{1}BREQ{0}FAILSTA{1}COMPT{1}
BREQ{2}COPHAS{1} +	BREQ{1}ANLSUNK{1}COPHAS{0} +	SZE{0}ACCGC{1}BREQ{0}COMPT{1}COPHAS{1}
BREQ{2}COPHAS{1} +	BREQ{1}ANLSUNK{1}COPHAS{0} +	SZE{0}ACCGC{1}FAILSTA{1}NGO{1}COMPT{1}
BREQ{2}COPHAS{1} +	BREQ{1}ANLSUNK{1}COPHAS{0} +	SZE{0}BREQ{0}ANLSUNK{1}FAILSTA{1}COMPT{1}
BREQ{2}COPHAS{1} +	BREQ{1}ANLSUNK{1}COPHAS{0} +	SZE{0}BREQ{0}ANLSUNK{1}COMPT{1}COISSU{1}
BREQ{2}COPHAS{1} +	ANLSUNK{1}FAILSTA{2}NGO{2} +	SZE{0}BREQ{0}ANLSUNK{1}COMPT{1}COPHAS{1}
BREQ{2}COPHAS{1} +	ANLSUNK{1}FAILSTA{2}NGO{2} +	SZE{0}ANLSUNK{1}FAILSTA{1}NGO{1}COMPT{1}
BREQ{2}COPHAS{1} +	ANLSUNK{1}FAILSTA{2}NGO{2} +	SZE{0}ACCGC{1}BREQ{0}FAILSTA{1}COMPT{1}
BREQ{2}COPHAS{1} +	ANLSUNK{1}FAILSTA{2}NGO{2} +	SZE{0}ACCGC{1}BREQ{0}COMPT{1}COPHAS{1}
BREQ{2}COPHAS{1} +	ANLSUNK{1}FAILSTA{2}NGO{2} +	SZE{0}ACCGC{1}FAILSTA{1}NGO{1}COMPT{1}
BREQ{2}COPHAS{1} +	ANLSUNK{1}FAILSTA{2}NGO{2} +	SZE{0}BREQ{0}ANLSUNK{1}FAILSTA{1}COMPT{1}
BREQ{2}COPHAS{1} +	ANLSUNK{1}NGO{2}COPHAS{0} +	SZE{0}BREQ{0}ANLSUNK{1}COMPT{1}COISSU{1}
BREQ{2}COPHAS{1} +	ANLSUNK{1}NGO{2}COPHAS{0} +	SZE{0}BREQ{0}ANLSUNK{1}COMPT{1}COPHAS{1}
BREQ{2}COPHAS{1} +	ANLSUNK{1}NGO{2}COPHAS{0} +	SZE{0}ANLSUNK{1}FAILSTA{1}NGO{1}COMPT{1}
BREQ{2}COPHAS{1} +	ANLSUNK{1}NGO{2}COPHAS{0} +	SZE{0}ACCGC{1}BREQ{0}FAILSTA{1}COMPT{1}
BREQ{2}COPHAS{1} +	ANLSUNK{1}NGO{2}COPHAS{0} +	SZE{0}ACCGC{1}BREQ{0}COMPT{1}COPHAS{1}
BREQ{2}COPHAS{1} +	ANLSUNK{1}NGO{2}COPHAS{0} +	SZE{0}ACCGC{1}FAILSTA{1}NGO{1}COMPT{1}
BREQ{2}COPHAS{1} +		SZE{0}BREQ{0}ANLSUNK{1}FAILSTA{1}COMPT{1}
BREQ{2}COPHAS{1} +		SZE{0}BREQ{0}ANLSUNK{1}COMPT{1}COISSU{1}
BREQ{2}COPHAS{1} +		SZE{0}BREQ{0}ANLSUNK{1}COMPT{1}COPHAS{1}
		SZE{0}ANLSUNK{1}FAILSTA{1}NGO{1}COMPT{1}

Quelle: Eigene Aufbereitung auf Grundlage von „Tosmana Report" der *Tosmana* Version 1.3.2, vgl. Annex 15 und 16.

---

[469] Wie an den Quellenangaben unterhalb der Abbildung zu sehen ist, sind die Daten aufbereitet worden. Dies liegt daran, dass die ursprüngliche Version einerseits in HTML ausgegeben und in diesem Rahmen schlecht darstellbar ist, andererseits die gänzliche Darstellung in *Microsoft Word* 19 Seiten umfassen würde. In Anbetracht dessen werden auch die folgenden Darstellungen von Ergebnissen aus *Tosmana*,

Dieses Ergebnis bedeutet, von einer inhaltlichen Analyse zunächst absehend, dass es zur Erklärung einer direkten *CSecR* offensichtlich keine singuläre Lösung in einem Term gibt, sondern vielmehr 55 unterschiedliche Gleichungen, die alle in dieser Minimierung interessierenden Fälle abdecken, hier die Fallgruppe mit dem CSECR-Wert „2" (direkte *CSecR*). Diese sind nicht nur aus inhaltlicher Perspektive unterschiedlich, wie an den Hauptimplikanten offensichtlich, sondern unterscheiden sich auch in den jeweils zur Herstellung jener Hauptimplikanten genutzten hypothetischen Kombinationen, also „logical remainder" und ihrer zugrundeliegenden vereinfachenden Annahmen, „simplifying assumptions". Die wohl einzige Gemeinsamkeit besitzen sie lediglich in ihrer Länge, nämlich sechs Bedingungen, die in je drei durch das logische bzw. Boole'sche *ODER* („+") getrennten Termen ausgedrückt werden. Insgesamt bedeuten diese 55 Gleichungen zugleich 55 Varianten einer kürzest möglichen Theoriebildung zur Erklärung einer direkten *CSecR*, unter Verwendung aller Bedingungen (UV) und dem Einschluss von „logical remainders".

Gleichwohl ist dies hinsichtlich inhaltlicher Analyse nicht die ganze Wahrheit bzw. die 55 Gleichungen sind nicht zwangsweise die endgültige Lösung zur Erklärung einer direkten *CSecR*. Eine solche finale Lösung bedarf nämlich zuerst noch zwei weiterer Schritte. Diese beiden Schritte bringt die Art der Minimierung bzw. der Einschluss von „logical remainder" in die Analyse mit sich. Deshalb sind sie gemäß Lehrbuch unabdingbar, um zu validen Ergebnissen und kausalen Schlussfolgerungen zu gelangen. Der erste Schritt besteht darin, alle ausgegebenen Gleichungen zu betrachten und auf ihre theoretische als auch empirische Plausibilität zu überprüfen, wobei auch zu erwägen ist, statt einer kürzest möglichen Verbindung von Hauptimplikanten, eine andere Kombination von Hauptimplikanten zu wählen, die womöglich einleuchtender ist, obschon deren Ausdruck länger als jener der optimalen Hauptimplikantenhülle ist. Der zweite Schritt besteht hingegen in der Prüfung, welche Kombination(en) von Bedingungen der hypothetischen Fälle („simplifying assumptions") die im ersten Schritt ausgewählten Hauptimplikantenhüllen implizieren, also zu deren Minimierung geführt haben

---

wenn überhaupt, aus platz- und übersichtsgründen stets verkürzt aufbereitet dargestellt. Insgesamt sei jedoch stets auf die Quellenangabe und den Verweis auf die Originalausgabe in den „Tosmana Reports" verwiesen, welche sich im Annex bzw. auf der eigens für diese Arbeit eingerichteten Internetseite finden (vgl. Vorwort).

und ob, sowohl deren Auftreten als auch deren unterstelltes *Outcome* möglich sein könnte. Praktisch läuft dies bei einer großen Anzahl hypothetischer Fälle darauf hinaus, dass Lösungen, die offensichtlich nicht plausibel sind, ausgeschlossen werden.

Diese beiden Schritte schließen an die bereits mehrfach angesprochene Kritik zur Einbeziehung hypothetischer Fälle und vereinfachender Annahmen in QCA an. Die elementare Kritik zur Minimierung mit „logical remainder" in QCA betrifft in dieser Hinsicht zwei Punkte: Einerseits den Einschluss real unmöglich existierender und theoretisch nicht angenommener vereinfachender Annahmen („simplifying assumptions"), andererseits den Einschluss widersprüchlicher vereinfachender Annahmen. Der ersten Kritik nach sind „logical remainder" und „simplifying assumptions" insofern problematisch, als sie nicht nur Konfigurationen in die Minimierung einbeziehen, die nicht in der Wahrheitstafel bzw. der Stichprobe enthalten sind, sondern auch solche, die teilweise schlicht unmöglich sind; Beispiele dafür sind etwa Kombinationen der Bedingungen „Männer" und „schwanger" bzw. „man and cancer of the cervix"[470] oder das Vorhandensein der Bedingung „Krieg" ohne das Vorhandensein der Bedingung „Mensch". In diesem Falle beruhe die QCA auf „Phantasievorstellungen", die zwar die Ergebnisse und Lösung durchaus „ordentlich" aussehen lassen, letztere aber im Ganzen nicht zu „verifizieren" sind.[471] Der zweite Kritikpunkt meint hingegen, dass bei der Berechnung der Hauptimplikantenhülle für ein spezifiziertes *Outcome* inklusive „logical remainder", die gleichen hypothetischen Konjunktionsterme einbezogen werden können, wie für die Hauptimplikantenhülle von Fallgruppen mit entgegengesetztem *Outcome* und folglich für beide *Outcomes* die gleichen Annahmen gemacht werden. Also für die Minimierung des *Outcome* mit dem Wert „0" die gleichen „simplifying assumptions" einbezogen werden wie für die Lösung des *Outcome* mit dem Wert „1".[472]

Möchte man also bei der Minimierung von Daten eine möglichst kurze, sparsame Lösung und valide kausale Schlussfolgerungen aus dieser für die Untersuchung ziehen, müssen einerseits „logical remainder" in die Minimie-

---

[470] Mannewitz 2011, S. 6.
[471] Cronqvist 2007a, S. 50.
[472] Cronqvist 2007a, S. 51 f.

rung einbezogen werden, andererseits der Kritik begegnet und die Plausibilität der „logical remainder" geprüft werden; dafür dienen die beiden genannten Schritte.[473]

Was heißt das nun für die vorliegende Lösung und das weitere Vorgehen? Müssen die 55 Gleichungen auf ihre Plausibilität überprüft und damit der Kritik begegnet werden? Nein, für die zugrundeliegende Untersuchung müssen die 55 Gleichungen aufgrund einer Reihe von Aspekten, die nachstehend umfassend dargestellt werden, nicht auf ihre Plausibilität geprüft werden.

Vor dem Hintergrund, dass die meisten QCA-Untersuchungen mit „logical remainder" und „simplifying assumptions" arbeiten, ist die Kritik an der Einbeziehung dieser unbestritten berechtigt. Sie findet vor allem insofern Berechtigung, als das Verwenden von „logical remainder", zumindest bei der Interpretation der Ergebnisse, berücksichtigt und reflektiert werden sollte.[474] Dennoch wird in vorliegender Untersuchung den Kritikpunkten zuwidergehandelt und diesen keinerlei Abhilfe geschaffen. Zu rechtfertigen ist dies aus zwei Perspektiven, einer arbeitspraktischen und einer forschungslogischen.

Die arbeitspraktische Perspektive umfasst zunächst das arbeitsökonomische Moment. Stellt die Prüfung der 55 Gleichungen auf ihre Stichhaltigkeit mit den theoretischen Annahmen und der Empirie (durch die Wahrheitstafel) nämlich noch eine durchaus annehmbare Unternehmung dar, ist hingegen die Prüfung der Plausibilität ihrer zugrundeliegenden „simplifying assumptions" schier unmöglich zu bewältigen, was bereits in der Verwendung der Software offensichtlich wird: Startet man die Ausgabe der in der Minimierung verwendeten vereinfachenden Annahmen, dauert es trotz Hochleistungsrechner ausgesprochen lange, bis die Werte ausgegeben werden; das endgültige Resultat umfasst zudem 3.764 Seiten eines *Microsoft Word*-Dokumentes, wobei keine der Gleichungen mit weniger als 2.000 vereinfachenden

---

[473] Vgl. bspw. Rihoux und Ragin 2009; Rihoux und Lobe 2009; Schneider und Wagemann 2007; Ragin 2004.

[474] Mannewitz 2011, S. 3.

Annahmen reduziert wurde.[475] Dies sollte in Anbetracht der variablenbe-
dingt 11.664 logisch möglichen Konfigurationen, wovon lediglich 39 Konfigurationen (durch die Fälle repräsentiert) beobachtet wurden, jedoch nicht
verwundern. Damit liegt es auf der Hand, dass allein aus arbeitsökonomischen Gründen nicht jede einzelne auf Plausibilität überprüft werden kann.

Nun kann argumentiert werden, dass Mangel an „Manpower" und Zeit kein
hinreichendes und zufriedenstellendes Argument für eine Verwendung von
ungeprüften Daten sein kann. Dem soll hiermit auch nicht grundsätzlich wi-
dersprochen werden, sondern lediglich für vorliegende Untersuchung und
das zugrundeliegende Forschungsziel. Erneut sollen die Worte Rihouxs un-
terstützend herangezogen werden:

> "[...] a serious return to the cases must at least be conducted at 3 or 4 crucial steps of
> the analysis, and even, ideally, at each one of the 15 steps. Naturally, a return to the
> cases is time-consuming and work-intensive, so the researcher should consider the
> 'cost' and potential 'benefits' of each return to the cases. If a problem can be solved
> without re-examining some cases (e.g. by relying mostly on theory), it is perfectly ac-
> ceptable as long as the argumentation is correct and clearly laid out."[476]

Weil die aus der Analyse erhaltenen Resultate für das zugrundeliegenden
Vorhaben („problem") ohne die detaillierte Einbeziehung der Fälle gelöst
werden können bzw. sollen (vielmehr soll von diesen abstrahiert und generalisiert werden), kann u.a. aus arbeitsökonomischen Gründen („'cost' and
potential 'benefits'") ruhigen Gewissens von einem „return to the cases" abgesehen werden. Dies impliziert zugleich die Überprüfung der „simplifying
assumptions" auf empirische Plausibilität.

Daraus überleitend schließen sich forschungslogische Aspekte an, die ein
solches Vorgehen rechtfertigen. Im Sinne des Forschungsvorhabens und entsprechend konzipierten Forschungsdesigns ist eine solche Überprüfung

---

[475] Die Ausgabe erfolgt wie bei *Tosmana* aus kompatibilitätsgründen vorprogrammiert
als HTML-Datei und kann in jedem Internet Browser betrachtet werden. Zur ersten
Übersicht sowie aus persönlichem Interesse wurden die HTML-Daten in das Daten-
verarbeitungsprogramm *Microsoft Word* kopiert, worin sie 3.764 Seiten füllten. Auf
der Internetseite ist lediglich die Originaldatei von *Tosmana* in HTML-Format zu finden. Die interessierte Leserin und der interessierte Leser seien jedoch eingeladen,
diese einmal selbst in *Microsoft Word* zu kopieren.

[476] Rihoux und Lobe 2009, S. 17:237.

nämlich nicht zwingend notwendig. Notwendig sollte es jedoch bei Unter-suchungen sein, die theoriebildend, explorativ Hypothesen generierend und beides im Sinne von „tough tests" („most-likely", „least-likely", „crucial cases" anwendend)[477] überprüfend arbeiten, da in solch einem Rahmen weit-reichende kausale Schlüsse und Verallgemeinerung getroffen werden sollen. Dementgegen steht das zugrundeliegende Vorhaben, das zwar auch kausale Schlüsse und Generalisierungen antizipiert, allerdings nur bezogen auf das betrachtete Modell der *CSecR*. Kausale Aussagen in deterministischer Form sollen hier zu keiner Zeit getroffen werden. Vielmehr geht es, wie auch in Gliederungspunkt 3.1.1 und 3.1.2 dargelegt, um das Prinzip, dass die soziale Wirklichkeit durch vielerlei Prozesse strukturiert ist, die sich in *Clustern* von Eigenschaften zeigen und hier genau diesen *Clustern* mit der mvQCA nach-gegangen werden soll; also geprüft wird, von welchen Variablen etwas in welchem „Maße" „gegeben" ist. Das Vorgehen deckt sich auch mit Rihouxs Worten:

> "For the core step of Boolean minimization, one key decision is to take into account or not the 'logical remainders' which enable one to obtain a more parsimonious minimal formula. If one chooses for the radical strategy of allowing the software to exploit all useful logical remainders (so as to obtain the most parsimonious minimal formula possible), no particular 'return to the cases' is requested. However if one opts for the 'intermediate solution', i.e. a minimal formula derived with the aid of only those log-ical remainders that are consistent with the researcher's theoretical and substantive knowledge (see Ragin & Sonnett, 2004; Ragin, 2008), one must go back to the cases and, on that basis, decide which logical remainders will be used by the software. Quite often, as most social science theories are relatively 'soft' (see above), one must also rely on one's case expertise to make statements on non-observed cases – in the form: 'considering the cases I have observed so far, if I were to observe a case with such and such values on the conditions, I would rather expect the outcome value to be [1] (or [0])'."[478]

Anknüpfend an die arbeitspraktische sowie forschungslogische Perspektive, die fraglos von „Praktiker-Expertisen" untermauert wird, kann für die vor-liegende Untersuchung und das zugrundeliegende Theoriegebäude ab-schließend beansprucht werden, dass die Kritik zu den „logical remainder" in der jeweiligen Form hier nicht einmal zutreffend ist und die Frage grund-sätzlich von Forschungsdesign zu Forschungsdesign diskutiert werden kann (induktiv, deduktiv, explorativ, etc.).

---

[477] S.h. zu den *Termini* George und Bennett 2005, S. 120 ff.
[478] Rihoux und Lobe 2009, S. 17:234.

Das Problem der widersprüchlichen sowie der theoretisch und empirisch inexistenten „simplifying assumptions" kann hier nämlich aufgrund des Forschungsvorhabens und Untersuchungsgegenstandes nicht gegeben sein.

Da es hier nicht darum geht, wie in induktiven Untersuchungen, die theoriebildend und theoriegenerierend arbeiten, die Präsenz oder Absenz von Bedingungen festzustellen, weil diese hier deduktiv *qua* Theorierahmen der *CSecR* in kohärenter Weise gegeben sind, können theoretisch nicht plausible Kombinationen von Bedingungen, die hypothetisch angenommen wurden und denen „simplifying assumptions" zugrundeliegen, grundsätzlich ausgeschlossen werden. Dies ist u.a. dem Umstand geschuldet, dass sogar alle in der Theorie zur Verfügung stehenden Bedingungen gleichzeitig Eingang in die Analyse finden und eine grundsätzliche Varianz dieser angenommen wird, wodurch die „simplifying assumptions" sogar noch multipliziert werden: Es resultieren, wenn überhaupt, gemäß der Theorie nicht „erwartete" und darin nicht festgeschriebene Resultate, die jedoch vollkommen berechtigt und hinsichtlich Erkenntnisgewinn sogar durchaus willkommen sind, da gerade diese Varianz gemäß Forschungsvorhaben auf ihren Zusammenhang untersucht und bewertet werden soll.[479]

Weiterhin ist das zugrundeliegende Theoriegebäude der *CSecR* derart kohärent, dass die Bedingungen nicht wie in anderen Theorien, „unabhängig" voneinander sind und wahrlich „unabhängige Variablen" darstellen, sondern insofern aufeinander aufbauen, als sie dem Untersuchungsgegenstand immanent und immer in irgendeiner Form gegeben sind; dies verdeutlicht auch das Wort „Charakteristika". Alles in allem wird damit zugleich die für diese Untersuchung gewählte Verwendung der mvQCA gerechtfertigt, die nicht nur aufgrund linguistischer Aspekte nicht von „unabhängigen Variab-

---

[479] Durch die Annahme und Einbeziehung kompletter Varianz des theoretischen Rahmens, kann gar nicht interessieren, ob die jeweiligen „simplifying assumptions" möglich sind, sonst könnte und müsste die *CSecR* gleichermaßen überprüft und infrage gestellt werden. Dies kann durchaus gemacht werden kann, ist hier aber nicht Ziel der Untersuchung.

len" spricht, sondern diese gerade aus forschungslogischen Gründen „Bedingungen" nennt und deren Stärke zudem in der Überprüfung von deduktiv gewonnenen Theorien zum Tragen kommt.[480]

Letztlich können widersprüchliche „simplifying assumptions", zumindest hinsichtlich Theorie, insofern ausgeschlossen werden, als sie in einem solchen Falle auch zu offensichtlich widersprüchlichen Ergebnissen insgesamt führen. Diese können dann jedenfalls relativ einfach von den endgültigen Lösungen ausgeschlossen und verworfen werden.[481] Sind etwa in allen Minimierungsdurchgängen die Unternehmen „groß", kann das als Indiz für einen Widerspruch gedeutet werden. Abgesehen davon wird in jedem Falle nach dem Leitsatz von Cronqvist verfahren, nämlich „dass zu den jeweiligen Hauptimplikanten berücksichtigt wird, welche Fälle den jeweiligen Hauptimplikanten repräsentieren und bei Hauptimplikanten mit wenigen Fällen zu weit führende Generalisierungen unterlassen werden".[482] Weiterhin führt Cronqvist zum Konterkarieren des Problems aus:

> „Wird QCA dagegen mit einer kleinen Zahl von Konditionen durchgeführt, kann, vorausgesetzt es entstehen nicht zu viele widersprüchliche Konfigurationen, auch ohne Einbeziehung hypothetischer Fälle gerechnet werden. Diese Ergebnisse können dann mit den Ergebnissen der Berechnungen mit hypothetischen Fällen verglichen werden. In jedem Fall ist es aber ratsam, die einbezogenen Annahmen genau zu überprüfen, um sicherzustellen, dass keine unmöglichen Annahmen gemacht werden."[483]

Dieser Hilfestellung soll am Ende des Analyseteils von einer zusätzlichen „konservativen" Minimierungsberechnung gefolgt werden, wobei ausschließlich die beobachteten Fälle einbezogen werden, um die daraus resultierenden Ergebnisse den anderen gegenüberzustellen und erkenntnisbringend auszuwerten. In diesem Zuge muss die Variable CSECR, wie bereits

---

[480] Josua 2006, S. 69.

[481] In der Eingabe der Rohdaten wurde die genaue Fallbezeichnung inkl. Länder berücksichtigt. Dies bietet insofern eine weitere Überprüfungsinstanz und Hilfestellung, als in der Darstellung der Ergebnisse, wie im Folgenden noch zu sehen sein wird, Widersprüche in den Konfigurationen und Kombinationen von Bedingungen sehr offensichtlich und einfach ersichtlich sind: Wenn die Lösung den Fall Indien impliziert, für den der Konfliktgegenstand mit „ökonomisch" und die Konfliktphase mit „in" und „manifest" erhoben und kodiert wurde, kann die Lösung kaum das Gegenteil anzeigen; ist dies dennoch der Fall, handelt es sich um widersprüchliche Konfigurationen bzw. diesen zugrundeliegende „simplifying assumptions".

[482] Cronqvist 2007a, S. 51.

[483] Cronqvist 2007a, S. 53.

erwähnt, dichotomisiert werden, was gleichsam die ebenso bereits angeführten Probleme (Informationsverlust, Konzeptwiderspruch) nach sich zieht; glücklicherweise sind diese jedoch aufgrund des alleinigen Zweckes des Abgleichens und Gegenüberstellens von Ergebnissen nicht weiter problematisch.

In der nun doch etwas länger ausgefallenen Diskussion der Kritik der Minimierung unter ausschließlicher Verwendung von „logical remainder" und der Verteidigung des zugrundeliegenden Vorgehens sollte deutlich geworden sein, dass eine Prüfung der den einzelnen Lösungsgleichungen zugrundeliegenden „simplifying assumptions" aus dargelegten Gründen weder zwangsweise erfolgen muss noch erfolgen wird und dass dies, in gleicher Weise, für die weiteren Minimierungen gilt. Vor diesem Hintergrund kann sich nun direkt der inhaltlichen Analyse der ausgegeben Gleichungen für die Variable CSECR mit dem Wert „2" gewidmet werden.

Zurückkommend auf die Minimierungsergebnisse in Abbildung 24 und diese nun aus inhaltlich analytischer Perspektive betrachtend, muss zunächst konstatiert werden, dass die Minimierungsberechnungen zum Beschreiben einer direkten *CSecR* nicht gerade in simple und übersichtliche Lösungen resultiert sind. Das sollte jedoch angesichts des komplexen Datensatzes und Theoriegebäudes nicht weiter erstaunlich sein: Zu verschieden sind die einzelnen Kombinationen, die in den gegebenen Fällen zu einer *CSecR* führen, als dass sie sich trotz hypothetischer Fälle nur in einem Merkmal unterscheiden und zu einem Term zusammenfassen ließen.

Sind diese Minimallösungen einer direkten *CSecR* mit Hilfe der mvQCA denn nun mehr als eine Steigerung der ohnehin schon bestehenden Komplexität? Verbot sich, aufgrund der Vielzahl von Faktoren, nicht eigentlich von Anbeginn die Hoffnung auf eine sparsame und allumfassende Erklärung eines solchen Engagements? Hätte es nicht gar gereicht die verschiedenen Bedingungen zu „kreuztabellieren", um ähnlich relevante Ergebnisse zu generieren?

Entschieden kann darauf ein „Nein" entgegnet werden. Nur auf den ersten Blick scheint die Minimierungsberechnung lediglich eine „Komplexitätssteigerung" zu sein. Ganz im Gegenteil, nach Berg-Schlosser, sind die mehreren

Formeln, da sie die „Ausreißer" gänzlich in die Analyse miteinbeziehen, eine Stärke des Ansatzes.[484] QCA will die soziale Wirklichkeit erklären und ist dieser in ihrer Konzeption angelehnt. Dennoch, weil soziale Wirklichkeit nicht in eine Formel „gefasst" werden kann, muss dem auch in den Analysen der Phänomene dieser, Rechnung getragen werden. Daran anknüpfend kann eine große Anzahl von in einer Minimierungsberechnung gewonnenen Lösungen, getreu der QCA-Konzeption und dem Sinne des Begründers, stets nur mit Rekurs auf die der Untersuchung zugrundeliegenden Fälle sinnvoll interpretiert werden.[485] Einem solchen Rekurs soll nachstehend, im Sinne des „Interpreting cross-case patterns", Raum geboten werden.[486]

Deutlich wird in den Ergebnissen, dass alle Fälle von den jeweiligen Hauptimplikanten impliziert werden und keine Lösung ausgegeben wurde, die einen solchen nicht umfasst: Die insgesamt beobachten Fälle mit dem *Outcome* Wert „2" sind Mitsubishi Corporation in Indien, in Nigeria General Electric und Royal Dutch / Shell Group sowie in Indien ABB Ltd. und BASF AG. Das entschärft zugleich nochmals die Kritik, dass ausschließlich unter „logical remainder" minimiert wird, da alle mit Wert „2" beobachteten Fälle abgedeckt werden und demnach weder theoretisch noch empirisch „unplausibel" sind.

Wendet man sich nun den „cross-case patterns" zu, ist für den ersten Block von Termen (erste Spalte) offensichtlich, dass die Terme immer in identischer Form vorliegen und zugleich ein und denselben Fall implizieren, nämlich Mitsubishi Corporation (India). Der Term BREQ{2}COPHAS{1} besagt, dass es zur direkten *CSecR* kommt, wenn eine hohe Produktsichtbarkeit (Imageabhängigkeit) gegeben ist und das Unternehmen sich in einer *In-Konflikt-Phase* befindet, also in einem Gebiet operiert, in dem ein manifester Konflikt herrscht. Diese Lösung ist zwar die kürzeste, da sie nur zwei Bedingungen umfasst, dennoch sollte ihr aber keine große Wertigkeit beigemessen werden, da sie lediglich einen von vier Fällen impliziert, der zudem einen „Ausreißer" im Hinblick auf die Rohdaten für die Variable BREQ darstellt, wie an der Schwellenwertgrafik aus Abbildung 18 ersichtlich wird. Insgesamt ist allerdings bezeichnend, dass bei der direkten *CSecR* von Mitsubishi in Indien

---

[484]   Berg-Schlosser und Müller-Rommel 2003.
[485]   Berg-Schlosser und Müller-Rommel 2003, S. 118; Ragin 1989.
[486]   Rihoux und Lobe 2009, S. 236.

von den insgesamt zehn Bedingungen nur zwei in jeder „Auflösung" von „simplifying assumptions" immer wieder vorkommen und letztlich relevant sind.

Der zweite Block von Termen impliziert hingegen zwei Fälle, nämlich General Electric und Royal Dutch / Shell Group in Nigeria. Die einzelnen Terme sind allerdings nicht durchweg deckungsgleich, woraus folgt, dass es in diesen Kontexten auf verschiedenen „Wegen" zur direkten $CSecR$ kommen kann, nämlich insgesamt auf acht verschiedenen. Da beide im selben Land operieren, kann es sich nicht primär um „Konfliktcharakteristika" handeln, sondern eher um Akteurs- und Produkt(ions)charakteristika. Am einfachsten ersichtlich ist dies nach Aufbereitung der ursprünglichen Lösungsausgabe und Bereinigung der Duplikate, wie Abbildung 25 zeigt.

Abbildung 25: Aufbereitung der Lösung von „Minimizing Value including: R"

BREQ{2}COPHAS{1} +	ACCGC{1}BREQ{1}COPHAS{0} +	SZE{0}ACCGC{1}BREQ{0}COMPT{1}COPHAS{1}
(Mitsubishi Corporation (India))	(General Electric (Nigeria)+Royal Dutch/Shell Group (Nigeria))	(ABB Ltd. (India),BASF AG (India))
	ACCGC{1}BREQ{1}FAILSTA{2} +	SZE{0}ACCGC{1}BREQ{0}FAILSTA{1}COMPT{1}
	(General Electric (Nigeria)+Royal Dutch/Shell Group (Nigeria))	(ABB Ltd. (India),BASF AG (India))
	ACCGC{1}FAILSTA{2}NGO{2} +	SZE{0}ACCGC{1}FAILSTA{1}NGO{1}COMPT{1}
	(General Electric (Nigeria)+Royal Dutch/Shell Group (Nigeria))	(ABB Ltd. (India),BASF AG (India))
	ACCGC{1}NGO{2}COPHAS{0} +	SZE{0}ANLSUNK{1}FAILSTA{1}NGO{1}COMPT{1}
	(General Electric (Nigeria)+Royal Dutch/Shell Group (Nigeria))	(ABB Ltd. (India),BASF AG (India))
	ANLSUNK{1}FAILSTA{2}NGO{2} +	SZE{0}BREQ{0}ANLSUNK{1}COMPT{1}COISSU{1}
	(General Electric (Nigeria)+Royal Dutch/Shell Group (Nigeria))	(ABB Ltd. (India),BASF AG (India))
	ANLSUNK{1}NGO{2}COPHAS{0} +	SZE{0}BREQ{0}ANLSUNK{1}COMPT{1}COPHAS{1}
	(General Electric (Nigeria)+Royal Dutch/Shell Group (Nigeria))	(ABB Ltd. (India),BASF AG (India))
	BREQ{1}ANLSUNK{1}COPHAS{0} +	SZE{0}BREQ{0}ANLSUNK{1}FAILSTA{1}COMPT{1}
	(General Electric (Nigeria)+Royal Dutch/Shell Group (Nigeria))	(ABB Ltd. (India),BASF AG (India))
	BREQ{1}ANLSUNK{1}FAILSTA{2} +	
	(General Electric (Nigeria)+Royal Dutch/Shell Group (Nigeria))	

Quelle: Eigene Aufbereitung auf Grundlage von „Tosmana Report" der *Tosmana* Version 1.3.2, vgl. Annex 15 und 16.

Betrachtet man nun die mittlere Spalte von Hauptimplikanten, die allesamt die Fälle General Electric und Royal Dutch / Shell Group implizieren, so ist zunächst die Lösung ACCGC{1}BREQ{1}COPHAS{0} in Erwägung zu ziehen. Demnach kommt es zu einer direkten $CSecR$, wenn eine rechtsähnliche Zuordnung von Verantwortlichkeit bzw. Haftung sowie eine mittlere Produktsichtbarkeit (Imageabhängigkeit) gegeben sind und das Unternehmen sich in einer *Pre-Konflikt-Phase* befindet. Die weiteren sieben Terme sind sowohl weitere Spielarten dieses ersten, bestehen zudem aber auch aus vollkommen anderen Bedingungen. Analysiert man diese zusammen, so sind für die zweite Spalte von Termen, abgesehen von den bereits genannten, weiterhin folgende Bedingungen für eine direkte *CSecR* ausschlaggebend: ein hoher Grad staatlicher Fehlfunktion (FAILSTA{2}); eine hohe Dichte von NGOs im Herkunftsland der Unternehmen (NGO{2}); eine gegebene Nähe von Unternehmensanlagen und das Potenzial von „sunk costs" (ANLSUNK{1}). Insgesamt spielen hier also Akteurs-, Produkt(ions)- und Geschäftsumgebungscharakteristika eine Rolle.

Es folgt die Betrachtung der dritten Spalte von Hauptimplikanten, die allesamt die beiden Fälle ABB Ltd. und BASF AG in Indien implizieren: Auch hier können, wie zuvor, verschiedene Wege zu einer direkten *CSecR* führen, wobei die sieben Terme erneut unterschiedliche Varianten der in dieser Spalte subsumierten Bedingungen darstellen. Zusammengefasst sind für eine direkte *CSecR* hier von Relevanz: eine sehr große Unternehmensgröße (SZE{0}); eine gegebene rechtsähnliche Zuordnung von Verantwortlichkeit bzw. Haftung (ACCGC{1}); eine geringe Produktsichtbarkeit (Imageabhängigkeit) des Unternehmens (BREQ{0}); eine mittlere Marktkonzentration bzw. ein moderater Wettbewerb (COMPT{1}); das Operieren des Unternehmens in einer *In-Konflikt-Phase* (COPHAS{1}); ein mittlerer Grad staatlicher Fehlfunktion (FAILSTA{1}); eine mittlere Dichte von NGOs im Herkunftsland der Unternehmen (NGO{1}); eine gegebene Nähe von Anlagen und das Potenzial von „sunk costs" (ANLSUNK{1}) sowie die Gegebenheit eines Konfliktgegenstandes, welchem ökonomische Aspekte zugrundeliegen (COISSU{1}).

Fasst man die genannten Bedingungen überblicksweise zusammen, so ist festzustellen, dass für eine direkte *CSecR* alle der dem Theoriegebäude zugrundeliegenden Bedingungen in unterschiedlichen Kombinationen von Relevanz sind und keine gänzlich ausgeschlossen werden kann; für eine direkte *CSecR* spielen also mehr oder weniger alle Charakteristika eine Rolle. In diesem Zuge ist nun, die Besprechung der ersten Minimierung abschließend, auf den zentralen Erklärungsmoment einer QCA zu sprechen zu kommen, nämlich der Identifikation von hinreichenden und notwendigen Bedingungen für eine direkte *CSecR*.

In Erinnerung gerufen sei an dieser Stelle nochmals die definitorische Abgrenzung der jeweiligen Arten von Bedingungen aus 3.1.2.1: Eine Bedingung ist hinreichend, wenn sie ein bestimmtes *Outcome* hervorruft, wohingegen eine Bedingung notwendig ist, wenn ihre Gegebenheit für eine bestimmte Ausprägung eines *Outcomes* verantwortlich ist; fallen beide Eigenschaften in einer Bedingung zusammen, so ist sie hinreichend und notwendig.

Den Minimierungsresultaten aus Abbildung 25 ist zu entnehmen, dass hier keine der Bedingungen hinreichend und notwendig zugleich ist. Dagegen ist jede Gleichungszeile, also die Verknüpfung (Addition) der drei Terme aus den einzelnen Spalten durch das Boole'sche *ODER* („+"), notwendig für eine direkte *CSecR* und jeder einzelne Term in den jeweiligen Spalten hinreichend für eine direkte *CSecR*: So ist bspw. die Gleichung der ersten Zeile BREQ{2}COPHAS{1}+ ACCGC{1}BREQ{1}FAILSTA{2}+ SZE{0}AC-CGC{1}BREQ{0}FAILSTA{1}COMPT{1} notwendig, der in ihr enthaltene Term ACCGC{1}BREQ{1}FAILSTA{2} hinreichend.

4.2.2 Minimierungskalkulation II: *Outcome* 1 inklusive aller UV

In der zweiten Minimierungskalkulation soll erneut unter Einbezug von „logical remainder" der indirekte *CSecR*-Beitrag erklärt werden (CSECR bzw. *Outcome* mit dem Wert „1"), wozu abermals alle in 2.4 hypothetisierten Charakteristika in ihren jeweils maximal verfügbaren Ausprägungen herangezogen werden. Eine Änderung der Wahrheitstafel ergibt sich für die Minimierung allerdings nicht, sodass Abbildung 23 auch für diese Minimierungskalkulation gilt.

Wird nun mittels Algorithmus die Minimallösung für den Wert „1" errechnet, resultiert eine Vielzahl an nahezu unüberschaubaren Gleichungen. Diese übertreffen die Minimierung des Wertes „2" zahlenmäßig derart, dass eine Darstellung der Minimallösungen selbst in aufbereiteter und verkürzter Form hier im Fließtext nicht geleistete werden kann, ganz zu schweigen von den ihnen zugrundeliegenden „simplifying assumptions". Das Ergebnis der Minimierung umfasst nämlich insgesamt 1.824 Gleichungen (mit jeweils mehreren Tausend „simplifying assumptions"), die sich deshalb in ursprünglicher Form im Annex 17 und 18 finden.

Daran ist wiederholt festzustellen, dass eine eindeutige und singuläre Lösung auch für eine indirekte *CSecR* nicht gefunden werden kann. Vielmehr scheint, dass die Bestimmung der Bedingungen für eine indirekte *CSecR* offensichtlich noch viel komplexer ist. Dieses Ergebnis lässt einerseits darauf schließen, dass dies im Allgemeinen tatsächlich der Fall und aufgrund der empirischen Datenlage resultiert ist, andererseits auch der Tatsache geschuldet sein kann, dass die indirekte *CSecR* konzeptionell und definitorisch insgesamt „weicher" und „unschärfer" ist, eine doppelt so große Zahl an Fällen umfasst (Wert „1") und somit rascher zu einem solchen „Potpourri" an Bedingungen führt.

Mit der Interpretation der Ergebnisse im „cross-case"-Stil fortfahrend, werden die Ergebnisse zum Übersichtszweck erneut aufbereitet und hinsichtlich Dubletten bereinigt, was in Abbildung 26 resultiert.

Abbildung 26: Aufbereitung der Lösung von „Minimizing Value 1 including: R"

BREQ{1}FAILSTA{1} + (General Electric (India)+Royal Dutch/Shell Group (India)+Toyota Motor Corporation (India))	BREQ{2}FAILSTA{0} + (Mitsubishi Corporation (Indonesia))	SZE{0}COMPT{2}COISSU{0} + (Deutsche Post AG (Indonesia))	ACCGC{1}COMPT{2}COISSU{0} + (Deutsche Post AG (Indonesia))	NGO{2}COMPT{1}COISSU{0} + (General Electric (Indonesia))	ACCGC{0}ANLSUNK{1}NGO{1}COMPT{1} (Roche Group (Indonesia))
		SZE{0}COMPT{2}COPHAS{1} + (Deutsche Post AG (India)+Wal-Mart Stores (India))	ACCGC{1}COMPT{2}COPHAS{1} + (Deutsche Post AG (India))	NGO{2}COMPT{1}COPHAS{2} + (General Electric (Indonesia))	ACCGC{0}BREQ{0}ANLSUNK{1}COMPT{1} (Roche Group (Indonesia))
		SZE{0}FAILSTA{0}COMPT{2} + (Deutsche Post AG (Indonesia)+Wal-Mart Stores (India))	ACCGC{1}COMPT{2}COPHAS{2} + (Deutsche Post AG (Indonesia))		ACCGC{0}BREQ{0}COMPT{1}COISSU{0} (Roche Group (Indonesia))
			ACCGC{1}FAILSTA{0}COMPT{2} + (Deutsche Post AG (Indonesia))		ACCGC{0}BREQ{0}COMPT{1}COPHAS{2} (Roche Group (Indonesia))
			ACCGC{1}FAILSTA{1}COMPT{2} + (Deutsche Post AG (India))		ACCGC{0}BREQ{0}FAILSTA{0}COMPT{1} (Roche Group (Indonesia))
			ANLSUNK{1}COMPT{2}COISSU{0} + (Deutsche Post AG (Indonesia))		ACCGC{0}FAILSTA{0}NGO{1}COMPT{1} (Roche Group (Indonesia))
			ANLSUNK{1}COMPT{2}COPHAS{1} + (Deutsche Post AG (India))		ACCGC{0}NGO{1}COMPT{1}COISSU{0} (Roche Group (Indonesia))
			ANLSUNK{1}COMPT{2}COPHAS{2} + (Deutsche Post AG (Indonesia))		ACCGC{0}NGO{1}COMPT{1}COPHAS{2} (Roche Group (Indonesia))
			ANLSUNK{1}FAILSTA{0}COMPT{2} + (Deutsche Post AG (Indonesia))		SZE{0}ACCGC{0}ANLSUNK{1}NGO{1} (Roche Group (Indonesia))
			ANLSUNK{1}FAILSTA{0}NGO{2} + (General Electric (Indonesia))		SZE{0}ACCGC{0}BREQ{0}ANLSUNK{1} (Roche Group (Indonesia))
			ANLSUNK{1}FAILSTA{1}COMPT{2} + (Deutsche Post AG (India))		SZE{0}ACCGC{0}BREQ{0}COISSU{0} (Roche Group (Indonesia))
			ANLSUNK{1}NGO{2}COISSU{0} + (General Electric (Indonesia))		SZE{0}ACCGC{0}BREQ{0}COPHAS{2} (Roche Group (Indonesia))
			ANLSUNK{1}NGO{2}COPHAS{2} + (General Electric (Indonesia))		SZE{0}ACCGC{0}BREQ{0}FAILSTA{0} (Roche Group (Indonesia))
			FAILSTA{0}NGO{1}COMPT{2} + (Deutsche Post AG (Indonesia))		SZE{0}ACCGC{0}FAILSTA{0}NGO{1} (Roche Group (Indonesia))
			FAILSTA{0}NGO{2}COMPT{1} + (General Electric (Indonesia))		SZE{0}ACCGC{0}NGO{1}COISSU{0} (Roche Group (Indonesia))
			FAILSTA{1}NGO{1}COMPT{2} + (Deutsche Post AG (India))		SZE{0}ACCGC{0}NGO{1}COPHAS{2} (Roche Group (Indonesia))
			NGO{1}COMPT{2}COISSU{0} + (Deutsche Post AG (Indonesia))		
			NGO{1}COMPT{2}COPHAS{1} + (Deutsche Post AG (India))		
			NGO{1}COMPT{2}COPHAS{2} + (Deutsche Post AG (Indonesia))		
			SZE{0}COMPT{2}COPHAS{1} + (Deutsche Post AG (India)+Wal-Mart Stores (India))		
			SZE{0}COMPT{2}COPHAS{2} + (Deutsche Post AG (Indonesia))		
			SZE{0}FAILSTA{1}COMPT{2} + (Deutsche Post AG (India))		

Quelle: Eigene Aufbereitung auf Grundlage von „Tosmana Report" der *Tosmana* Version 1.3.2, vgl. Annex 17 und 18.

Die Hauptimplikanten der ersten beiden Spalten stechen erneut heraus, indem sie einerseits die kürzesten sind, andererseits zwei Extreme hinsichtlich der Anzahl ihrer jeweils implizierten Fälle darstellen. Der erste Term impliziert nämlich die meisten Fälle (General Electric, Royal Dutch / Shell Group, Toyota Motor Corporation; alle in Indien operierend), wohingegen der zweite Term nur einen impliziert, nämlich den „Ausreißer" der ersten Minimierung (Mitsubishi Corporation, diesmal allerdings in Indonesien), über 1.824 Lösungsmöglichkeiten hinweg.

Auch inhaltlich sind sich beide Lösungen bzw. die implizierten Fälle nicht allzu fern: BREQ{1}FAILSTA{1} besagt, dass eine indirekte *CSecR* dann gegeben ist, das Unternehmen eine mittlere Produktsichtbarkeit (Imageabhängigkeit) aufweist und in einem Staat operiert, dessen Grad staatlicher Fehlfunktion in mittlerem Maße ausgeprägt ist. Bei dem „Ausreißer" wird mit BREQ{2}FAILSTA{0} hingegen die Produktsichtbarkeit (Imageabhängigkeit) des Unternehmens noch stärker betont und es bedarf keiner stark ausgeprägten staatlichen Fehlfunktion, wie bei der ersten Gruppe von Fällen.

Weiterhin sticht die fünfte Spalte hinsichtlich ihrer Hauptimplikanten deutlich heraus und kann relativ eindeutig von den anderen getrennt werden. Dem Term NGO{2}COMPT{1}COISSU{0} zufolge, wird eine indirekte *CSecR* von einer hohen Anzahl von NGOs im Heimatstaat des Unternehmens sowie einer mittelmäßigen Marktkonzentration, also moderatem Wettbewerb bedingt, wobei der im jeweiligen Konfliktgebiet vorherrschende Konfliktgegenstand irrelevant ist bzw. zumindest nicht ökonomischen Hintergrunds sein muss. Der Konfliktgegenstand ist offensichtlich auch im zweiten Term dieser Spalte, NGO{2}COMPT{1}COPHAS{2}, nicht weiter von Relevanz, wohingegen hier für eine indirekte *CSecR* maßgeblich ist, dass das Unternehmen in einer *Post-Konflikt-Phase* operiert.

Daran anschließend kann die sechste Spalte betrachtet werden. Diese impliziert ebenfalls, obwohl eine Vielzahl unterschiedlicher Terme enthalten ist, nur einen Fall, nämlich Roche Group in Indonesien. Auffällig ist hierbei, dass in den Lösungen alle Charakteristika der *CSecR*-Theorie abgedeckt werden. In keiner der Lösungen spielt jedoch eine rechtsähnliche Zuordnung von

Verantwortlichkeit bzw. Haftung (ACCGC{0}) oder etwa die Produktsichtbarkeit (Imageabhängigkeit) (BREQ{0}) eine Rolle. Irrelevant sind auch der
Grad staatlicher Fehlfunktion (FAILSTA{0}) sowie der Konfliktgegenstand
(COISSU{0}). Bedeutend ist hingegen eine mittlere Dichte von NGOs im Herkunftsland der Unternehmen (NGO{1}), eine gegebene Nähe von Unternehmensanlagen und das Potenzial von „sunk costs" (ANLSUNK{1}), eine mittelmäßigen Marktkonzentration, also moderater Wettbewerb (COMPT{1})
sowie die Gegebenheit, dass das Unternehmen in einer *Post-Konflikt-Phase*
geschäftstätig ist (COPHAS{2}).

Analysiert man nun die übrigen Spalten, so wird die Differenzierung zwischen den Fällen und ihren Bedingungen zunehmend feiner.

Betrachtet man die noch übersichtliche dritte Spalte, ergibt sich schon ein
wesentlich differenzierteres Bild. Hier finden sich nicht nur Fälle, die sich
bedingungsübergreifend unterscheiden, sondern auch länderübergreifend.
Der Term SZE{0}COMPT{2}COISSU{0} erklärt eine indirekte *CSecR* damit,
dass eine große Unternehmensgröße, eine starke Marktkonzentration, also
kaum Wettbewerb sowie kein Konfliktgegenstand, dem ökonomische Aspekte zugrundeliegen, gegeben sind. Mit den ersten beiden Bedingungen begründet auch der Term SZE{0}COMPT{2}COPHAS{1} eine indirekte *CSecR*,
wobei er, anstatt des Konfliktgegenstandes, die Geschäftätigkeit des Unternehmens in einer *In-Konflikt-Phase*, also in einem manifesten Konflikt, voraussetzt. Dementgegen ersetzte der dritte Term dieser Spalte, SZE{0}FAIL-
STA{0}COMPT{2}, letzteren Aspekt durch eine geringe staatliche Fehlfunktion.

Schließlich ist die vierte Spalte von Termen auszuwerten. Wieder spielen in
diesen Fällen alle Charakteristika eine Rolle, allerdings sind hauptsächliche
Unterschiede der Terme in den Konfliktcharakteristika zu sehen. Dies kann
darauf zurückgeführt werden, dass in dieser Spalte Fälle aus unterschiedlichen Konfliktländern impliziert werden. Ausschlaggebend für eine indirekte
CSecR gemäß den Termen jener Spalte sind, zusammengefasst, eine gegebene Zuordnung von Verantwortlichkeit bzw. Haftung des Unternehmens
(ACCGC{1}), eine mittlere bis hohe Marktkonzentration, also geringer Wettbewerb und nahezu Monopolmarkt (COMPT{1}; COMPT{2}), die vorhandene Nähe von Anlagen und Ressourcen des Unternehmens zum Konflikt

sowie das Potenzial von „sunk costs" (ANLSUNK{1}), eine geringe bis mittlere Ausprägung des Grades staatlicher Fehlfunktion (FAILSTA{0}; FAILSTA{1}), eine mittlere bis hohe Dichte von NGOs im Heimatland des Unternehmens (NGO{1}; NGO{2}) sowie der Umstand, dass es sich um ein großes Unternehmen handelt (SZE{0}), welches in einer *In-Konflikt-Phase* oder in einer *Post-Konflikt-Phase* operiert, wobei der Gegenstand des Konfliktes irrelevant ist (COISSU{0}). Interessant ist hierbei, dass eine indirekte *CSecR* in unterschiedlichen Konflikten beobachtet wurde, deren Kontextfaktoren allerdings offensichtlich keine Rolle spielen, sondern wenn überhaupt die Charakteristika der jeweiligen Geschäftsumgebung einen Einfluss haben; bspw. COISSU{0} *versus* FAILSTA{0} und FAILSTA{1}.

Abschließend gilt es, die Minimierungsresultate aus Abbildung 26 auf notwendige und hinreichende Bedingungen zu prüfen. Dabei verhalten sich die Bedingungen genauso wie in der vorhergehenden Prüfung der ersten Minimierung. Ersichtlich wird anhand der Übersicht, dass hier keine der Bedingungen hinreichend und notwendig zugleich ist, da keine singuläre Bedingung bzw. kein singulärer Bedingungsterm als Lösung aus der Minimierung für eine indirekte *CSecR* ergangen ist. Dagegen ist jede Gleichungszeile, also die Verknüpfung (Addition) der sechs Terme aus den einzelnen Spalten durch das Boole'sche *ODER* („+") notwendig, damit es zu einer indirekte *CSecR* kommt und jeder einzelne Term in den jeweiligen Spalten hinreichend für eine indirekte *CSecR*: So ist erneut bspw. die Gleichung der ersten Zeile BREQ{1}FAILSTA{1}+ BREQ{2}FAILSTA{0}+ SZE{0}FAILSTA{0}COMPT{2}+ SZE{0}FAILSTA{1}COMPT{2}+ ANLSUNK{1}FAILSTA{0}NGO{2}+ SZE{0}ACCGC{0}BREQ{0}ANLSUNK{1} notwendig, der in ihr enthaltene Term SZE{0}FAILSTA{0}COMPT{2} hinreichend.

4.2.3 Minimierungskalkulation III: *Outcome* 0 inklusive aller UV

Zu guter Letzt soll in der dritten Minimierungskalkulation nochmals unter Einbezug von „logical remainder" das Ausbleiben eines *CSecR*-Beitrags erklärt werden (CSECR bzw. *Outcome* mit dem Wert „1"). Auch in dieser abschließenden Minimierung werden alle in 2.4 hypothetisierten Charakteristika in ihren jeweils maximal verfügbaren Ausprägungen herangezogen. Eine Änderung der Wahrheitstafel ergibt sich dennoch nicht, sodass Abbildung 23 auch für die Kalkulation des Wertes „0" gilt.

Wird nun mittels Algorithmus der Wert „0" minimiert, resultiert abermals eine Reihe von Lösungen, genauer gesagt 156, die bestätigen, dass auch das Ausbleiben eines *CSecR*-Engagements nicht mit einer einzigen simplen Kombination von Bedingungen erklärt werden kann, vgl. Annexe 19 und 20.

Analysiert man diese nun inhaltlich so ist zunächst festzustellen, dass bislang alle Minimierungen zu mehr oder minder „erwarteten" Ergebnissen geführt haben bzw. sich in hypothetisiertem Rahmen „bewegen". Entsprechend wird anhand dieser letzten Minimierungsergebnisse deutlich, dass alle Lösungen, auch die vorhergehenden, plausibel sind und ihnen keine oder, aus einer kritischen Perspektive argumentierend, nicht allzu unplausible bzw. widersprüchliche „simplifying assumptions" zugrundeliegen können. Dies spiegelt sich in den perfekt diametralen Ergebnissen der Minimierung des Wertes „0" wieder: Unplausible bzw. widersprüchliche Annahmen und Ergebnisse hätten entweder in der Minimierung des Wertes „1" zu konträren Ergebnissen gegenüber der Minimierung des Wertes „2" geführt oder eben in dieser letzten Kalkulation nicht zu derart vorbildlichen, konträren und diametralen Ergebnissen gegenüber einer der vorhergehenden Minimierung. Denn allein intuitiv sollten Bedingungen, die für ein gegebenes Engagement verantwortlich sind (Werte „1" bzw. „2") nicht gleichzeitig auch für ein nicht gegebenes Engagement (Wert „0") verantwortlich sein. Das „sollte" ist hier durchaus normativ konnotiert, denn grundsätzlich ist dies möglich, wird allerdings, wie anfangs *in extenso* besprochen, im Sinne einer Multikausalität in einer QCA als offensichtlicher Widerspruch („C") markiert und aus der Analyse ausgeschlossen. Dazu kam es jedoch zu keiner Zeit.

Zur weiteren Analyse wurden die Ergebnisse aus Annex 19 bzw. 20 nochmals aufbereitet, woraus Abbildung 27 resultierte.

Jede der 156 Erklärungen des Ausbleibens einer *CSecR* umfasst sieben Terme, von welchen drei in jeder der 156 Gleichungen identisch sind; sie umfassen die erste, fünfte und siebte Spalte und implizieren jeweils immer dieselben Fälle.

Diese sind für die erste Spalte Air Liquide sowie WPP Group Plc, beide jeweils in Indien, Indonesien und Nigeria, EADS NV in Indien und Indonesien als auch Grupo Ferrovial in Indien. Die dazugehörige Minimallösung für das

Ausbleiben einer *CSecR* lautet SZE{1,2}, was bedeutet, dass die Größe der Unternehmen ausschlaggebend ist; in diesen Fällen eine mittlere und kleine Unternehmensgröße.

Von dem Term der fünften Spalte, COMPT{2}COPHAS{0}, werden die Fälle Deutsche Post AG, WPP Group Plc und Wal-Mart Stores, jeweils alle in Nigeria impliziert. Hier erklärt eine hohe Marktkonzentration und die Geschäftstätigkeit des Unternehmens in einer *Pre-Konflikt-Phase* das Ausbleiben einer *CSecR*.

Der letzte Hauptimplikant, ACCGC{1}FAILSTA{0}NGO{1}COMPT{1}, erklärt die Fälle ABB Ltd., BASF AG und EADS NV, die alle in Indonesien geschäftstätig sind sowie die Fälle Grupo Ferrovial und Anheuser-Busch Inbev SA, beide jeweils in Indien. Ihre Hauptimplikantenhülle besagt, dass bei diesen Unternehmen keine *CSecR* beobachtet wurde, weil eine rechtsähnliche Zuordnung von Verantwortlichkeit bzw. Haftung gegeben ist, die Unternehmen in einem Staat operieren, deren Grad staatlicher Fehlfunktion gering ist, die Dichte der NGOs in ihrem Herkunftsstaat mittel ausgeprägt ist und auf dem jeweiligen Markt eine mittelmäßige Unternehmenskonzentration, also moderater Wettbewerb herrscht. Zugegeben, die gegebene Bedingung einer rechtsähnlichen Zuordnung von Verantwortlichkeit bzw. Haftung ist hinsichtlich der hypothetisierten Erwartungen nicht besonders einleuchtend, kann allerdings durchaus ihre empirische Plausibilität besitzen:

Abbildung 27: Aufbereitung der Lösung von „Minimizing Value 0 including: R"

SZE{1,2} +	ACCGC{0}COMPT{0} +	ANLSUNK{0}COMPT{0} +	FAILSTA{2}COMPT{2} +	COMPT{2}COPHAS{0} +	ACCGC{0}NGO{0}COISSU{0} +	ACCGC{1}FAILSTA{0}NGO{1}COMPT{1}
(Air Liquide {Nigeria}+Air Liquide {India}+Air Liquide {Indonesia}+WPP Group Plc {Nigeria}+WPP Group Plc {India}+WPP Group Plc {Indonesia}+Eads NV {India}+Eads NV {Indonesia}+Grupo Ferrovial {India})	(Air Liquide {Nigeria}+Air Liquide {India}+Air Liquide {Indonesia}+Vodafone Group Plc {India})	(Royal Dutch/Shell Group {Indonesia}+ArcelorMittal {India}+ArcelorMittal {Indonesia}+Vodafone Group Plc {India})	(Deutsche Post AG {Nigeria}+WPP Group Plc {Nigeria}+Wal-Mart Stores {Nigeria})	(Deutsche Post AG {Nigeria}+WPP Group Plc {Nigeria}+Wal-Mart Stores {Nigeria})	(Toyota Motor Corporation {Indonesia}+Hutchison Whampoa Limited {Indonesia})	(ABB Ltd. {Indonesia},BASF AG {Indonesia}+Eads NV {Indonesia}+Grupo Ferrovial {India}+Anheuser-Busch Inbev SA {India})

	ACCGC{0}COPHAS{0} +	ANLSUNK{0}COPHAS{0,2}	FAILSTA{2}NGO{0,1} +		ACCGC{0}NGO{0}COPHAS{2} +	
	(Air Liquide {Nigeria}+Roche Group {Nigeria}+Toyota Motor Corporation {Nigeria}+WPP Group Plc {Nigeria}+Wal-Mart Stores {Nigeria})	(ABB Ltd. {Nigeria}+Mitsubishi Corporation {Nigeria}+Roche Group {Nigeria}+Royal {Indonesia}+Toyota Motor Corporation {Nigeria}+WPP Group Plc {Nigeria}+Wal-Mart Stores {Indonesia}+ArcelorMittal {Indonesia}+Eads NV {Indonesia})	(ABB Ltd. {Nigeria}+Air Liquide {Nigeria}+Deutsche Post AG {Nigeria}+Mitsubishi Corporation {Nigeria}+Roche Group {Nigeria}+Toyota Motor Corporation {Nigeria})		(Toyota Motor Corporation {Indonesia}+Hutchison Whampoa Limited {Indonesia})	

	ACCGC{0}FAILSTA{2} +	FAILSTA{0}COMPT{0} +	NGO{0,1}COPHAS{0} +			
	(Air Liquide {Nigeria}+Roche Group {Nigeria}+Toyota Motor Corporation {Nigeria}+WPP Group Plc {Nigeria}+Wal-Mart Stores {Nigeria})	(Air Liquide {Indonesia}+Royal Dutch/Shell Group {Indonesia}+ArcelorMittal {Indonesia}+Vodafone Group Plc {India})	(ABB Ltd. {Nigeria}+Air Liquide {Nigeria}+Deutsche Post AG {Nigeria}+Mitsubishi Corporation {Nigeria}+Roche Group {Nigeria}+Toyota Motor Corporation {Nigeria})			

	ANLSUNK{0}FAILSTA{2} +					
	(ABB Ltd. {Nigeria}+Mitsubishi Corporation {Nigeria}+Roche Group {Nigeria}+Toyota Motor Corporation {Nigeria}+WPP Group Plc {Nigeria}+Wal-Mart Stores {Nigeria})					

	ANLSUNK{0}NGO{1} +					
	(ABB Ltd. {Nigeria}+Roche Group {Nigeria}+Roche Group {India}+Eads NV {Indonesia})					

	BREQ{0,2}COPHAS{0} +					
	(ABB Ltd. {Nigeria}+Air Liquide {Nigeria}+Deutsche Post AG {Nigeria}+Mitsubishi Corporation {Nigeria}+Roche Group {Nigeria}+WPP Group Plc {Nigeria})					

	BREQ{0,2}FAILSTA{2} +					
	(ABB Ltd. {Nigeria}+Air Liquide {Nigeria}+Deutsche Post AG {Nigeria}+Mitsubishi Corporation {Nigeria}+Roche Group {Nigeria}+WPP Group Plc {Nigeria})					

	BREQ{0}ANLSUNK{0} +					
	(ABB Ltd. {Nigeria}+Roche Group {Nigeria}+Roche Group {India}+WPP Group Plc {Nigeria}+WPP Group Plc {India}+WPP Group Plc {Indonesia}+ArcelorMittal {India}+ArcelorMittal {Indonesia}+Eads NV {Indonesia})					

Quelle: Eigene Aufbereitung auf Grundlage von „Tosmana Report" der *Tosmana* Version 1.3.2, vgl. Annex 19 und 20.

In der Konfiguration überwiegen die Geschäftsumgebungscharakteristika, sodass diese, obwohl eine rechtsähnlichen Zuordnung von Verantwortlichkeit bzw. Haftung gegeben ist, letztlich maßgeblich dafür sind, dass seitens dieser Unternehmen keine *CSecR* zu beobachten ist.

Wird nun nach der Anzahl der Lösungen vorgegangen, ergeben sich als weitere Erklärungsmöglichkeiten die Terme der sechsten Spalte, nämlich ACCGC{0}NGO{0}COISSU{0} und ACCGC{0}NGO{0}COPHAS{2}. Beide implizieren die Fälle Toyota Motor Corporation sowie Hutchison Whampoa Limited in Indonesien und besagen, dass in diesen Fällen keine rechtsähnliche Zuordnung von Verantwortlichkeit bzw. Haftung gegeben ist, eine geringe Dichte von NGOs in den Herkunftsstaaten der Unternehmen herrscht und kein Konfliktgegenstand mit ökonomischen Hintergrund gegeben ist, wobei im zweiten Term, anstatt des Konfliktgegenstandes, die Geschäftstätigkeit in einer *Post-Konflikt-Phase* als Erklärung dient. Deutlich treten die Bedingungen in diese Termen in erwarteter, theoretisierter Form hervor.

Als nächstes wird die vierte Spalte betrachtet, wobei nun gegenüber den vorhergehenden Betrachtungen die einzelnen Terme auch unterschiedliche Fälle implizieren. FAILSTA{2}COMPT{2} impliziert die Fälle Deutsche Post AG, WPP Group Plc und Wal-Mart Stores, allesamt in Nigeria und erklärt eine ausbleibende *CSecR* mit einem hohen Grad an staatlicher Fehlfunktion sowie einer starken und monopolartigen Marktkonzentration. FAILSTA{2}NGO{0,1} impliziert ABB Ltd., Air Liquide, Deutsche Post AG, Mitsubishi Corporation, Roche Group sowie Toyota Motor Corporation, welche auch allesamt in Nigeria geschäftstätig sind, führt allerdings statt einer hohen Markkonzentration, die wesentlich plausiblere Bedingung einer geringen Dichte von NGOs in den Herkunftsländern der jeweiligen Unternehmen an. Daran anknüpfend erklärt NGO{0,1}COPHAS{0} eine ausbleibende *CSecR* mit dem Umstand der unternehmerischen Geschäftstätigkeit in einer *Pre-Konflikt-Phase* und impliziert erneut alle Fälle, die in Nigeria ansässig sind, nämlich ABB Ltd., Air Liquide, Deutsche Post AG, Mitsubishi Corporation, Roche Group und Toyota Motor Corporation. Auch hier manifestieren sich, abgesehen von der hohen Marktkonzentration, die Bedingungen wieder in hypothetisierter Form.

Die dritte Spalte analysierend, ergeben sich drei Terme, die hinsichtlich ihrer Fälle erneut sehr heterogen sind. ANLSUNK{0}COMPT{0} erklärt die Fälle Royal Dutch / Shell Group in Indonesien, ArcelorMittal in Indien und Indonesien sowie Vodafone Group Plc in Indien damit, dass diese Unternehmen in den jeweiligen Ländern keine Anlagen oder Ressourcen mit Nähe zum Konflikt haben bzw. „sunk costs" kein Potenzial entfalten sowie damit, dass sich die Unternehmen einer sehr geringen Marktkonzentration entgegensehen. Auch der zweite Term stellt für die Erklärung auf nicht vorhandene Anlagen und Ressourcen ab, kombiniert diese allerdings noch mit der Geschäftstätigkeit der Unternehmen in einer *Pre- / Post-Konflikt-Phase*, womit folgende Fälle erklärt werden: ABB Ltd., Mitsubishi Corporation und Roche Group, jeweils in Nigeria; Royal Dutch / Shell Group in Indonesien; Toyota Motor Corporation und WPP Group Plc in Nigeria; WPP Group Plc in Indonesien; Wal-Mart Stores in Nigeria; ArcelorMittal und EADS NV in Indonesien. Schließlich impliziert FAILSTA{0}COMPT{0} die Fälle Air Liquide, Royal Dutch / Shell Group und ArcelorMittal jeweils in Indonesien sowie Vodafone Group Plc in Indien und begründet eine nicht beobachtete *CSecR* dieser Unternehmen damit, dass die jeweiligen Ländern, in denen diese TNCs geschäftsansässig sind, einen geringen Grad staatlicher Fehlfunktion aufweisen und sich die Unternehmen einer geringe Marktkonzentration entgegensehen.

Abschließend ist die zweite und wohl heterogenste Spalte dieser Minimierung zu betrachten. Die dort subsumierten einzelnen Terme implizieren eine Vielzahl unterschiedlicher Fälle, enthalten jedoch bereits aus anderen Spalten genannte Bedingungen, sodass nun lediglich diese, die für das Vorhaben zugrundeliegender Arbeit ohnehin wesentlich relevanter sind, in zusammengefasster Form dargestellt werden. Als Erklärung für das Ausbleiben einer *CSecR* bei diesen Fällen wird vom Algorithmus eine nicht gegebene rechtsähnliche Zuordnung von Verantwortlichkeit bzw. Haftung (ACCGC{0}) ausgegeben, eine geringe Marktkonzentration (COMPT{0}), die Geschäftstätigkeit in einer *Pre-Konflikt-Phase* (COPHAS{0}), ein hoher Grad staatlicher Fehlfunktion (FAILSTA{2}), eine nicht gegebene Nähe von Anlagen und Ressourcen des Unternehmens zum Konflikt bzw. keine „sunk costs" (ANLSUNK{0}), eine mittelmäßige Dichte von NGOs in den Heimatstaaten der Unternehmen (NGO{1}) sowie schließlich eine geringe bzw. hohe Produktsichtbarkeit (Imageabhängigkeit) der Unternehmen (BREQ{0,2}).

Schaut man sich die Bedingungen der Minimierung des Wertes „0" nun insgesamt noch einmal an, zeigt sich auch hier wieder das bereits von den Werten „2" und „1" bekannte „Panorama" von Charakteristika und Bedingungen, die sich in den ausgegebenen Erklärungen in „vorbildlich" diametraler Weise dazu niederschlugen und worin keiner der in der *CSecR*-Theorie hypothetisierten Zusammenhänge nicht gegeben war. Zum Schluss seien diese Ergebnisse noch der Analyse auf notwendige und hinreichende Bedingung unterzogen.

In Anbetracht der Abbildung 27 ergibt sich auch in dieser letzten Prüfung keine Neuerung gegenüber den vorhergehenden Minimierungen. Abermals zeigt die Übersicht, dass keine der Bedingungen hinreichend und notwendig zugleich ist. Dagegen ist jede Gleichungszeile, also die Verknüpfung (Addition) der sieben Terme aus den einzelnen Spalten, für die Erklärung, wieso es zu keiner *CSecR* kommt, notwendig und jeder einzelne Term in den jeweiligen Spalten für eine solche Erklärung hinreichend: Bspw. ist die Gleichung der ersten Zeile SZE{1,2}+ ACCGC{0}FAILSTA{2}+ BREQ{0}ANLSUNK{0}+ BREQ{0,2}FAILSTA{2}+ ANLSUNK{0}COMPT{0}+ AC-CGC{0}NGO{0}COISSU{0}+ ACCGC{1}FAILSTA{0}NGO{1}COMPT{1} für eine Erklärung notwendig, der in ihr enthaltene Term BREQ{0,2}FAILSTA{2} dafür hinreichend.

4.2.4 Zusätzliche Minimierungskalkulation (dichotom): *Outcome* 1 inklusive aller UV

Wie in der Problematisierung der Minimierung unter ausschließlicher Verwendung von „logical remainder" einleitend erwähnt, soll zum Ende eine zusätzliche Minimierungsberechnung nach „konservativer" Art, d.h. ausschließlich unter Verwendung der beobachteten Konfigurationen, erfolgen. Diese Berechnung dient als *Backup* und Prüfung der bislang erhaltenen Ergebnisse auf empirische und theoretische Plausibilität. Sie soll der Interpretation der Ergebnisse gegenübergestellt und letztlich in die Auswertung der Untersuchung einbezogen werden. Dazu musste die AV dichotomisiert werden, wobei ein nicht zu vermeidender Informationsverlust hinsichtlich *CSecR*-Konzept, wie zu Beginn der Minimierungsberechnungen erläutert, in Kauf genommen werden musste: Die „Schwelle" der Dichotomisierung wurde nach der indirekten *CSecR* gesetzt, sodass die indirekten *CSecR*-Beiträge mit den direkten verschmolzen wurden und in der Folge als beobachteter *CSecR*-Beitrag gelten. Technisch gesprochen wurden alle Werte der Variable CSECR, die eine „2" aufwiesen mit einer „1" rekodiert. Aus den ursprünglich beobachteten neun indirekten und den vier direkten *CSecR*-Beiträgen wurden im Ganzen 13 *CSecR*-Beiträge, womit die positiven Beobachtungen einer *CSecR* innerhalb der Stichprobe insgesamt „multipliziert" wurden.

Nun soll zunächst der *CSecR*-Beitrag erklärt werden (CSECR bzw. *Outcome* mit dem Wert „1"), wozu auch hier alle in 2.4 hypothetisierten Charakteristika in ihren jeweils maximal verfügbaren Ausprägungen herangezogen werden. Abgesehen von der *Notation* in Spalte „O", die nun keine Werte mit „2" aufweist, hat sich inhaltlich keine Änderung der Wahrheitstafel ergeben, wie in Annex 21 und 22 bzw. 23 und 24 ersichtlich.

Wird nun mittels Algorithmus der Wert „1" minimiert, resultieren 13 Lösungen, wie Abbildung 28 verdeutlicht.

Abbildung 28: **Aufbereitung der dichotomen Lösung von „Minimizing Value 0 including: R"**

SZE{0} * ACCGC{1} * COD{1} * BREQ{0} * ANLSUNK{1} * FAILSTA{1} * NGO{1} * COMPT{1} * COISSU{1} * COPHAS{1} +
(ABB Ltd. (India),BASF AG (India))

SZE{0} * ACCGC{1} * COD{1} * BREQ{0} * ANLSUNK{1} * FAILSTA{1} * NGO{1} * COMPT{2} * COISSU{1} * COPHAS{1} +
(Deutsche Post AG (India))

SZE{0} * ACCGC{1} * COD{1} * BREQ{0} * ANLSUNK{1} * FAILSTA{0} * NGO{1} * COMPT{2} * COISSU{0} * COPHAS{2} +
(Deutsche Post AG (Indonesia))

SZE{0} * ACCGC{1} * COD{1} * BREQ{1} * ANLSUNK{1} * FAILSTA{2} * NGO{2} * COMPT{1} * COISSU{1} * COPHAS{0} +
(General Electric (Nigeria))

SZE{0} * ACCGC{1} * COD{1} * BREQ{1} * ANLSUNK{1} * FAILSTA{1} * NGO{2} * COMPT{1} * COISSU{1} * COPHAS{1} +
(General Electric (India))

SZE{0} * ACCGC{1} * COD{1} * BREQ{1} * ANLSUNK{1} * FAILSTA{0} * NGO{2} * COMPT{1} * COISSU{0} * COPHAS{2} +
(General Electric (Indonesia))

SZE{0} * ACCGC{1} * COD{1} * BREQ{2} * ANLSUNK{0} * FAILSTA{1} * NGO{0} * COMPT{1} * COISSU{1} * COPHAS{1} +
(Mitsubishi Corporation (India))

SZE{0} * ACCGC{1} * COD{1} * BREQ{2} * ANLSUNK{1} * FAILSTA{0} * NGO{0} * COMPT{1} * COISSU{0} * COPHAS{2} +
(Mitsubishi Corporation (Indonesia))

SZE{0} * ACCGC{0} * COD{1} * BREQ{0} * ANLSUNK{1} * FAILSTA{0} * NGO{1} * COMPT{1} * COISSU{0} * COPHAS{2} +
(Roche Group (Indonesia))

SZE{0} * ACCGC{1} * COD{1} * BREQ{1} * ANLSUNK{1} * FAILSTA{2} * NGO{2} * COMPT{0} * COISSU{1} * COPHAS{0} +
(Royal Dutch/Shell Group (Nigeria))

SZE{0} * ACCGC{1} * COD{1} * BREQ{1} * ANLSUNK{1} * FAILSTA{1} * NGO{2} * COMPT{0} * COISSU{1} * COPHAS{1} +
(Royal Dutch/Shell Group (India))

SZE{0} * ACCGC{0} * COD{1} * BREQ{1} * ANLSUNK{1} * FAILSTA{1} * NGO{0} * COMPT{1} * COISSU{1} * COPHAS{1} +
(Toyota Motor Corporation (India))

SZE{0} * ACCGC{0} * COD{1} * BREQ{1} * ANLSUNK{0} * FAILSTA{0} * NGO{2} * COMPT{2} * COISSU{1} * COPHAS{1}
(Wal-Mart Stores (India))

Quelle: Eigene Aufbereitung auf Grundlage von „Tosmana Report" der *Tosmana* Version 1.3.2, vgl. Annex 20 bzw. 21 und 23 bzw. 24.

An den Ergebnissen wird das bereits mehrfach angesprochene Problem offensichtlich, dass in dieser Weise so gut wie keine Minimierungen möglich sind und als Erklärung einer *CSecR* lediglich eine „Individualisierung" von Fällen bzw. Beschreibung dieser gegeben werden kann. Infolge dessen kann durchaus diskreditierend behauptet werden, dass die Ergebnisse auch mittels „einfacher" „Kreuztabellierung" hätten generiert werden können; in dieser Weise bietet eine (mv)QCA, außer größerem arbeitspraktischem Aufwand, keinen Mehrwert gegenüber anderen qualitativen Methoden. Dennoch sollte dies insofern nicht überraschen, als die Anzahl der beobachteten Wirklichkeitselemente sowie deren „Auflösungskraft" (hier bis zu drei Ausprägungen) zu hoch ist, als dass die für die Lösungsreduzierung notwendige marginale Unterschiedlichkeit (in nur einem Faktor) in lediglich 13 Fällen feststellbar ist.

Die vorstehenden Hauptimplikanten können analog zu jenen der Minimierungskalkulationen I-III interpretiert werden; Syntax und *Notation* der Gleichungen sind unverändert. Darauf soll hier allerdings verzichtet werden, da eine Interpretation der 13 einzelnen Hauptimplikanten für die Untersuchung insgesamt nicht zielführend ist. Vielmehr ist dieses dichotome Ergebnis den bisherigen trichotomen gegenüberzustellen.

In diesem Sinne kann zunächst konstatiert werden, dass auch bei dieser Auswertung im Hinblick auf eine *CSecR* alle Charakteristika maßgeblich relevant sind und keine der Bedingungen ausgeschlossen werden kann. Mehr noch findet sich hier die in den anderen Lösungen minimierte und somit in keiner Lösung enthaltene Bedingung COD{1} wieder. Ansonsten decken sich beide Minimierungslösungen im Großen und Ganzen hinsichtlich des Wertebereichs der Bedingungen (Ausprägungen der Variablen), sodass mit diesem *Backup* der „konservativen" Berechnung einmal mehr aufgezeigt wurde, dass die bisherigen Minimierungskalkulationen, trotz exorbitant hoher Anzahl von „simplifiying assumptions", nicht zwangsweise zu unplausiblen und widersprüchlichen Ergebnissen führen, sondern die beobachteten Fälle durchaus wiederspiegeln und sogar zu einem Mehr an Reduktion der Komplexität führen, indem sie quantitativ wesentlich mehr Minimierungen ermöglichen.

Zur Identifikation von notwendigen und hinreichenden Bedingungen ergibt sich gegenüber den Minimierungskalkulationen I-III jedoch ein anderes Bild: Hier können sogar notwendige und hinreichende Bedingungen identifiziert werden, nämlich SZE{0}*COD{1}. Beide Bedingungen kommen in dieser Ausprägung in jedem der 13 Hauptimplikanten vor, sodass sie notwendig und hinreichend zugleich sind. Dagegen ist jede Zeile von Hauptimplikanten, wie bisher auch, notwendig für eine *CSecR*: etwa SZE{0} *ACCGC{1} *

COD{1} * BREQ{0} * ANLSUNK{1} * FAILSTA{1} * NGO{1} * COMPT{1} * COISSU{1} * COPHAS{1}. Hinreichende aber nicht notwendige Bedingungen bestehen in Anbetracht dieser Ergebnisse nicht.

Abschließend wird diese Kalkulation noch ein weiteres Mal für die Erklärung des Ausbleibens einer *CSecR* (CSECR bzw. *Outcome* mit dem Wert „0") durchgeführt, wobei die vorherigen Parameter weiterhin ihre Gültigkeit besitzen.

Daraus resultieren 23 Hauptimplikanten, die in Annex II sowie Annex 21-24 gelistet sind. Betrachtet man diese Lösung, so ergibt sich ein nicht annähernd deutliches Bild der Resultate wie für den Wert „1". Die Hauptimplikanten umfassen hinsichtlich ihrer Bedingungen zwar immer noch alle Charakteristika und Bedingungen, decken allerdings ihr gesamtes Spektrum an Ausprägungen ab und bewegen sich in keiner Weise deckungsgleich zu den Minimierungskalkulationen I-III, was für die Ergebnisse der dichotomen Minimierungskalkulation für den Wert „1" soeben noch zutreffend war. Spätestens hier wird deutlich, dass der Einbezug von „logical remainder" zur Erreichung von „parsimony" und Komplexitätsreduktion bei einem derart umfangreichen Modell wie dem zugrundeliegenden unabdingbar ist, ganz zu schweigen von der Verallgemeinerbarkeit der Ergebnisse.

Zu guter Letzt sollen auch diese Hauptimplikanten noch der Prüfung auf notwendige und hinreichende Bedingungen unterzogen werden. Notwendig und hinreichend ist die Bedingung COD{1}, da sie in dieser Ausprägung in jedem der 23 Hauptimplikanten vorkommt. Dagegen ist jede Zeile von Hauptimplikanten, wie bisher auch, notwendig für eine *CSecR*: etwa SZE{0} * COD{1} * BREQ{0} * ANLSUNK{0} * FAILSTA{2} * NGO{1} * COMPT{1} * COISSU{1} * COPHAS{0}. Hinreichende aber nicht notwendige Bedingungen sind der Lösung nicht zu entnehmen.

4.3   Empirische Befunde; Prüfung der Hypothesen

Um die Fragestellungen zugrundeliegender Arbeit wie in 1.2 formuliert beantworten zu können, bedarf es im Weiteren der Auswertung vorstehender Analyseergebnisse. Dazu werden die Ergebnisse an die theoretischen Annahmen und Fragestellungen aus Kapitel 2.4 zurückgekoppelt und die Hypothesen sodann bewertet.

In vorausgehender Analyse wurden alle in 2.4 angeführten Bedingungen und Charakteristika in die Minimierungen miteinbezogen, woraus auf den ersten Blick eine unüberschaubare Zahl von Lösungen resultierte. Werden diese nun genauer betrachtet, sind eindeutige Kombinationen von Bedingungen und offensichtliche Zusammenhänge zwischen den jeweiligen Charakteristika und einer *CSecR* erkennbar.

Die offensichtlichsten Befunde ergaben sich in diesem Sinne bei einer direkten *CSecR*, die insgesamt bei fünf Unternehmen beobachtet werden konnte, nämlich Mitsubishi Corporation, General Electric, Royal Dutch / Shell Group, ABB Ltd. und BASF AG. Maßgeblich war dabei das gesamte Spektrum der in 2.4 genannten Charakteristika, sodass insgesamt keine Charakteristika als weniger relevant erachtet werden können. Allerdings ist hinsichtlich der zugrundeliegenden Bedingungen genauer zu differenzieren. Als besonders grundlegende Bedingung für eine direkte *CSecR* ergab sich zunächst die Unternehmensgröße, wobei alle Unternehmen im Sinne des verwendeten Konzeptes der Klassifikation „groß" zugeordnet werden konnten. Abgesehen davon können die Unternehmen auch im empirischen Sinne als „groß" klassifiziert werden, da sie *de facto* „world leader" in ihrem Segment sind. Insbesondere aufgrund dieser empirische Verankerung beweist der „Größenbefund" besondere Bedeutung, denn wenn unter den global größten Unternehmen keine *CSecR* beobachtet worden wäre, wo sollte sie gemäß theoretischen Annahmen zur Größe sonst zu finden sein. Weiterhin ergab sich die ihnen zukommende rechtsähnliche Zuordnung von Verantwortlichkeit bzw. Haftung als förderlich für ein *CSecR*-Engagement. Obschon die Theorie von einer persönlichen Haftung und Verantwortung der Geschäftsführung im Sinne eines kleinen bzw. mittelständischen Unternehmens ausgeht, diese in zugrundeliegendem Untersuchungsgegenstand allerdings aufgrund der kapitalgesellschaftlichen Unternehmensform *per se* ausgeschlossen ist, beweisen die verwendeten Konzepte des GC und der GRI, dass Selbstregulierung und *Soft Law*, in gewissen Sachverhalten, dem *Hard Law* Substitut sein können. Ferner kann die Nähe von Anlagen und Ressourcen der Unternehmen zum Konflikt sowie das mit einem solchen Investment verbundene Risiko von „sunk costs" als maßgeblich für ein unternehmerisches Engagement befunden werden; in allen Fällen ist eine solche Nähe sowie eine entsprechende Anlageninvestition gegeben, die nicht einfach aufgegeben bzw. verkauft werden kann, ohne dass dem Unternehmen Verluste entstehen. Angesicht dessen, geht es bei diesem Aspekt aus Unternehmensperspektive vordergründig durchaus um die Sicherung und Erhaltung von Unternehmenswerten, weswegen dieser Befund nicht weiter verwundern sollte; dass damit ein *CSecR*- bzw. *Governance*-Beitrag beflügelt wird, sei dennoch weiterhin gewürdigt. Als manifester Befund können überdies alle Bedingungen der Geschäftsumgebungscharakteristika gewertet werden. Demnach erwiesen sich der hohe Grad staatlicher Fehlfunktion in Indien und insbesondere in Nigeria, die große Anzahl von NGOs in den Heimatstaaten der Unternehmen, die alle in westlichen Ländern ihren Hauptsitz haben, wo proportional und global gesehen unbestritten die meisten NGOs „zuhause" sind sowie zu guter Letzt die mittelmäßige Marktkonzentration bzw. das oligopolistische Moment der Märkte, auf welchen die fünf „Global Player" geschäftstätig sind, als maßgeblich für ein direktes Engagement der TNCs. Innerhalb der Konfliktcharakteristika konnte schließlich die Prägung des Konfliktgegenstandes von ökonomischen Sachverhalten als grundlegende Bedingung identifiziert werden. Auch dieser Befund ist nicht wirklich überraschend: Unzweifelhaft stellen wirtschaftliches Potenzial und ökonomische Expertise die Kernkompetenzen eines Privatunternehmens dar; dass sie sich also am ehesten dort engagieren, wo ihre Stärke und die beste Kompetenz vorhanden ist, liegt auf der Hand. Gleichzeitig muss dieser Befund hinsichtlich *CSecR* im „harten" Sinne problematisiert bzw. relativiert werden. Im Allgemeinen *CSR*-Diskurs wird insbesondere ein Engagement von Unternehmen, welches hauptsächlich in Form wirtschaftlicher Expertise oder monetären Leistungen erbracht wird kritisiert, da solche Beiträge zwar als *CSR* „etikettiert" werden, im Grunde genommen jedoch die Fortführung der Geschäftstätigkeit im Sinne des Diktums „the business of business is business" bedeuten, nicht mehr als ein ausgeweitetes philanthropisches Engagement darstellen und insgesamt am Kern des *CSR*-Konzeptes bzw. von *Corporate Citizenship* vorbeigehen.[487] In den untersuchten Fällen greift zwar weder diese Kritik in ursprünglicher Form noch handelt es sich um geldwerte Leistungen im vorgenanntem Sinne, allerdings geht der Befund und die beobachteten Engagements, aufgrund zugrundeliegender Konzeptualisierung der *CSecR*, dennoch an einer *CSecR* im „harten" Sinne vorbei. Dies liegt an der Vermutung, dass dem En-

---

[487] Vgl. bspw. Crane und Matten 2007.

gagement der Unternehmen, zumindest gilt das mit hoher Wahrscheinlichkeit für drei von fünf TNCs, keine Sondierung der Gründe des Konflikts bzw. eine Identifikation des Konfliktgegenstandes vorausging, woraufhin sie sich zu einer Maßnahme, die auf die Eindämmung des Konfliktpotenzial abzielt, hätten entschließen können.[488]

Im Gegensatz zu diesen durchaus robusten Befunden muss der Produktsichtbarkeit (Imageabhängigkeit) eine geringe bis keine Erklärungskraft eingeräumt werden, da die implizierten fünf Unternehmen, zusammengenommen, keine eindeutigen Werte aufwiesen. Dies spricht entweder dafür, dass diese Bedingung tatsächlich nicht ausschlaggebend für ein Engagement der Unternehmen ist oder aber für die Fehlerhaftigkeit der Operationalisierung und des dahinterliegenden Indikators bzw. Messkonzepts. Da sowohl im allgemeinen *CSR*-Diskurs als auch der *CSR*-Theorie die Imagefrage und Imageabhängigkeit als eines der zentralen Faktoren gewertet wird und neben weiteren Faktoren (Profitabilität, *Stakeholder*-Ansatz, etc.) zur Erklärung des *Corporate Citizenship* herangezogen wird, drängt sich hier der Verdacht auf, dass die nicht eindeutigen Werte letzterem Argument, nämlich der Insuffizienz des Messkonzeptes, „das Richtige" zu messen, geschuldet sind.[489]

Ferner war leider auch die Bedingung der Konfliktphase zunächst nicht eindeutig bzw. wenig ertragreich: Bei General Electric und Royal Dutch / Shell Group wurde entgegen den theoretischen Annahmen eine *CSecR* in Nigeria

---

[488] Bei der Royal Dutch / Shell Group ist in Anbetracht des Engagements in Nigeria sowie den Veröffentlichungen auf der Internetseite (Wortwahl, Wortlaut), insgesamt und global gesehen, durchaus anzunehmen, dass eine intensive Auseinandersetzung und Beschäftigung mit dem jeweiligen Land, in dem sie operieren, stattfindet bzw. stattgefunden hat und ihre Maßnahmen immer den Kern der „needs" berühren wollen und sollen (bzw. sie dem jeweiligen Land etwas Positives zurückgeben wollen), vgl. Annex IV bzw. die dort angegebenen Quellen sowie die Rohdaten auf der Internetseite im Ordner TNC. Dies könnte in gleichem Maße, in Anbetracht der Unternehmensseite, für General Electric gelten, vgl. auch hierfür Annex IV bzw. die dort angegebenen Quellen sowie die Rohdaten auf der Internetseite im Ordner TNC. (Dass solche Intentionen von Unternehmen der extraktiven Industrie geäußert werden, scheint im Sinne von „Beiß nicht die Hand, die Dich füttert" bzw. „Eine Hand wäscht die andere" durchaus grotesk; die Bewertung solcher Aussagen und Intentionen kann und soll hier jedoch nicht erfolgen).

[489] Zur Imagefrage innerhalb des *CSR* Diskurses und der Erklärung vgl. einführend bspw. Crane und Matten 2007.

beobachtet, einem Konflikt, der als *Pre-Konflikt-Phase* gemessen und kodiert wurde. Hierbei zeigt sich einerseits, dass die (mv)QCA nicht mechanisch angewendet werden darf, sondern tatsächlich im Dialog mit den Fällen zu verwenden ist, andererseits die Problematik der Verwendung von Aggregatdaten bzw. Indizes, wie hier dem UCDP: Der Konflikt in Nigeria kann auf Grundlage der UCDP Daten sowohl als *Pre-Konflikt-Phase* als auch und insbesondere vor dem Hintergrund aktuellerer Geschehnisse als manifester Konflikt, d.h. als *In-Konflikt-Phase* kodiert werden (der Konflikt erstreckt sich über Jahrzehnte, in denen es immer wieder zu Gewaltausbrüchen kam; das UCDP kodiert den Konflikt nach verzeichneten Meldungen zu gewaltsamen Auseinandersetzungen bzw. der Opferzahl, kann jedoch die Datenbank nicht täglich aktualisieren).[490] Dies vorausgeschickt, kann unter Rekurs auf den jeweiligen Fall und unter Berücksichtigung seiner Besonderheit, eindeutig befunden werden, dass ein Engagement der Unternehmen durchaus in einem manifesten Konflikt gegeben ist und mit der Konfliktphase erklärt werden kann. Ob nun durch den „Ausreißer" Nigeria als erhärteter Befund oder nicht angesehen, in jedem Falle sprechen die empirischen Daten für einen Zusammenhang zwischen Konfliktphase und *CSecR*.

Die vorstehenden Befunde können im Großen und Ganzen auch auf die indirekte *CSecR* übertragen werden. Die Werte der Hauptimplikanten der Minimierung „1" bewegen sich, zusammengenommen, größtenteils im gleichen Bereich wie diejenigen der vorangehenden Minimierungskalkulation. Auch hier zeigt sich, dass alle Charakteristika für *CSecR* eine Rolle spielen und keine dieser vernachlässigt werden können. Soll allerdings nach den genauen Bedingungen, die eine indirekte *CSecR* erklären, differenziert werden, so gestaltet sich dies hier wesentlich schwieriger. Diesbezüglich ist auch die zuvor verwendete Formulierung „größtenteils" und „im Großen und Ganzen" zu verstehen: Nicht nur, dass es aufgrund des dreifachen Umfangs an erhaltenen Lösungen gegenüber den Ergebnissen der direkten *CSecR* schwierig ist, die genauen Bedingungen herauszuarbeiten, auch ist bei einigen

---

[490] Das Problem der Kodierung der Konfliktphase ist durch die Operationalisierung der Variable sowie die Fallauswahl auch hier ein „gemachtes" Problem: Entschieden werden musste nämlich, wo die Grenze innerhalb der aktiven, anhaltenden Konflikte im Untersuchungszeitraum hinsichtlich der Intensität „CumInt" sowie der Differenzierung zwischen *Pre-* und *In-Konflikt-Phase* liegt.

Hauptimplikanten eine größere und teilweise gesamte Varianz der Bedingungsausprägungen resultiert, die ohne Rekurs auf die jeweiligen Fälle nicht eindeutig gelöst werden kann. Weil dies allerdings für die zugrundeliegende Untersuchung nicht zielführend ist, kann sich mit der Identifikation von Mustern, im Sinne des „Interpreting cross-case patterns"[491] zufrieden gegeben werden. Dafür sind die Ergebnisse allemal ausreichend. Vor diesem Hintergrund sind die Strukturen und Zusammenhänge der direkten *CSecR* in ähnlichen Verhältnissen auch bei einer indirekten *CSecR* beobachtet worden, sodass die Befunde ersterer auch für letztere gelten. Dennoch muss herausgestellt werden, dass deren Bedeutung für die zugrundeliegende Untersuchung der *CSecR*, die Theorie(bewertung) insgesamt und eine Generalisierung in keiner Weise mit den Befunden der direkten *CSecR* gleichgewichtet werden kann noch sollte. Wie bereits in Minimierungskalkulation II zur Erklärung der breiteren Varianz der Bedingungsausprägungen angeführt, geht bei der Konzeptualisierung der indirekten *CSecR* eine gewisse Unschärfe des Konzeptes einher, weil das Konzept, gegenüber einer direkten *CSecR*, weiter gefasst wird. Damit finden auch solche Beiträge Eingang in die Analyse, die „nur" in weitest gehendem Sinne einen Bezug zum jeweilige Konflikt(gegenstand) haben; im Prinzip kann sogar die Rede von einer bloßen *CSR* sein, die lediglich die Geschäftstätigkeit des Unternehmens in einem Konfliktgebiet umfasst.[492] Da es hier jedoch hauptsächlich um die „Vermessung" und Identifikation von Strukturen eines *CSR*- bzw. bestenfalls *Governance*-Beitrags zu Sicherheit und Frieden geht, sollten die Befunde der indirekten *CSecR* nicht überbewertet werden.

Diese Relativierung bzw. Schwächung der Minimierungsergebnisse der indirekten *CSecR* mag intuitiv die Robustheit der ersten Befunde zur direkten *CSecR* schwächen, empirisch ist dies hingegen keineswegs der Fall. Die eindeutige Bestätigung erhalten die ersten Befunde nämlich mit Blick auf die

[491] Rihoux und Lobe 2009, S. 236.

[492] Indem das Konzept weiter gefasst wird, qualifizieren wesentlich mehr Fälle für einen solchen Beitrag und der sich daraus ergebende Anstieg der beobachteten Fälle bringt zugleich einen Anstieg der potenziell möglichen Kombinationen mit sich, die letztlich vom Algorithmus zu minimieren sind. Wie bereits in der Besprechung der Minimierungskalkulation II erwähnt, erklärt dieser Umstand das Problem der breiten Varianz der Bedingungsausprägung und die daraus resultierende, arbeitspraktische Problematik des Herausarbeitens von genauen Bedingungen in Anbetracht der mehr als tausend Ergebnisse.

Ergebnisse der Analyse einer nicht beobachteten *CSecR*. Abermals haben sich alle Charakteristika etabliert, wobei die Ausprägungen der ihnen zugrunde-liegenden Bedingungen in nahezu perfekter Komplementarität zu denen der beobachteten, direkten *CSecR* verzeichnet werden konnten. Da die Unterneh-men bei denen keine *CSecR* beobachtet wurde, hinsichtlich ihrer Unterneh-mensgröße, allesamt als „klein" oder „mittel" zu klassifizieren sind, gilt der Befund hiernach als „doppelt" bestätigt. Dass diese diametralen Werte resul-tiert sind, ist durchaus erstaunlich und bestätigt die theoretische Annahme der Größe in besonderem Maße: Angesichts der Hypothese wäre eigentlich eine große Diskrepanz und eine starke Heterogenität hinsichtlich der Unter-nehmensgröße notwendig, um diesen theoretischen Annahmen gerecht zu werden; hier bestätigen sich die Annahmen offensichtlich ohne „Quantenun-terschied" in der Unternehmensgröße, vielmehr noch mit einer vermeintli-chen „Homogenität" des Untersuchungsgegenstandes (in Größe, Umsatz, Transnationalität etc.), womit die Unternehmensgröße als besonderes Indiz bzw. Bedingung für eine *CSecR* gewertet werden kann. Perfekt diametral ist weiterhin die alle TNCs umfassende fehlende rechtsähnliche Zuordnung von Verantwortlichkeit bzw. Haftung; keines der Unternehmen, bei denen keine *CSecR* beobachtet werden konnte, war Mitglieder einer der Selbstregu-lierungs- bzw. Verantwortungsinitiativen.

Betrachtet man ferner die Produkt(ions)charakteristika, verhalten sich die Bedingungen entsprechend komplementär zur direkten *CSecR* bzw. ergibt sich hinsichtlich der Produktsichtbarkeit (Imageabhängigkeit) eine der di-rekten *CSecR* ähnliche Problematik: Auch hier können zwei Werte für die Produktsichtbarkeit (Imageabhängigkeit) verzeichnet werden, wovon ein Wert als „deviant" zu erachten ist, sodass hier zwar ein stärkerer Zusammen-hang beobachtet werden kann als bei gänzlicher Variation der Ausprägung bei einer direkten *CSecR* (weil sich die Werte noch im theoretischen und so-mit zur direkten *CSecR* gegensätzlichen Rahmen bewegen), allerdings ver-bietet es sich dennoch, diese Bedingung als solide Erklärung heranzuziehen; was die Nähe der Anlagen und Ressourcen der Unternehmen zum Konflikt anbelangt, so war diese, wie vermutet, in keinem Fall einer nicht beobachte-ten *CSecR* gegeben.

Ein weiterer „Ausreißer" war der Grad staatlicher Fehlfunktion innerhalb der Geschäftsumgebungscharakteristika, der diejenigen Unternehmen umfasste, die in Nigeria geschäftstätig bzw. –ansässig waren. Dazu kann allerdings die Erklärung herangezogen werden, dass gerade weil der Grad staatlicher Fehlfunktion derart hoch ist und so gut wie „kein Staat vorhanden ist" (die mangelnde Übernahme ordnungspolitischer Aufgaben, Sicherung von Institutionen, Infrastruktur, etc.), die Unternehmen ein Engagement u.a. aus Legitimitätsgründen scheuen.[493] Damit wäre einerseits der „Ausreißer" als besonderer Fall erklärt, andererseits füge sich die Bedingung „Grad staatlicher Fehlfunktion" perfekt in die theoretischen Annahmen ein.

Im Übrigen kann zu den Geschäftsumgebungscharakteristika, im Falle einer nicht beobachteten *CSecR*, die geringe Anzahl und Dichte von NGOs im Herkunftsland der Unternehmen als manifeste Erklärung befunden werden (die geringsten Zahlen wiesen die Unternehmen mit Sitz der Muttergesellschaft im asiatischen Raum auf), womit die hohe Dichte bei einem beobachteten Engagement in den anfänglichen Befunden nochmals bestätigt wäre; die Bestätigung gilt zugleich für die Marktkonzentration, die in einer nicht beobachteten *CSecR* sehr gering ausfiel (sehen sich die Unternehmen einer großen Konkurrenz auf einem Wettbewerbsmarkt gegenüber, scheuen sie eine *CSecR*, weil jede Einheit zusätzlicher Kosten, die dadurch einhergeht, zu einem vermeintlichen Verlust der Marktposition gegenüber der Mitkonkurrenz führen kann).[494]

Zu guter Letzt erhärten die Ergebnisse der Minimierung einer nicht beobachteten *CSecR* die ersten und maßgeblichen Befunde auch in den Konfliktcharakteristika: Keiner der Konflikte, in denen die Unternehmen von einer *CSecR* zurückscheuten, war von ökonomischen Sachverhalten geprägt, sodass selbsterklärend ist, dass solch ein unternehmerisches Engagement ausblieb (in welchem Bereich sollen sich die Unternehmen in einem „defekten" Staat oder einem Konflikt engagieren, wenn nicht in ihrer Kernkompetenz, ganz zu schweigen von der Potenzierung dieses Umstandes durch einen außerordentlich hohen Grad staatlicher Fehlfunktion und die Abwesenheit von schützenswerten Anlagen oder Ressourcen); was die Bedingung der Konfliktphase anbelangt, ergibt sich ebenso die gegensätzliche Situation zu einer

---

[493] Vgl. Deitelhoff und Wolf 2010b, S. 219 ff.
[494] Vgl. Wolf et al. 2007, S. 309; Deitelhoff und Wolf 2010b, S. 217 f.

direkten *CSecR*, wobei auch der „Ausreißer" bzw. „Spezialfall" von Nigeria in diametraler Form resultierte. Angesicht dessen und unter Berücksichtigung der dazu weiter oben gegebenen Erklärung kann spätestens hiermit, entgegen evtl. einstiger Skepsis, robust befunden werden, dass die Konfliktphase definitiv ausschlaggebend für eine *CSecR* ist.

Abgerundet werden diese Befunde von den Ergebnissen der zusätzlichen Minimierung. Einerseits unterstreichen diese nochmalig, dass insgesamt alle Charakteristika maßgeblich für eine *CSecR* sind und keine davon vernachlässigt werden können, andererseits sind sie *Backup* und Kontrolle dafür, dass die Ergebnisse und damit auch die bisher herausgearbeiteten Befunde, die in dieser aussagekräftigen Form nur durch Einschluss von „logical remainder" erzielt werden konnten, nicht gänzlich auf „Fantasievorstellungen", wie ein Vorwurf dazu lautet, basieren, sondern durchaus eine empirische und damit realitätsnahe Grundlage besitzen. Ferner kann mithilfe der zusätzlichen Ergebnisse die Irrelevanz einer Bedingung herausgestellt werden, nämlich der Unternehmensethik bzw. –kultur. Diese Bedingung taucht in keiner der anderen Berechnungen unter Einbeziehung von hypothetischen Fällen auf, sodass daraus eindeutig geschlossen werden kann, dass von allen in die Untersuchung einbezogenen Bedingungen, jede außer dieser, in irgendeiner ihrer Ausprägungen eine *CSecR* erklärt (ob direkte, indirekte oder nicht vorhandene *CSecR*); sie kann als Bedingung für *CSecR*, aufgrund der empirischen Resultate vorliegender Untersuchung, ausgeschlossen werden. So viel zu den Befunden der ausgegebenen „konservativen" Lösung. Eine weitere Auswertung der Ergebnisse ist aufgrund der uneindeutigen und wenig ertragreichen Minimierungen in keiner sinnvollen Weise möglich, sodass sich die Befunde auf diese Ausführungen beschränken müssen.

Auf Grundlage dieser Befunde bedürfen zum Abschluss noch die Hypothesen einer Bewertung.

4.3.1 Akteurscharakteristika

$H_A 1$ postuliert, dass von einem TNC, der von seiner Unternehmensgröße her sehr groß ist, eine *CSecR* zu erwarten ist. Diese Hypothese deckt sich perfekt mit den in den Minimierungen erhaltenen Ergebnissen: Sowohl für die direkte als auch für die indirekte *CSecR* resultierte der Wert „0", was für die größten Unternehmen der Untersuchung als auch global, gemäß UNCTAD, steht.

$H_A 2$ behauptet, dass eine *CSecR* dann gegeben ist, wenn die Unternehmen mit einer rechtsähnliche Zuordnung von Verantwortlichkeit bzw. Haftung konfrontiert sind. Bei dieser Hypothese liegen bei der Minimierung für eine „indirekte" sowie für „keine" *CSecR* nicht vollkommen eindeutige Werte vor, allerdings betrifft das „nur" zwei Hauptimplikanten. Insgesamt kann die Hypothese durchaus als akzeptiert und bewiesen gelten. Dies ist unter Rückgriff auf die Argumentation von Cronqvist damit zu rechtfertigen, dass der für die Bestätigung der Hypothese relevante Wert „ACCGC{1}" in den Minimierungen der direkten als auch indirekten *CSecR* unzählige Male mehr auftaucht und insgesamt eine wesentlich größere Anzahl von Fällen impliziert als der die These „wiederlegende" Wert „ACCGC{0}".[495] Betrachtet man zudem die von diesen Hauptimplikantenhüllen implizierten Fälle, handelt es sich um ein und dasselbe Land bei beiden „widerlegenden" Werten, nämlich um Indonesien sowie um „Ausreißer"-Unternehmen, die in ihren Akteurscharakteristika schwer zu „fassen" sind; der Hauptimplikant dient damit eher einer Individualerklärung dieser „Ausreißer"-Fälle, indem er diese beschreibt. Dies entspricht nämlich der bereits mehrfach erwähnten Logik einer QCA, wonach alle Fälle, auch „Ausreißer", von der Analyse mit einbezogen werden und in die endgültigen Lösungen Eingang finden. Insgesamt darf dabei jedoch nicht außer Acht gelassen werden, dass es um die Identifikation von Mustern bzw. verallgemeinerbaren Strukturen geht und nicht um die Beschreibung oder Erklärung von individuellen Fällen. Wenn überhaupt, wäre hier also zunächst der Rekurs auf die Fälle und deren Inspektion *en détail* angebracht, bevor die Hypothese als wiederlegt oder verworfen erachtet wird. Hier drängt sich nämlich der Verdacht auf, dass der „wiederlegende" Hauptimplikant durch den spezifischen Kontext des jeweiligen Falles bzw. Landes generiert wurde und lediglich „technisch" bedingt ist.[496] H_A 2 ist und bleibt im Rahmen der Untersuchung bestätigt.

---

[495] Für die Minimierung des *Outcome*s mit dem Wert „0" ergeben sich 156 Hauptimplikanten mit dem „wiederlegenden" Wert gegenüber 1.092 Hauptimplikanten insgesamt; für den Wert „1" ergeben sich 1.824 Hauptimplikanten mit dem „wiederlegenden" Wert gegenüber 10.944 Hauptimplikanten insgesamt, vgl. Annexe 15-22.

[496] Zu technisch bedingten Lösungen s.h. Cronqvist 2007a, S. 93 ff.

Mit *H A 3* wird davon ausgegangen, dass eine *CSecR* dann bei einem TNC beobachtet werden kann, wenn dieses eine eigene Unternehmensethik bzw. –kultur besitzt. Unter ausschließlicher Berücksichtigung der Minimierungs-resultate muss diese Hypothese im Rahmen dieser Untersuchung als unbe-stätigt bzw. „wiederlegt" gelten, da keine der Ausprägungen der relevanten Variable in keinem der Hauptimplikanten verzeichnet werden konnte (COD{1} bzw. COD{1}). Davon abgesehen kann die Hypothese formal durch-aus akzeptiert werden, da in den Fällen, in denen eine *CSecR* beobachtet wurde, unabhängig ob direkt oder indirekt, alle Unternehmen eine eigene Unternehmensethik bzw. –kultur aufwiesen. Genauer gesagt, betrachtet man die Messwerte in Abbildung 16 oder die Daten in Abbildung 22 zeigt sich, dass alle der in die Untersuchung einbezogenen Unternehmen eine solche Ethik haben. D.h. allgemein kann eine *CSecR* mit dieser Bedingung nicht er-klärt werden, sie ist jedoch einer *CSecR quasi* „immanent".

Fasst man nun die Prüfung der unter die Akteurscharakteristika fallenden Hypothesen zusammen, kann man auf UF 1 entgegen, dass es einen Zusam-menhang in hypothetisierter Form zwischen der Unternehmensgröße sowie der rechtsähnliche Zuordnung von Verantwortlichkeit bzw. Haftung eines Unternehmens und einer *CSecR* gibt.

4.3.2 Produkt(ions)charakteristika

Hinsichtlich der Image-Abhängigkeit der Unternehmen sowie der Sichtbar-keit ihrer Produkte und einer *CSecR* können keine eindeutigen Aussagen ge-troffen werden, da kein manifester Zusammenhang beobachtet werden konnte. Zumindest lagen bei der Minimierung keine voneinander trenn-scharf unterschiedlichen Werte hinsichtlich der Variable BREQ vor. Analy-siert man die Ergebnisse aller Minimierungen, so trifft auch hier der Sach-verhalt aus *H A 2* zu, dass in genau einer Minimierung eine Ausprägung der Variable BREQ hauptsächlich und augenfällig in der Mehrzahl vorliegt, nämlich BREQ{0} bei den Ergebnissen des *Outcomes* „0" (keine *CSecR*), was für die Bewertung eines Zusammenhangs in positiver Weise perfekt ist. Al-lerdings schlägt sich in den anderen beiden Minimierungsergebnissen „2" bzw. „1" (direkte / indirekte *CSecR*) das ganze Varianzspektrum der Variable nieder, nämlich BREQ{0-2}. D.h. entweder kann diese Bedingung tatsächlich nicht in hypothetisierter Form die *CSecR* erklären, sodass die Hypothese ver-worfen werden muss oder das zugrundeliegende Messkonzept ist nicht

kompatibel, valide und insgesamt inkohärent. In Anbetracht der Schwierigkeit die entsprechende Variable mittels „Markenwert" wie in 3.2 dargestellt
zu operationalisieren, wozu mehr als 500 verschiedene Modelle verfügbar
sind und zur Differenzierung durchaus eine betriebswirtschaftliche Expertise von Vorteil ist, scheint letzterer Aspekt naheliegender. In jedem Falle
kann *H P 1* nicht bestätigt werden.

Anders verhält es sich mit der zweiten Hypothese. Hier decken sich die in
der Theorie erwarteten Bedingungen *in optima forma* mit der Empirie. Waren
Anlagen oder Ressourcen der Unternehmen in der Nähe eines Konfliktes gegeben, d.h. hatten die Unternehmen für ihre Geschäftätigkeit spezifische
Werke und Anlagen in dem jeweiligen konfliktgeschüttelten Staat und sahen
sie sich „sunk costs" gegenüber (ANLSUNK{1}), konnte seitens dieser Unternehmen eine *CSecR* beobachtet werden (CSECR{2,1}). War dies nicht der Fall
(ANLSUNK{0}), blieb eine *CSecR* aus (CSECR{0}). *H P 1* hat sich innerhalb der
empirischen Analyse bestätigt und kann im Theoriegebäude bestehen bleiben.

Vor diesem Hintergrund besteht auf Grundlage der empirischen Resultate
insofern ein Zusammenhang zwischen Produkt(ions)charakteristika und einer *CSecR*, als die Nähe von Produktionsanlagen und –Ressourcen des Kerngeschäftes von TNCs zum Konflikt sowie das Potenzial von „sunk costs"
ausschlaggebend für ein Engagement im Sinne einer *CSecR* sind.

4.3.3 Geschäftsumgebungscharakteristika

Die empirischen Resultate hinsichtlich staatlicher Fehlfunktion sind mit jenen der theoretischen Annahmen auch nicht völlig deckungsgleich: Ein perfekter Zusammenhang ergibt sich bei einer direkten *CSecR* (in der Minimierung des *Outcomes* mit dem Wert „2" resultieren durchweg die Ausprägungen FAILSTA{1} und FAILSTA{1}), wohingegen bei einer indirekten als auch
bei einer gänzlich nicht gegebenen *CSecR*, Konfigurationen mit der Theorie
entgegengesetzten Variablenausprägungen ausgegeben werden. Inspiziert
man die Fälle allerdings nochmals genauer, so sind erneut die zuvor identifizierten „Ausreißer" zu erkennen. Abermals ist Roche in Indonesien dabei,
ein Fall der sich bereits hinsichtlich anderer, bereits besprochener Charakteristika und Hypothesen deviant zeigte; weil dieser jedoch nur einen Fall impliziert, fällt er in Anbetracht der Vielzahl von die Hypothese bestätigenden

Hauptimplikanten nicht allzu in das Gewicht der Beurteilung. Schaut man sich allerdings die weiteren Ergebnisse für die Minimierung des *Outcomes* mit dem Wert „0" und im Hinblick auf die Variable FAILSTA an, so kann eine Nicht-Bestätigung des Zusammenhangs aufgrund der Quantität der „Devianten" nicht mehr mit „Ausreißern" abgewendet werden. Mit Rekurs auf die Fälle wird ersichtlich, dass es sich um eine Gruppe von Fällen handelt, nämlich ABB Ltd., Mitsubishi Corporation, Roche Group, Toyota Motor Corporation, WPP Group Plc, Wal-Mart Stores, die in der von den theoretischen Erwartungen abweichenden Konfiguration allesamt in Nigeria operieren. Da bei einigen von diesen Unternehmen für ein anderes *Outcome* (Werte „2" und „1") durchaus eine *CSecR* beobachtet worden ist, sollten gerade die abweichenden Werte sorgsam untersucht und in der Auswertung entsprechend berücksichtigt werden. Alles in allem kann gesagt werden, dass der Grad staatlicher Fehlfunktion offensichtlich eine maßgebliche Rolle spielt, insbesondere bei der direkten *CSecR*, allerdings nicht in systematischer Weise identifiziert und etabliert werden konnte. H G 1 gilt folglich als für diese Untersuchung nicht bestätigt und muss verworfen werden.

Als unbestreitbar akzeptiert und bestätigt kann allerding H G 2 gewertet werden. In offensichtlicher Weise zeigt sich, dass bei einer nicht beobachteten *CSecR* (Wert „0") vorrangig die Variablenausprägungen NGO{0-1} zu finden sind, wohingegen eine beobachtete direkte und indirekte *CSecR* (Werte „2" und „1") die Bedingung der Form NGO{1-2} aufweisen. Widersprüchliche oder entgegengesetzte Werte zeigen sich weder in einer Minimierung noch in einem Fall.

Analog gilt dies für H G 3. Die empirischen Werte verhalten sich wie in der Theorie angenommen, sodass bei Unternehmen, welche hauptsächlich auf einem Wettbewerbsmarkt operieren und sich großer Konkurrenz entgegensehen (COMPT{0}), also Märkte auf denen eine geringe Marktkonzentration gemessen wurde, keine oder nur eine indirekte *CSecR* beobachtet werden konnte, wohingegen auf Märkten, die eine hohe Konzentration aufwiesen und oligopolistischer oder gar monopolistisch strukturiert waren, eine *CSecR*, zumindest indirekt, verzeichnet werden konnte. Zwar erweisen sich hier zwei Unternehmen als „Ausreißer", indem sie bei einer indirekten *CSecR* den Höchstwert COMPT{2} aufwiesen (intuitiv hätte man erwartet, dass je höher der Wert der Marktkonzentration, desto höher auch der *CSecR*-Beitrag, also direkt, anstatt indirekt), allerdings widerspricht das in keiner Weise der Hypothese und ist somit nicht weiter beachtenswert. *H* ɢ *3* ist in Anbetracht der empirischen Ergebnisse im Rahmen dieser Untersuchung bestätigt und akzeptiert.

Infolge der Bewertung vorstehender Hypothesen zur Geschäftsumgebung ist zu konstatieren, dass ein Zusammenhang zwischen der Anzahl der NGOs bzw. deren Aktivitäten im Heimatland der Unternehmen und einer *CSecR* besteht, genauso wie ein Zusammenhang zwischen der Anzahl der Anbieter auf dem Markt, auf dem die TNCs operieren bzw. einer oligopolistischen Marktkonzentration und einer *CSecR* in vorliegender Untersuchung etabliert ist.

4.3.4 Konfliktcharakteristika

H ᴋ *1* postuliert, dass eine *CSecR* dann beobachtet werden kann, wenn ein Konflikt von ökonomischen Sachverhalten geprägt ist. Diese Hypothese kann in dieser Weise, aufgrund der empirischen Ergebnisse der Untersuchung, nicht bestätigt werden. Inspiziert man die Lösungen jedoch nochmals genauer, ist die Hypothese nicht gänzlich zu verwerfen, sondern bedarf lediglich in einem Aspekt der Umformulierung. Für die Minimierungen der Variable „direkte" und „keine" *CSecR* (CSECR „2" und „0"), ergaben sich Werte, die einen Zusammenhang einwandfrei bestätigen, nämlich COISSU{1} für eine direkte *CSecR* und COISSU{0} für eine nicht gegebene *CSecR*. Leider traf dies nicht für die indirekte *CSecR* zu, bei welcher Werte mit der Ausprägung COISSU{0} resultierten. Zur Bestätigung der Hypothese sind die ersten Werte, weil mit den Annahmen deckungsgleich, durchaus „hinreichend". Da das *CSecR*-Konzept der Hypothese gemäß Forschungsdesign allerdings nicht dichotom, sondern trichotom ist, muss dies auch zur Bestätigung der Hypothese gelten. Notwendigerweise müssen also alle drei Minimierungswerte übereinstimmen und die Hypothesenprüfung muss für alle Ausprägungen erfolgen. Um also den hier ermittelten Ergebnissen gerecht zu werden, müsste die Reformulierung der Hypothese lauten: *Wenn der Konflikt von ökonomischen Sachverhalten geprägt ist, dann engagieren sich TNCs in Form von einer direkten CSecR*. Dessen ungeachtet verbleibt *H* ᴋ *1* unbestätigt. Dennoch sei herausgestellt, dass die hypothetisierten Erwartungen der

Wirklichkeit nicht gänzlich fern waren und ihre empirische Prüfung zu einer Verfeinerung führen konnten.

Bis auf eine Konfiguration decken sich die empirischen Ergebnisse mit den theoretischen Erwartungen von $H_K 2$. D.h. eine *CSecR* war hauptsächlich in Phasen des manifesten (COPHAS{1}) bzw. unmittelbar beendeten Konflikts (COPHAS{2}) zu beobachten. Die einzige Kombination von Bedingungen, die sich diesbezüglich „deviant" zeigte, war die Hauptimplikantenhülle der Fälle General Electric und Royal Dutch / Shell Group mit ihrer Geschäftstätigkeit in Nigeria. Gleichwohl lässt sich die „Ausreißer"-Kombination auch dieses Mal mit Rekurs auf die Fälle (dem „Ausleuchten der Black Box") auflösen. Durchaus wurde Nigeria als *Pre-Konflikt-Phase* erhoben, allerdings darf dabei weder die Operationalisierung der Variable noch die Vorgehensweise bei ihrer Messung außer Acht gelassen werden. Die Klassifikation nach UCDP ist insgesamt „starr" und technisch; der Konflikt konnte unter Gesichtspunkten von Zeit und Opferzahlen zwar als *Pre-Konflikt-Phase* erhoben, damit jedoch keineswegs in seiner Einzigartigkeit erfasst werden. Betrachtet man den Konflikt sowie die besonderen Umstände, denen sich die beiden Unternehmen entgegensehen *en détail*, so kann beansprucht werden, dass der Konflikt hinsichtlich stetigem Engagement der Unternehmen durchaus auch die Dimensionen der anderen beiden Konfliktphasen annehmen kann. Zudem zeigen auch die aktuelleren Geschehnisse, dass der Konflikt in Nigeria nahezu fließende Übergänge in den Konfliktphasen aufweist. Zu der Hypothesenprüfung zurückkommend, erklärt diese „deviante" Hauptimplikantenhülle eine einzige Fallgruppe individuell. In Anbetracht der Mehrzahl der anderen, durchaus zutreffenden und die theoretischen Annahmen bestätigenden Hauptimplikanten, ist $H_K 2$ abschließend als bestätigt und von den empirischen Ergebnissen durchaus getragen anzusehen.

In Folge dessen ist zwischen der Phase, in welcher sich ein Konflikt befindet und einer *CSecR* ein positiver Zusammenhang gegeben.

Zu guter Letzt seien an dieser Stelle die theoretischen Annahmen auch auf Grundlage der zusätzlichen Minimierungskalkulation bewertet. Betrachtet man die Ergebnisse aus Abbildung 28 bzw. Annex II sowie Annex 21-24, ergibt sich eine gänzlich konträre Ansicht im Hinblick auf die Bestätigung bzw. Widerlegung der in 2.4 aufgestellten Hypothesen: Wenn auch nicht die

Gesamtheit der Hypothesen auf Grundlage der trichotomen Minimierungsergebnisse bestätigt werden konnte, wurde zumindest die Mehrzahl dieser
bestätigt (60 % bzw. 6 Annahmen).[497] Darüber hinaus konnte auf dieser
Grundlage zu einer weiteren Hypothese ein Vorschlag zur Reformulierung
gefunden werden. Wären die gesamten theoretischen Annahmen ausschließlich mit Bezug auf die dichotome Minimierung zu bewerten gewesen, wäre
so gut wie keine Annahme bestätigt worden. Wenn überhaupt, hätten sich
nur zwei Hypothesen „bewahrheitet", nämlich diejenige, die einen Zusammenhang zwischen einer rechtsähnliche Zuordnung von Verantwortlichkeit
bzw. Haftung und einer $CSecR$ postuliert sowie die Hypothese, die eine gegebene Nähe von Anlagen und Ressourcen des Unternehmens zum Konflikt
(„sunk costs") und einer $CSecR$ annimmt.[498] Zusammenfassend müssten also
formal, abgesehen von diesen beiden Hypothesen, alle anderen, in Anbetracht der dichotomen Minimierungsergebnisse, als nicht bestätigt erachtet
und entsprechend verworfen werden. Glücklicherweise kann letzterer Punkt
im Konjunktiv geschrieben werden und dementgegen eine alternative sowie
für das Vorhaben zugrundeliegender Arbeit wesentlich zielführendere Bewertung der theoretischen Annahmen erfolgen.

---

[497] Vgl. zu den genauen Werten Abbildung 28 sowie Annex II bzw. 21 und 22.

[498] Genau genommen gilt diese Aussage mit Einschränkung, da auch bei diesen Variablen zwei bzw. drei „deviante" Werte in den jeweiligen Minimierungen auftreten, die
allerdings als individuelle Fälle und „Ausreißer" im Hinblick auf die Bewertung der
relevanten Hypothesen vernachlässigt werden können; vgl. auch hier zu den exakten
Werten Abbildung 28 sowie Annex II bzw. 21 und 22.

5 Fazit

Die zugrundeliegende Arbeit hatte sich zum Ziel gemacht, das Potenzial eines auf Selbstregulierung bzw. „Selbst-*Governance*" basierenden und nicht „mandatierten" Engagements von privatwirtschaftlichen Unternehmen zu Sicherheit und Frieden in Konfliktgebieten zu untersuchen; ein von der Wissenschaft noch relativ wenig erforschtes Gebiet, zu welchem, bis auf das bahnbrechende Werk von Deitelhoff und Wolf, bislang keine systematischen Arbeiten vorliegen. Als Analyserahmen sollte die in jenem Werk entwickelte *CSecR* herangezogen werden, welche sowohl die bis *dato* umfassendste wissenschaftliche Konzeption eines solchen Engagements darstellt als auch ein kohärentes, vergleichendes Forschungsprogramm offeriert. Im Rahmen der Arbeit sollte dabei die Frage geklärt werden, inwieweit die im Theoriegebäude der *CSecR* hypothetisierten Zusammenhänge zwischen maßgeblichen Bedingungen (Charakteristika) und einem solchen Engagement tatsächlich bestehen bzw. welche der mittels *CSecR* herangezogenen theoretischen Annahmen die höchste Güte bei der Erklärung der Varianz des Engagements von privatwirtschaftlichen Unternehmen zu Sicherheit und Frieden in Konfliktgebieten aufweisen.

Um die Fragestellung zu beantworten, wurden zunächst Unternehmen ausgewählt, die in einem Konfliktgebiet operieren; dies war die Vorbedingung für ein Engagement sowie die Grundlage des Analyserahmens überhaupt. Sodann wurde sondiert, inwiefern bei diesen Unternehmen ein solches Engagement zu verzeichnen war. Als Maßstab wurde das Konzept einer *CSR* gewählt, wobei die jeweiligen Maßnahmen der Unternehmen in Zusammenhang mit dem jeweiligen Konflikt(gegenstand) stehen mussten, welchem sie sich gegenübersahen. Die Bewertung erfolgte anhand des *Outputs* und *Outcomes* der Unternehmen, in Form ihrer Veröffentlichungen, die über die jeweiligen Internetseiten im Zeitraum 2001-2011 zur Verfügung standen. Zielte das jeweilige Engagement direkt auf den jeweiligen Konflikt(gegenstand) ab bzw. veröffentlichten die Unternehmen eine Verpflichtung direkt und intentional dem Konflikt(gegenstand) entgegenzuwirken (bspw. dem Graben von Brunnen in einem Wassermangel-Konflikt), so wurde das Engagement als *direkte CSecR* gewertet. Bestand das Engagement hingegen aus Initiativen, die vom Unternehmen nicht intentional mit dem Konflikt in Verbindung gebracht wurden, allerdings unter Berücksichtigung des Konflikt(gegenstandes) indirekt damit assoziiert waren, sich durch ein friedensstiftendes Potenzial auszeichneten und global gesehen für einen Beitrag zu Frieden und Sicherheit qualifizierten, wurde das Engagement als *indirekte CSecR* gewertet. Alle anderen Formen des Engagements (bspw. philanthropische Einmalzahlungen) wurden als nicht beobachtete bzw. *keine CSecR* gewertet.

Zentrale Annahmen des Analyserahmens für eine *CSecR* waren unterschiedliche Bedingungen, die in vier verschiedene Charakteristika „geclustert" wurden, nämlich Akteurscharakteristika, Produkt(ions)charakteristika, Geschäftsumgebungscharakteristika und Konfliktcharakteristika. Den Akteurscharakteristika zufolge, war die Größe der Unternehmen, eine gegebene Verantwortung bzw. Haftung der Unternehmen sowie eine bestehende Unternehmensethik bzw. Unternehmenskultur ausschlaggebend für eine *CSecR*. Die Produkt(ions)charakteristika umfassten hingegen Bedingungen wie die Abhängigkeit der Unternehmen von ihrem Image bzw. die Sichtbarkeit ihrer Produkte und Dienstleistungen sowie die Nähe ihrer Anlagen bzw. Ressourcen zum Konflikt. Unter den Geschäftsumgebungscharakteristika wurde auf den Heimatstaat (Hauptsitz der Muttergesellschaft des jeweilige Unternehmens), auf den Gaststaat (Geschäftsort des jeweilige Unternehmens außerhalb des Hauptsitzlandes) sowie auf den Markt, auf welchem das relevante Unternehmen operiert, abgestellt. So wurde angenommen, dass die Dichte bzw. Anzahl der NGOs im Heimatland der Unternehmen, der Grad staatlicher Fehlfunktion im Gastland und die Marktbeschaffenheit bzw. Anzahl der Marktteilnehmer maßgeblich für eine *CSecR* sind. Schließlich wurde hypothetisiert, dass sowohl der Konfliktgegenstand als auch die Konfliktphase, zusammengenommen als Konfliktcharakteristika, ein Engagement der Unternehmen zu Sicherheit und Frieden erklären können.

Für das Vorhaben und die Fragestellung der Arbeit sollten all diese Bedingungen und Charakteristika zugleich in die Untersuchung eingehen und anhand der gezogenen Stichprobe geprüft werden. In diesem Sinne wurden die im vergleichenden *CSecR*-Forschungsprogramm von Deitelhoff und Wolf formulierten Hypothesen entsprechend angepasst und zur Prüfung in die Untersuchung aufgenommen. Deren Bestätigung bzw. Widerlegung wurde schließlich mittels mvQCA-basierten Analyse vollzogen.

Als robuster Befund erwies sich, dass alle dem Theoriegebäude der *CSecR* zugrundeliegenden Charakteristika relevant und ausschlaggebend für eine *CSecR* sind und keine davon ausgeschlossen werden können. Was die einzelnen, innerhalb dieser Charakteristika „geclusterten" Bedingungen anbelangt, kann und muss jedoch differenziert werden, da von diesen nicht alle gleichzeitig, in identischer Ausprägung, als maßgeblich analysiert wurden. Als definitiv entscheidend für eine *CSecR* im Sinne der in der Untersuchung konzeptualisierten sowohl direkten als auch indirekten *CSecR* konnten dabei folgende Bedingungen identifiziert werden: eine große Unternehmensgröße; eine gegebene rechtsähnliche Zuordnung von Verantwortlichkeit bzw. Haftung innerhalb eines Unternehmens; die Nähe von Anlagen bzw. Ressourcen des Kerngeschäftes eines Unternehmens zum Konflikt; eine hohe Dichte bzw. Anzahl von NGOs im Heimatland des Unternehmens bzw. in demjenigen Staat, in welchem die Muttergesellschaft ihren Sitz hat; eine geringe Anzahl von Konkurrenten bzw. Teilnehmern auf dem Markt, auf welchem das Unternehmen operiert und damit eine insgesamt oligopolistische Marktstruktur sowie schließlich die Konfliktphase. Von diesen Bedingungen konnte keine weder als notwendig und hinreichend noch als notwendig aber nicht hinreichend identifiziert werden, da weder eine Bedingung bzw. Zusammensetzung von Bedingungen singulär als Lösung aus den Minimierungen hervorging noch eine Bedingung in identischer Ausprägung, in jeder Gleichung bzw. in jedem Gleichungsterm, herausgestellt werden konnte. Allerdings konnten alle diese Bedingungen als hinreichend aber nicht notwendig befunden werden, da sie alle in vorstehenden Ausprägungen Teil der vielzähligen Hauptimplikanten waren.

Dementgegen konnte die Bedingung der internen Unternehmensethik bzw. Unternehmenskultur keine Erklärung für eine *CSecR* liefern und wurde folglich vom Algorithmus in allen Berechnungsergebnissen durch die Minimierung „eliminiert". Ferner erwies sich die Erklärungskraft der Produktsichtbarkeit bzw. Imageabhängigkeit, des Grades staatlicher Fehlfunktion sowie des Konfliktgegenstandes als gering. Was die Produktsichtbarkeit bzw. Imageabhängigkeit betrifft, konnte dieser Umstand vornehmlich auf die defizitäre Operationalisierung bzw. den Indikator und das verwendete Messkonzept zurückgeführt werden, sodass die geringe Aussagekraft dieses Faktors nicht verallgemeinert werden kann. Beim Grad staatlicher Fehlfunktion bedarf es einer genaueren Untersuchung der dahinterliegenden Zusammenhänge: In keiner Weise ist ein Zusammenhang auszuschließen, allerdings konnte aufgrund der empirischen Analyseergebnisse kein messbarer und systematischer Einfluss etabliert werden. In abgeschwächter Form gilt dies schließlich für den Konfliktgegenstand, wobei hier robuste Befunde hinsichtlich einer direkten und nicht beobachteten *CSecR* erhoben werden konnten, sodass unter Modifikation der theoretischen Annahmen und unter Reformulierung der Hypothese ein Zusammenhang mit den vorliegenden Daten etabliert werden kann.

In Anbetracht dieser Ergebnisse konnten die theoretischen Annahmen weitestgehend „verifiziert" sowie die Fragen nach den Zusammenhängen zwischen den jeweiligen Bedingungen bzw. Charakteristika und der *CSecR* umfassend beantwortet werden, sodass abschließend auch auf die Ausgangsfragestellung vorliegender Arbeit die positive Antwort gegeben werden kann: Ja, es besteht ein Zusammenhang zwischen spezifischen Charakteristika seitens TNCs und ihrem Beitrag zu Sicherheit und Frieden in Konfliktregionen bzw. zwischen Akteurs-, Produkt(ions)-, Umgebungs- bzw. Konflikt-Charakteristika und der *Corporate Security Responsibility*.[499]

Dieses *Oucome* der Arbeit mag als ziemlich bescheiden erachtet werden. Doch auch wenn hier keine bahnbrechenden und gänzlich neuartigen Erkenntnisse erzielt worden sind, so hat die mvQCA durchaus signifikante und respektable Ergebnisse geliefert. In diesem Sinne scheint schwer vorstellbar, dass eine Stichprobe vorliegende Größe mittels statistischen oder etwa tiefgründigen, fallorientierten qualitativen Methoden hätte ertragreicher analysiert werden können: Die Grundgesamtheit von Fällen ist zu groß, um nahezu alle Fälle innerhalb eines vergleichenden Fallstudiendesigns zu analysieren und zugleich zu gering, um darauf anspruchsvolle statistische Verfahren anzuwenden; ganz zu schweigen von der komplexen Konzeptualisierung des zugrundeliegenden Analyserahmens.[500] Sowohl Analyserahmen als auch Methodik erlauben es, die qualitativen Unterschiede von Fällen zu berücksichtigen: Jeder Fall hat eine eigenständige Bedeutung, welche durch

---

[499] „Verifiziert" ist, wie bereits in Fußnote 199 angegeben, nicht in strikt Popper'schem Sinne zu verstehen, weshalb das Wort in Anführungszeichen gesetzt ist.
[500] Rihoux 2006; Rihoux und Ragin 2009; Byrne und Ragin 2009; Ragin 1989, 2008.

Transparenz der Methode jederzeit intersubjektiv geprüft werden kann.[501] Dadurch sowie aufgrund der Tatsache, dass in einer (mv)QCA „Ausreißer"-Fälle, wie vielfach gesehen, expliziter Bestandteil der Analyseergebnisse sind, unterscheidet sich die Methodik elementar von statistischen Verfahren. So stellen die erzielten Resultate mehr als nur eine kombinatorische Aneinanderreihung von Bedingungen bzw. Erklärungsfaktoren dar, die zu „pseudo-deterministischen" Schlüssen verleiten. Vielmehr war es aufgrund der Vielzahl von Hauptimplikanten möglich, die einer *CSecR* zugrundeliegenden Muster nachzuzeichnen und die Kausalstruktur aus dem komplexen Datensatz valide, reliabel und intersubjektiv nachvollziehbar zu rekonstruieren. Obwohl mit dem Vorgehen der Minimierung unter ausschließlichem Einbezug von „logical remainder" eine berechtigte Kritik eingehandelt wurde, konnte durch die zusätzliche „konservative" Minimierungskalkulation gezeigt werden, dass diese Kritik nicht für jedes Forschungsvorhaben bzw. Forschungsdesign und schon gar nicht für jeden Untersuchungsgegenstand zutreffend sein muss. Ganz im Gegenteil: Wäre versucht worden, die empirischen Daten nach der Theorie (bzw. Forschungslogik der (mv)QCA) zu „bürsten" und wäre der Datensatz „dichotomisiert" oder eben nur in „konservativer" Berechnung ausgewertet worden, wären offensichtlich kaum Minimierungen erfolgt und vielmehr andere Befunde resultiert. Obwohl auch mit der alternativen „logical remainder"-Berechnung nicht alle Bedingungen „verifiziert" werden konnten, so zeigte sich das *Gros* dieser dominant. Ein Indikator für die Güte der Befunde und des Analyserahmens sind die in der Arbeit bereits mehrfach erwähnten widersprüchliche Fälle (sog. „contradictions"): Treten diese auf, deutet das entweder auf vernachlässigte Bedingungen hin oder auf nicht plausibel gesetzte Schwellenwerte.[502] Beides war hier nicht der Fall; in keiner Minimierungskalkulation, auch nicht der zusätzlichen, traten „contradictions" auf. Vielmehr haben die Ergebnisse eindeutig bewiesen, dass sich die verwendete Theorie der *CSecR* bestens zur Analyse eines Engagements seitens Unternehmen zu Sicherheit und Frieden eignet. Zwar waren genaue definitorische Abgrenzungen und Konzepte für einen solchen Beitrag notwendig, allerdings verhinderte genau diese konzeptionelle Offenheit oder, aus einer kritischen Perspektive formuliert, Unschärfe der *CSecR*, die mechanische Verwendung des Ansatzes und

---

[501] Ragin 1989; Berg-Schlosser und Müller-Rommel 2003, S. 117.
[502] Cronqvist 2007a, S. 42, 58, 95, 2003, S. 15 ff., 23.

offenbarte zugleich seine Vorzüge. Diese liegen einerseits in der an den Charakteristika angelehnten Ausgestaltung der Erklärungsfaktoren, andererseits in der Möglichkeit eine heuristische Eingrenzung der Untersuchung unterschiedlicher *CSecR*-Beiträge vorzunehmen. Insofern kann das Theoriegebäude der *CSecR* gleichermaßen perfekt in Fallstudien und im Rahmen einer (mv)QCA verwendet werden.

Daran anknüpfend stellt sich aber auch die Frage, inwieweit denn nun die eigentliche Beförderung des wissenschaftlichen Diskurses mit den Ergebnissen gelungen ist bzw. was zum Potenzial eines auf Selbstregulierung und „Selbst-*Governance*"-basierenden und nicht „mandatierten" Engagements von privatwirtschaftlichen Unternehmen zu Sicherheit und Frieden in Konfliktgebieten mit den Ergebnissen gesagt werden kann oder, nochmals anders formuliert, inwiefern die Befunde generalisiert werden können.

Entschieden und nachdrücklich muss und sollte von einer weitreichenden Generalisierung abgesehen werden, sodass auch zum eigentlichen *Governance*-Potenzial privatwirtschaftlicher Akteure in Konfliktgebieten keine manifesten Aussagen getroffen werden können. Doch, wie mehrfach erwähnt, hatte sich vorliegende Arbeit weder zum Ziel gemacht Kausalbeziehungen in deterministischer bzw. statistischer Weise zu untersuchen oder eine Antwort auf eine Warum-Fragestellung in klassisch kausal-analytischer Manier zu geben noch Aussagen zum bzw. Bewertungen des *Governance*-Potenzials vorzunehmen. Zwar wird einleitend das Potenzial des *CSecR* Engagements als *Governance*-Beitrag zum Ausgangspunkt der Untersuchung erklärt, allerdings ist dies lediglich zur Verortung der Arbeit im wissenschaftlichen Diskurs sowie zur Rahmung der *CSecR* zu verstehen: Im Rahmen dieser Arbeit wird von deterministischen Schlussfolgerungen in Bezug auf allgemein privatwirtschaftliche Akteure ebenso zwingend abgesehen wie von einer Extrapolation der Erkenntnisse auf alternative *Global Governance*-Diskurse.

Sicherlich stellt sich in diesem Zuge und in Anbetracht der unterstellten Möglichkeit, eine (mv)QCA könne auf vermutete Kausalzusammenhänge schließen, die Frage nach dem Nutzen einer solchen Untersuchung. Verteidigend kann darauf jedoch entgegnet werden, dass die Arbeit zumindest im Hinblick auf das Plädoyer einer Reihe Wissenschaftler, die bereits zur *CSecR* gearbeitet und sich für das Vorantreiben weiterer Forschung ausgesprochen haben, einen solchen Beitrag geleistet hat. Genauer gesagt, konnte und sollte für die Behauptung von Deitelhoff und Wolf, die Zeit für Hypothesentests auf diesem Gebiet sei noch nicht „reif", das Gegenteil bewiesen werden und letztlich auch dem Aufruf Evers insofern gefolgt werden, als die vorliegende Arbeit die Forschung mit entsprechend systematisierten Analyserastern und einem kohärenten Forschungsprogramm (vor)angetrieben hat.[503]

Von dieser Warte aus kann zum *Governance*-Potenzial lediglich konstatiert werden, dass die *CSecR* nicht mehr als eine weitere Spielart der *CSR* ist, sie allerdings noch lange nicht so etabliert ist wie diese und deshalb wesentlich deutlicher herausgestellt und verbreitet werden muss, damit sie entsprechendes Potenzial entwickeln und auch im Bereich der *high politics* wie Sicherheit und Frieden einen *Governance*-Beitrag leisten kann.

Zu einer solchen „Herausstellung" hat die vorliegende Arbeit zumindest eine systematisch-vergleichende Grundlage geschaffen, woran sowohl inhaltlich als auch methodisch zukünftig durchaus angeknüpft werden kann. Inhaltlich insofern, als die bisherigen Erkenntnisse nochmals aus anderer Perspektive bzw. mit anderen Daten geprüft werden können und versucht werden sollte, die Erkenntnisse dieser Arbeit in einer weiteren Untersuchung zu „verifizieren" bzw. falsifizieren; methodisch insofern, als eine weitere „Spielart" der QCA auf dieselben Daten angewendet oder die bestehende mvQCA optimiert werden könnte.

Hier böte sich an, wie bereits in der Auswertung angerissen, das Forschungsdesign bzw. die Operationalisierung einiger Variablen inklusiver Messkonzepte und Indikatoren zu modifizieren und die neugewonnenen Ergebnisse mit den Ergebnissen dieser Arbeit zu vergleichen. Auch wäre die Setzung anderer Schwellenwerte überlegenswert sowie, falls ressourcentechnisch möglich, die Prüfung der tausenden verwendeten „simplifying assumptions". In Betracht zu ziehen wäre letztlich auch eine Prüfung sowohl bestehender als auch durch die Modifikation neu gewonnener Ergebnisse unter Einbezug mehrerer und anderer Methoden, im Sinne eines methodischen „cross-checks" bzw. einer methodischen Triangulation.

---

[503] Evers 2010, S. 25.

Egal welcher dieser alternativen Wege beschritten wird, jeder sollte dem Ziel entgegen führen, die bisher bestätigten Annahmen zu „falsifizieren", verworfene Annahmen zu „verifizieren" und die weiterhin bestehenden Erklärungs- bzw. Forschungslücken zu minimieren.[504]

---

[504] Auch abschließend gilt, dass „verifizieren" und „falsifizieren" wie bereits in Fußnote 199 angegeben, nicht in strikt Popper'schem Sinne zu verstehen sind, weshalb beide Worte in Anführungszeichen gesetzt sind.

Bibliographie

Aarebrot, Frank. H.; Bakka, Pal H. (2003): Die vergleichende Methode in der Politikwissenschaft. In: Dirk Berg-Schlosser und Ferdinand Müller-Rommel (Hg.): Vergleichende Politikwissenschaft. Ein einführendes Studienhandbuch. 4. Aufl. Wiesbaden: VS Verl. für Sozialwiss, S. 57–77.

ABB Asea Brown Boveri Ltd. (2000): ABB Group Annual Report. Sustainability Report. Online verfügbar unter http: //www.abb.de/AbbLibrary/DownloadCenter/?showresultstab=true&browsecategory=rootabb_groupprinted_materialsgroup_reportsgroup_sustainability_reports&querytext&displayversion=1&update&dockind&process&languagecode, zuletzt geprüft am 11.11.2011.

ABB Asea Brown Boveri Ltd. (2001): ABB Group Sustainability Report. Online verfügbar unter http://www.abb.de/AbbLibrary/DownloadCenter/?showresultstab=true&browsecategory=rootabb_groupprinted_materialsgroup_reportsgroup_sustainability_reports&querytext&displayversion=1&update&dockind&process&languagecode, zuletzt geprüft am 11.11.2011.

ABB Asea Brown Boveri Ltd. (2002a): ABB Group Sustainability Report. Online verfügbar unter http://www.abb.de/AbbLibrary/DownloadCenter/?showresultstab=true&browsecategory=rootabb_groupprinted_materialsgroup_reportsgroup_sustainability_reports&querytext&displayversion=1&update&dockind&process&languagecode, zuletzt geprüft am 11.11.2011.

ABB Asea Brown Boveri Ltd. (2002b): Summary of the ABB Group Sustainability Report. Online verfügbar unter http://www.abb.de/AbbLibrary/DownloadCenter/?showresultstab=true&browsecategory=rootabb_groupprinted_materialsgroup_reportsgroup_sustainability_reports&querytext&displayversion=1&update&dockind&process&languagecode, zuletzt geprüft am 11.11.2011.

ABB Asea Brown Boveri Ltd. (2003): ABB Group Annual Report. Sustainability review. Online verfügbar unter http://www.abb.de/AbbLibrary/DownloadCenter/?showresultstab=true&browsecategory=roo-

194 | Bibliographie

tabb_groupprinted_materialsgroup_reportsgroup_sustainability_re-
ports&querytext&displayversion=1&update&dockind&process&language-
code, zuletzt geprüft am 11.11.2011.

ABB Asea Brown Boveri Ltd. (2004a): ABB Annual Report. Sustainability
review. Online verfügbar unter http://www.abb.de/AbbLibrary/Down-
loadCenter/?showresultstab=true&browsecategory=rootabb_groupp-
rinted_materialsgroup_reportsgroup_sustainability_re-
ports&querytext&displayversion=1&update&dockind&process&language-
code, zuletzt geprüft am 11.11.2011.

ABB Asea Brown Boveri Ltd. (2004b): ABB Sustainability review summary.
Online verfügbar unter http://www.abb.de/AbbLibrary/DownloadCen-
ter/?showresultstab=true&browsecategory=rootabb_groupprinted_materi-
alsgroup_reportsgroup_sustainability_reports&querytext&displayver-
sion=1&update&dockind&process&languagecode, zuletzt geprüft am
11.11.2011.

ABB Asea Brown Boveri Ltd. (2005a): ABB Annual Report. Sustainability
review. Online verfügbar unter http://www.abb.de/AbbLibrary/Down-
loadCenter/?showresultstab=true&browsecategory=rootabb_groupp-
rinted_materialsgroup_reportsgroup_sustainability_re-
ports&querytext&displayversion=1&update&dockind&process&language-
code, zuletzt geprüft am 11.11.2011.

ABB Asea Brown Boveri Ltd. (2005b): ABB Sustainability review summary.
Online verfügbar unter http://www.abb.de/AbbLibrary/DownloadCen-
ter/?showresultstab=true&browsecategory=rootabb_groupprinted_materi-
alsgroup_reportsgroup_sustainability_reports&querytext&displayver-
sion=1&update&dockind&process&languagecode, zuletzt geprüft am
11.11.2011.

ABB Asea Brown Boveri Ltd. (2006a): ABB Annual Report. Sustainability
review. Online verfügbar unter http://www.abb.de/AbbLibrary/Down-
loadCenter/?showresultstab=true&browsecategory=rootabb_groupp-
rinted_materialsgroup_reportsgroup_sustainability_re-
ports&querytext&displayversion=1&update&dockind&process&language-
code, zuletzt geprüft am 11.11.2011.

ABB Asea Brown Boveri Ltd. (2006b): Social Policy. Online verfügbar unter http://www.abb.com/cawp/ab-bzh258/79d754a977a2141dc1256d3d0028e101.aspx, zuletzt geprüft am 11.11.2011.

ABB Asea Brown Boveri Ltd. (2006c): Stakeholder relations: Listening and learning. Online verfügbar unter http://www.abb.com/cawp/ab-bzh258/735dab16edeb9e80c125785c007c837e.aspx, zuletzt geprüft am 11.11.2011.

ABB Asea Brown Boveri Ltd. (2007): ABB Group Annual Report. Sustainability review. Online verfügbar unter http://www.abb.de/Ab-bLibrary/DownloadCenter/?showresultstab=true&browsecategory=roo-tabb_groupprinted_materialsgroup_reportsgroup_sustainability_re-ports&querytext&displayversion=1&update&dockind&process&language-code, zuletzt geprüft am 11.11.2011.

ABB Asea Brown Boveri Ltd. (2008): ABB Group Sustainability Performance 2008 GRI indicators. Online verfügbar unter http://www.abb.de/Ab-bLibrary/DownloadCenter/?showresultstab=true&browsecategory=roo-tabb_groupprinted_materialsgroup_reportsgroup_sustainability_re-ports&querytext&displayversion=1&update&dockind&process&language-code, zuletzt geprüft am 11.11.2011.

ABB Asea Brown Boveri Ltd. (2009): ABB Group Sustainability Performance 2009 GRI indicators. Online verfügbar unter http://www.abb.de/Ab-bLibrary/DownloadCenter/?showresultstab=true&browsecategory=roo-tabb_groupprinted_materialsgroup_reportsgroup_sustainability_re-ports&querytext&displayversion=1&update&dockind&process&language-code, zuletzt geprüft am 11.11.2011.

ABB Asea Brown Boveri Ltd. (2010a): ABB Group Sustainability Performance. Challenges and opportunities. Online verfügbar unter http://www.abb.de/AbbLibrary/DownloadCenter/?showresul-tstab=true&browsecategory=rootabb_groupprinted_materialsgroup_re-portsgroup_sustainability_reports&querytext&displayversion=1&up-date&dockind&process&languagecode, zuletzt geprüft am 11.11.2011.

ABB Asea Brown Boveri Ltd. (2010): Helping children towards a brighter future. Online verfügbar unter http://www.abb.com/cawp/seitp202/8630c28dc0ee968cc1256e1b00343a72.as px, zuletzt geprüft am 01.02.2012.

ABB Asea Brown Boveri Ltd. (2010b): Human Rights Policy and Statement. ABB Asea Brown Boveri Ltd. Online verfügbar unter http://www.abb.com/cawp/ab-bzh258/19e081068bd263d0c12574110055cfd7.aspx, zuletzt geprüft am 01.02.2012.

ABB Asea Brown Boveri Ltd. (2011a): ABB in India. Country overview. Online verfügbar unter http://www.abb.co.in/cawp/in-abb506/a30dbe7fc0f8120c65257754003ad04c.aspx, zuletzt geprüft am 11.11.2011.

ABB Asea Brown Boveri Ltd. (2011b): Code of Conduct. Online verfügbar unter http://www.abb.com/cawp/ab-bzh252/45f145dc6cfc01cac12579b500315ed3.aspx, zuletzt geprüft am 11.11.2011.

ABB Asea Brown Boveri Ltd. (2011c): Security and Crisis Management. ABB Asea Brown Boveri Ltd. Online verfügbar unter http://www.abb.com/cawp/ab-bzh258/9262cdc46cc0e375c12576e6003e3e78.aspx, zuletzt aktualisiert am 2011, zuletzt geprüft am 01.02.2012.

ABB Asea Brown Boveri Ltd. (2011d): Sensitive Countries. ABB Asea Brown Boveri Ltd. Online verfügbar unter http://www.abb.com/cawp/ab-bzh258/1d1cc53c17526ae5c12578a20029f0b0.aspx, zuletzt aktualisiert am 2011, zuletzt geprüft am 01.02.2012.

ABB Asea Brown Boveri Ltd. (2011e): Working in the community: Committed to the community. Online verfügbar unter http://www.abb.de/cawp/ab-bzh258/9bd981f3e2b0af2ec125742700391158.aspx, zuletzt aktualisiert am 2011, zuletzt geprüft am 11.11.2011.

ABB Asea Brown Boveri Ltd. (2012): ABB in Nigeria. Country overview. Online verfügbar unter http://www.ng.abb.com/cawp/ngabb002/329d65d6dd216f11c125748a00605f 20.aspx, zuletzt geprüft am 01.02.2012.

Abramov, Igor (2009): Building peace in fragile states. Building trust is essential for effective public-private partnerships. In: *Journal of business ethics* (Supp. 4), S. 4 (2009), 481-494.

Adorno, Theodor W. (1993): Der Positivismusstreit in der deutschen Soziologie. München: Dt. Taschenbuch-Verl (Dtv, 4620).

Ahlbrecht, Kathrin; Bendiek, Annegret; Meyers, Reinhard; Wagner, Sabine (2009): Konfliktregelung und Friedenssicherung im internationalen System. Wiesbaden: VS Verlag für Sozialwissenschaften/GWV Fachverlage GmbH Wiesbaden (Grundwissen Politik, 32).

Amao, Olufemi O. (2008): Corporate Social Responsibility, Multinational Corporations and the Law in Nigeria: Controlling Multinationals in Host States. In: *Journal of African Law* 52 (01).

Bailes, Alyson J.K; Frommelt, Isabel (2004): Business and security. Oxford, Stockholm: Oxford University Press; SIPRI.

Bais, Karolien; Huijser, Mijnd (2005): The profit of peace. Corporate responsibility in conflict regions. Sheffield, UK: Greenleaf.

Ballentine, Karen (Hg.) (2003): The political economy of armed conflict. Beyond greed and grievance. International Peace Academy. Boulder, Colo.: Rienner (A project of the International Peace Academy).

Ballentine, Karen (2004): Business and armed conflict. An assessment of issues and options. In: *Die Friedens-Warte*.

Ballentine, Karen (2007): Promoting Conflict-sensitive Business in Fragile States: Redressing Skewed Incentives. In: Oli Brown (Hg.): Trade, aid and security. An agenda for peace and development. London; Sterling, VA: Earthscan, S. 126–158.

Ballentine, Karen; Haufler, Virginia (2005): Enabling economies of peace. Public policy for conflict-sensitive business. [New York].

Ballentine, Karen; Nitzschke, Heiko (2005): The political economy of civil war and conflict transformation. In: *Berghof Handbook for Conflict Transformation*.

Banfield, Jessica; Gündüz, Canan; Killick, Nick (2006): Local business, local peace. The peacebuilding potential of the domestic private sector. London: International Alert.

Banfield, Jessica; Haufler, Virginia; Lilly, Damian (2005): Transnational Corporations in Conflict-prone Zones: Public Policy Responses and a Framework for Action. In: *Oxford Development Studies* 33 (1), S. 133–147.

Banfield, Jessie (2005): Conflict-sensitive business practice. Guidance for extractive industries. London: International Alert.

Barbara, Julien (2006): Nation building and the role of the private sector as a political peace-builder. In: *Conflict, Security & Development* 6 (4), S. 581–594.

BASF (2001): Gesellschaftliche Verantwortung 2001. Werte schaffen Wert. BASF. Online verfügbar unter http://www.basf.com/group/corporate/de/investor-relations/news-publications/reports/index, zuletzt geprüft am 11.11.2011.

BASF (2002): Umwelt, Sicherheit, Gesundheit 2002. Ständige Verbesserung ist unser Ziel. BASF. Online verfügbar unter http://www.basf.com/group/corporate/de/investor-relations/news-publications/reports/index, zuletzt geprüft am 11.11.2011.

BASF (2004): Unternehmensbericht 2004. Zukunft gestalten. BASF. Online verfügbar unter http://www.basf.com/group/corporate/de/investor-relations/news-publications/reports/index, zuletzt geprüft am 11.11.2011.

BASF (2005): Unternehmensbericht 2005. Zukunft gestalten. BASF. Online verfügbar unter http://www.basf.com/group/corporate/de/investor-relations/news-publications/reports/index, zuletzt geprüft am 11.11.2011.

BASF (2007a): Bericht 2007. Zukunft gestalten. BASF. Online verfügbar unter http://www.basf.com/group/corporate/de/investor-relations/news-publications/reports/index, zuletzt geprüft am 11.11.2011.

BASF (2007b): Bericht 2008. Ökonomische, ökologische und gesellschaftliche Leistung. BASF. Online verfügbar unter http://www.basf.com/group/corporate/de/investor-relations/news-publications/reports/index, zuletzt geprüft am 11.11.2011.

BASF (2009): BASF in India. In Brief 2009. BASF. Online verfügbar unter http://www.india.basf.com/apex/India/India/en/content/newsMediaRelati-ons/newsMediaRelations_CorporatePublications, zuletzt geprüft am 11.11.2011.

BASF (2010a): BASF in India. Report 2010. BASF. Online verfügbar unter http://www.india.basf.com/apex/India/India/en/content/investorRelati-ons/investorRelations_AnnualReports, zuletzt geprüft am 11.11.2011.

BASF (2010b): The Citizens' Guide…to Fighting Corruption. Hg. v. Central Viligance Commission. BASF. Online verfügbar unter http://www.in-dia.basf.com/apex/India/India/en/function/conversions:/publish/India/up-load/sustainability/CITIZENS_GUIDE_BOOKLET.pdf, zuletzt geprüft am 11.11.2011.

BASF (2011a): Activities under Fighting Corruption in Public Life. Online verfügbar unter http://www.india.basf.com/apex/India/India/en/con-tent/sustainability/sustainability_CorporateSocialResponsibility_Activi-tiesunderFightingCorruption_, zuletzt geprüft am 11.11.2011.

BASF (2011b): BASF launches major "Water Education" project in Manga-lore. Online verfügbar unter http://www.india.basf.com/apex/India/In-dia/en/upload/News_and_Media_Relations/Press_Release/2011/BASFlaun-ches_major_Water_Education_project_in_Mangalore_May_10_2011_, zu-letzt geprüft am 11.11.2011.

Bennett, Juliette (2002): Multinational corporations, social responsibility and conflict. In: *Journal of international affairs* 55 (2), S. 393–410.

Bentele, Günter; Buchele, Mark-Steffen; Hoepfner, Jörg; Liebert, Tobias (2009a): Markenbegriff. In: Günter Bentele, Mark-Steffen Buchele, Jörg Hoepfner und Tobias Liebert (Hg.): Markenwert und Markenwertermitt-lung. Eine systematische Modelluntersuchung und -bewertung. 3. Aufl. s.l: Gabler Verlag, S. 3–11.

Bentele, Günter; Buchele, Mark-Steffen; Hoepfner, Jörg; Liebert, Tobias (Hg.) (2009b): Markenwert und Markenwertermittlung. Eine systematische Modelluntersuchung und -bewertung. 3. Aufl. s.l: Gabler Verlag.

Berdal, Mats R.; Malone, David (2000): Greed & grievance. Economic agendas in civil wars ; [a project of the International Peace Academy]. Boulder, Colo: Rienner.

Berdal, Mats; Mousavizadeh, Nader (2010): Investing for Peace: The Private Sector and the Challenges of Peacebuilding. In: *Survival* 52 (2), S. 37–58.

Berg-Schlosser, Dirk; Cronqvist, Lasse (2005): "Macro-Quantitative vs. Macro-Qualitative Methods in the Social Sciences - An Example from Empirical Democratic Theory Employing New Software". Beiträge und Materialien. In: *Historical social research* Vol. 30, 4 (114), S. 154–175.

Berg-Schlosser, Dirk; De Meur, Gisèle (2009): Comparative Research Design: Case and Variable Selection. In: Benoît Rihoux und Charles C. Ragin (Hg.): Configurational comparative methods. Qualitative comparative analysis (QCA) and related techniques. Los Angeles, Calif: Sage (Applied social research methods series, 51), S. 19–33.

Berg-Schlosser, Dirk; Müller-Rommel, Ferdinand (Hg.) (2003): Vergleichende Politikwissenschaft. Ein einführendes Studienhandbuch. 4. Aufl. Wiesbaden: VS Verl. für Sozialwiss.

Bertrand, Jacques (2004): Nationalism and ethnic conflict in Indonesia. Cambridge, U.K, New York: Cambridge University Press (Cambridge Asia-Pacific studies).

Besada, Hany (Hg.) (2009): From civil strife to peace building. Examining private sector involvement in West African reconstruction. Waterloo, Ont: Wilfrid Laurier University Press.

Besada, Hany; Ermakov, Vadim; Ternamian, Miran (2009): Peacebuilding and the Role of the Private Sector in Post-Conflict West Africa: A Conceptual Framework. In: Hany Besada (Hg.): From civil strife to peace building. Examining private sector involvement in West African reconstruction. Waterloo, Ont: Wilfrid Laurier University Press, S. 1–15.

Bharti Walmart Private Ltd.: Community. Overview. Wal-Mart Stores Inc. Online verfügbar unter http://www.bharti-walmart.in/Community.aspx, zuletzt geprüft am 11.11.2011.

Blatter, Joachim K.; Janning, Frank; Wagemann, Claudius (2007): Qualitative Politikanalyse. Eine Einführung in Forschungsansätze und Methoden.

1. Aufl. Wiesbaden: VS Verl. für Sozialwiss.; VS Verlag für Sozialwissenschaften | GWV Fachverlage GmbH Wiesbaden (Lehrbuch, 44).

Bleymüller, Josef; Gehlert, Günther; Gülicher, Herbert (2000): Statistik für Wirtschaftswissenschaftler. 12. Aufl. München: Vahlen (WiSt-Studienkurs).

Boehm, Amnon (2009): Involvement of businesses in the community at times of peace and of war on the home front. In: *Business and society review* 114 (1), S. 85–116.

Böge, Volker (2006): Who's minding the store? The business of private, public and civil actors in zones of conflict. Bonn: BICC (Fatal transactions, 32).

Bouillon, Markus E. (2004): The peace business. Money and power in the Palestine-Israel conflict. ebrary, Inc. London, New York.

Brady, Henry E.; Collier, David (2004): Rethinking social inquiry. Diverse tools, shared standards. Lanham, Md: Rowman & Littlefield.

Brand Finance plc (2011): Branddirectory. Ranking the world's most valuable brands. Hg. v. Brand Finance plc. Brand Finance plc. London, United Kingdom. Online verfügbar unter http://brandirectory.com/home.

Bray, John (2005): International companies and post-conflict reconstruction. Cross-sectoral comparisons. Washington, D.C: Conflict Prevention & Reconstruction, Environmentally and Socially Sustainable Development Network, World Bank.

Bresnahan, Timothy F.; Reiss, Peter C. (1994): Measuring the Importance of Sunk Costs. In: *Annals of Economics and Statistics/Annales d'Économie et de Statistique* (34), S. 181–217.

Brinkmann, Johanna (2004): Corporate Citizenship und Public-Private Partnerships. Zum Potential der Kooperation zwischen Privatwirtschaft, Entwicklungszusammenarbeit und Zivilgesellschaft. Halle, Saale, Halle, Saale (WZGE-Studien). Online verfügbar unter urn:nbn:de:gbv:3:2-3083.

Brown, Oli (Hg.) (2007): Trade, aid and security. An agenda for peace and development. London; Sterling, VA: Earthscan.

Brühl, Tanja (2001): Die Privatisierung der Weltpolitik. Entstaatlichung und Kommerzialisierung im Globalisierungsprozess. Bonn: Dietz (Eine Welt,

N.F., 11). Online verfügbar unter
http://www.gbv.de/dms/zbw/326154302.pdf.

Brühl, Tanja (2004): Unternehmen in der Weltpolitik. Politiknetzwerke, Unternehmensregeln und die Zukunft des Multilateralismus. Bonn: Dietz (Eine Welt, N.F., 19). Online verfügbar unter http://www.gbv.de/dms/zbw/388662298.pdf.

Brühl, Tanja; Liese, Andrea (2004): Grenzen der Partnerschaft. Zur Beteiligung privater Akteure an internationaler Steuerung. In: Mathias Albert, Bernhard Moltmann und Bruno Schoch (Hg.): Die Entgrenzung der Politik. Internationale Beziehungen und Friedensforschung ; Festschrift für Lothar Brock. Unter Mitarbeit von Lothar Brock. Frankfurt: Campus-Verl (Studien der Hessischen Stiftung Friedens- und Konfliktforschung, 47), S. 162–190.

Bundeszentrale für Politische Bildung (2010): Global Governance. UN Global Compact. Hg. v. Bundeszentrale für Politische Bildung. Bundeszentrale für Politische Bildung. Bonn. Online verfügbar unter http://www.bpb.de/wissen/A32P19,0,0,UN_Global_Compact.html, zuletzt aktualisiert am 13.12.2011.

Buß, Eugen (2007): Image und Reputation – Werttreiber für das Management. In: Manfred Piwinger (Hg.): Handbuch Unternehmenskommunikation. 1. Aufl. Wiesbaden: Gabler.

Byrne, D. S.; Ragin, Charles C. (Hg.) (2009): The SAGE handbook of case-based methods. London ;, Thousand Oaks, Calif: Sage.

Campbell, Ashley (2002): Fuelling conflict or financing peace and development? A case study analysis of BP Amoco's social policies and practices in Colombia. Ottawa.

Campbell, John (2011): Nigeria. Dancing on the brink. Lanham, Md: Rowman & Littlefield Publishers. Online verfügbar unter http://site.ebrary.com/lib/academiccompletetitles/home.action.

Carius, Alexander; Feil, Moira; Müller, Aike (2005): Umwelt, Konflikte und Prävention. Eine Rolle für Unternehmen? Hg. v. Adelphi Research gGmbH. Adelphi Research gGmbH. Berlin.

Chandler, Alfred Dupont; Mazlish, Bruce (2005): Leviathans. Multinational corporations and the new global history. Cambridge: Cambridge Univ.

Press. Online verfügbar unter http://www.loc.gov/catdir/enhancements/fy0733/2004048881-b.html/http://www.gbv.de/dms/bowker/toc/9780521549936.pdf.

Christian Aid (2004): Behind the mask. The real face of corporate social responsibility. 1. Aufl. London: Christian Aid.

Cilliers, Jakkie (2001): BUSINESS AND WAR. In: *African Security Revs* 10 (3), S. 116–119.

Cilliers, Jakkie; Mason, Peggy (1999): Peace, profit or plunder? The privatisation of security in war-torn African societies. Halfway House: Institute for Security Studies.

Collaborative Learning Projects (CDA) (2003): The Role of Business in Conflict Resolution and Peace Building. Corporate Engagement Project. Issue Paper. Hg. v. Collaborative Learning Projects (CDA). Cambridge, UK.

Collier, David; Gerring, John (2009): Concepts and method in social science. The tradition of Giovanni Sartori. London: Routledge.

Collier, Paul; Hoeffler, Anke (2002): Greed and grievance in civil war. Non-Technical Summary. Washington, DC: World Bank Development Research Group (Policy research working paper, 2355).

(2009): Transnational corporations, agricultural production and development and statistical annex. Conference on Trade and Development. 1 CD-ROM ;. New York, NY: United Nations.

Conzelmann, Thomas; Wolf, Klaus Dieter (2007): Doing Good While Doing Well? Potenzial und Grenzen grenzüberschreitender privatwirtschaftlicher Selbstregulierung. In: Andreas Hasenclever und Volker Rittberger (Hg.): Macht und Ohnmacht internationaler Institutionen. Festschrift für Volker Rittberger. Frankfurt/Main: Campus-Verl. (Studien der Hessischen Stiftung Friedens- und Konfliktforschung, 53), S. 145–175.

Conzelmann, Thomas; Wolf, Klaus Dieter (2008): The Potential and Limits of Governance by Private Codes of Conduct. In: Jean-Christophe Graz und Andreas Nölke (Hg.): Transnational private governance and its limits. London: Routledge (Routledge/ECPR studies in European political science, 51), S. 98–114.

Coppedge, Michael (1999): Thickening Thin Concepts and Theories: Combining Large N and Small in Comparative Politics. In: *Comparative Politics* 31 (4), S. 465–476.

Craig, Edward (1998): Ontology. In: Edward Craig (Hg.): Routledge encyclopedia of philosophy. London: Routledge. Online verfügbar unter http://www.rep.routledge.com/article/N039, zuletzt geprüft am 02.11.2011.

Crane, Andrew (2008): The Oxford handbook of corporate social responsibility. Oxford ;, New York: Oxford University Press.

Crane, Andrew; Matten, Dirk (2007): Business ethics. Managing corporate citizenship and sustainability in the age of globalization. 2. Aufl. Oxford: Oxford Univ. Press.

Cronqvist, Lasse (2003): „Using Multi-Value Logic Synthesis in Social Science". Paper prepared for the 2nd General Conference of the European Consortium for Political Research (ECPR), Marburg, September 2003. Section 6: Methodological Advances in Comparative Research : Concepts, Techniques, Applications, Panel 8: Assessing the respective potential of Qualitative Comparative Analysis (QCA), Fuzzy Sets and other techniques : applications. Hg. v. Lasse Cronqvist. University of Marburg. Marburg. Online verfügbar unter http://www.tosmana.net/images/downloads/ecpr_cronqvist.pdf, zuletzt geprüft am 27.10.2011.

Cronqvist, Lasse (2005): Introduction to Multi-Value Qualitative Comparative Analysis (MVQCA). Hg. v. Lasse Cronqvist. University of Marburg. Marburg. Online verfügbar unter http://www.tosmana.net/images/downloads/introduction_to_mvqca.pdf, zuletzt geprüft am 27.10.2011.

Cronqvist, Lasse (2007a): Konfigurationelle Analyse mit Multi-Value QCA als Methode der Vergleichenden Politikwissenschaft mit einem Fallbeispiel aus der Vergleichenden Parteienforschung (Erfolg Grüner Parteien in den achtziger Jahren). Dissertation. University of Marburg, Marburg. Fachbereich Gesellschaftswissenschaften und Philosophie. Online verfügbar unter http://archiv.ub.uni-marburg.de/diss/z2007/0620/, zuletzt geprüft am 27.10.2011.

Cronqvist, Lasse (2007b): Tosmana User Manual. TOol for SMAll-N Analysis. Version 1.3 beta. Hg. v. Lasse Cronqvist. University of Marburg. Marburg. Online verfügbar unter http://www.tosmana.net/tosmana_manual1_3beta.pdf, zuletzt geprüft am 27.10.2011.

Cronqvist, Lasse (2011): Tosmana. Tool for Small-N Analysis. Marburg.

Cutler, A. Claire (1999): Private authority and international affairs. Albany, NY: State Univ. of New York Press (SUNY series in global politics).

Davis, Brian Peter (2010): The Role and Governance of Multinational Companies in Processes of Post-conflict Reconstruction. Ph.D. dissertation. University of London, London.

Deitelhoff, Nicole (2009): The business of security and the transformation of the state. TranState working papers. Hg. v. Sonderforschungsbereich Transformation of the State CRC 597 Universität Bremen. Universität Bremen, Sonderforschungsbereich Transformation of the State CRC 597. Bremen (87).

Deitelhoff, Nicole; Wolf, Klaus Dieter (2010a): Corporate Security Resonsibility: Corporate Governancen Contributions to Peace and Security in Zones of Conflict. In: Nicole Deitelhoff und Klaus Dieter Wolf (Hg.): Corporate security responsibility? Corporate governance contributions to peace and security in zones of conflict. Basingstoke: Palgrave Macmillan (Global issues series), S. 1–26.

Deitelhoff, Nicole; Wolf, Klaus Dieter (Hg.) (2010b): Corporate security responsibility? Corporate governance contributions to peace and security in zones of conflict. Basingstoke: Palgrave Macmillan (Global issues series). Online verfügbar unter http://www.gbv.de/dms/sub-hamburg/611242230.pdf.

Deitelhoff, Nicole; Wolf, Klaus Dieter (2011): Business in zones of conflict. An emergent corporate security responsibility? In: Aurora Voiculescu und Helen Yanacopulos (Hg.): The business of human rights. An evolving agenda for corporate responsibility. London ;, New York: Zed Books, S. 166–187.

Diekmann, Andreas (2007): Empirische Sozialforschung. Grundlagen, Methoden, Anwendungen. Orig.-Ausg., vollst. überarb. und erw. Neuausg.

2007, 5. Aufl., [18. Aufl. der Gesamtausg.]. Reinbek bei Hamburg: Rowohlt-Taschenbuch-Verl (Rowohlts Enzyklopädie, 55678).

Dingwerth, Klaus; Pattberg, Philipp (2006): Global Governance as a Perspective on World Politics. In: Global Governance 12 (2), S. 185–203.

Dörrenbächer, Christoph; Plehwe, Dieter (2000): Grenzenlose Kontrolle? Organisatorischer Wandel und politische Macht multinationaler Unternehmen. Berlin: Ed. Sigma.

Eckstein, Harry (1992): Regarding politics. Essays on political theory, stability, and change. Berkeley: University of California Press. Online verfügbar unter http://ark.cdlib.org/ark:/13030/ft0k40037v/.

Esch, Franz-Rudolf (1999): Moderne Markenführung. Grundlagen, innovative Ansätze, praktische Umsetzungen. Wiesbaden: Gabler (Gabler-Lehrbuch).

Evers, Tobias (2010): Doing Business and Making Peace. 1. Aufl. Swedish Institute of International Affairs. Sweden (Occasional Ulpapers, 03). Online verfügbar unter http://www.ui.se/upl/files/48638.pdf.

Eweje, Gabriel (2007): Multinational oil companies' CSR initiatives in Nigeria: The scepticism of stakeholders in host communities. In: Managerial Law 49 (5/6), S. 218–235.

F. Hoffmann-La Roche AG (2001): Annual Report 2001. Online verfügbar unter http://www.roche.com/investors/annual_reports/annual_reports_archive.htm, zuletzt geprüft am 11.11.2011.

F. Hoffmann-La Roche AG (2002): Annual Report 2002. Online verfügbar unter http://www.roche.com/investors/annual_reports/annual_reports_archive.htm, zuletzt geprüft am 11.11.2011.

F. Hoffmann-La Roche AG (2003a): Annual Report 2003. Online verfügbar unter http://www.roche.com/investors/annual_reports/annual_reports_archive.htm, zuletzt geprüft am 11.11.2011.

F. Hoffmann-La Roche AG (2003b): Sustainability Report 2003. Online verfügbar unter http://www.roche.com/investors/annual_reports/annual_reports_archive.htm, zuletzt geprüft am 11.11.2011.

F. Hoffmann-La Roche AG (2004a): Annual Report 2004. Online verfügbar unter http://www.roche.com/investors/annual_reports/annual_reports_archive.htm, zuletzt geprüft am 11.11.2011.

F. Hoffmann-La Roche AG (2004b): Sustainability Report 2004. Tackling challenges head-on - creating long-term value. Online verfügbar unter http://www.roche.com/investors/annual_reports/annual_reports_archive.htm, zuletzt geprüft am 11.11.2011.

F. Hoffmann-La Roche AG (2005): Roche Annual Report 2005. Business Report. Online verfügbar unter http://www.roche.com/investors/annual_reports/annual_reports_archive.htm, zuletzt geprüft am 11.11.2011.

F. Hoffmann-La Roche AG (2006): Roche Annual Report 2006. Business Report. Online verfügbar unter http://www.roche.com/investors/annual_reports/annual_reports_archive.htm, zuletzt geprüft am 11.11.2011.

F. Hoffmann-La Roche AG (2007a): Guidelines for the Assurance of Safety, Health and Environmental Protection in the Roche Group. Online verfügbar unter http://www.roche.com/responsibility/environment/she_management/policy_guidelines_and_audits.htm, zuletzt geprüft am 11.11.2011.

F. Hoffmann-La Roche AG (2007b): Roche Annual Report 2007. Business Report. Online verfügbar unter http://www.roche.com/investors/annual_reports/annual_reports_archive.htm, zuletzt geprüft am 11.11.2011.

F. Hoffmann-La Roche AG (2010a): @ksi 10.000. Indonesia. Online verfügbar unter http://www.roche.co.id/portal/eipf/indonesia/portal/corporate-EN/aksi_10000, zuletzt geprüft am 11.11.2011.

F. Hoffmann-La Roche AG (2010b): 2010 Roche Annual Report. Online verfügbar unter http://www.roche.com/investors/annual_reports/annual_reports_archive.htm, zuletzt geprüft am 11.11.2011.

F. Hoffmann-La Roche AG (2010c): Capacity Building. Indonesia. Online verfügbar unter http://www.roche.co.id/portal/eipf/indonesia/portal/corporate-EN/capacity_building, zuletzt geprüft am 11.11.2011.

F. Hoffmann-La Roche AG (2010d): Race Against Cancer Everyone (RACE). Indonesia. Online verfügbar unter http://www.roche.co.id/portal/eipf/indonesia/portal/corporate-EN/race, zuletzt geprüft am 11.11.2011.

F. Hoffmann-La Roche AG (2010e): Roche Children's Walk. Indonesia. Online verfügbar unter http://www.roche.co.id/portal/eipf/indonesia/portal/corporate-EN/roche_children_s_walk, zuletzt geprüft am 11.11.2011.

F. Hoffmann-La Roche AG (2011a): 2011 Roche Half-Year Report. Online verfügbar unter http://www.roche.com/investors/annual_reports/annual_reports_archive.htm, zuletzt geprüft am 11.11.2011.

F. Hoffmann-La Roche AG (2011b): Roche – a Global Market Presence. Online verfügbar unter http://www.roche.com/pages/downloads/investor/pdf/reports/gb01/e09.pdf, zuletzt aktualisiert am 2011, zuletzt geprüft am 11.11.2011.

Forbes Magazine (2011a): Global 2000 Methodology. Special Report. Hg. v. Forbes Magazine. Online verfügbar unter http://www.forbes.com/2011/04/20/global-2000-11-methodology_print.html, zuletzt geprüft am 09.12.2011.

Forbes Magazine (2011b): The World's Biggest Public Companies. Global 2000. Hg. v. Forbes Magazine. Forbes Magazine. New York. Online verfügbar unter http://www.forbes.com/global2000/list/.

Forrer, John (2009): Locating peace through commerce in good global governance. In: Journal of business ethics (Supp.4), S. 4 (2009), 449-460.

Fort, Timothy L. (2007): The Times and Seasons of Corporate Responsibility. In: Am Business Law Journal 44 (2), S. 287–329.

Fort, Timothy L. (2009): Peace Through Commerce: A Multisectoral Approach. In: J Bus Ethics 89 (S4), S. 347–350.

Fort, Timothy L.; Gabel, Joan T.A (2007): Peace Through Commerce: An Overview. In: Am Business Law Journal 44 (2), S. v.

Fort, Timothy L.; Schipani, Cindy A. (2001): The Role of the corporation in fostering sustainable peace. Ann Arbor, MI: Davidson Institute.

Fort, Timothy L.; Schipani, Cindy A. (2003a): Adapting corporate governance for sustainable peace. Online verfügbar unter http://eres.bus.umich.edu/docs/workpap-dav/wp532.pdf.

Fort, Timothy L.; Schipani, Cindy A. (2003b): Corporate Governance and Sustainable Peace: Intra-Organizational Dimensions of Business and Reduced Levels of Violence. A symposium sponsored by the William Davidson institute at the University of Michigan Business School, the Aspen institute's initiative for social innovation through business, and Dr. Erika O. Parker, in the memory of her late husband, Edwin C. (Ted) Parker, November 2002. In: *Vanderbilt Journal of Transitional Law* 36 (2), S. 367–781.

Fort, Timothy L.; Schipani, Cindy A. (2004): The role of business in fostering peaceful societies. Cambridge ;, New York: Cambridge University Press.

Fort, Timothy L.; Schipani, Cindy A. (2007): An Action Plan for the Role of Business in Fostering Peace. In: *Am Business Law Journal* 44 (2), S. 359–377.

Fourastié, Jean (1954): Die grosse Hoffnung des zwanzigsten Jahrhunderts. Köln: Bund-Verlag.

Friedman, Milton (1970): The Social Responsibility of Business is to Increase its Profits. In: *The New York Times Magazine*, 1970. Online verfügbar unter http://www.colorado.edu/studentgroups/libertarians/issues/friedman-soc-resp-business.html.

Frommelt, Isabel (2004a): Die Rolle der Privatwirtschaft in einem komplexen Sicherheitsumfeld. Wien: OIIP - Österr. Inst. für Internat. Politik (Arbeitspapier/Österreichisches Institut für Internationale Politik, 51).

Frommelt, Isabel (2004b): Risiken und Sicherheitsbestrebungen der Privatwirtschaft. Die Volkswirtschaft. Das Magazin für Wirtschaftspolitik. Zürich, Schweiz. Online verfügbar unter http://www.lavieeconomique.ch/editions/200511/Frommelt.html.

Frynas, Jedrzej George (1998): Political instability and business: Focus on Shell in Nigeria. In: *Third World Quart* 19 (3), S. 457–478.

Fuchs, Doris A. (2005): Understanding business power in global governance. 1. Aufl. Baden-Baden: Nomos.

Ganser, Daniele (2004): Brauchen wir eine Ökonomie des Friedens? Eine Schweizer Perspektive auf die Verbindung der Wirtschaft mit den Gewaltkonflikten. In: *Die Friedens-Warte*.

Ganser, Daniele (2009): Peak oil and resource wars. How can the business sector contribute to sustainable peace? In: Patrick U. Petit (Hg.): Earth capitalism. Creating a new civilization through a responsible market economy. München: Utz Herbert, S. 195–205.

Geis, Anna (2006): Den Krieg überdenken. Kriegsbegriffe und Kriegstheorien in der Kontroverse. Baden-Baden: Nomos.

General Electric (GE) (2005): Our Actions. GE 2005 Citizenship Report. General Electric (GE). Online verfügbar unter http://www.gecitizenship.com/reports/, zuletzt geprüft am 11.11.2011.

General Electric (GE) (2006): Solving Big Needs. GE 2006 Citizenship Report. General Electric (GE). Online verfügbar unter http://www.gecitizenship.com/reports/, zuletzt geprüft am 11.11.2011.

General Electric (GE) (2007): Investing in a sustainable future. GE 2007 Citizenship Report. General Electric (GE). Online verfügbar unter http://www.gecitizenship.com/reports/, zuletzt geprüft am 11.11.2011.

General Electric (GE) (2008a): Investing an Delivering in Citizenship. GE Citizenship Report 2007-2008. General Electric (GE). Online verfügbar unter http://www.gecitizenship.com/reports/, zuletzt geprüft am 11.11.2011.

General Electric (GE) (2008b): Resetting Responsibilities. GE 2008 Citizenship Report. General Electric (GE). Online verfügbar unter http://www.gecitizenship.com/reports/, zuletzt geprüft am 11.11.2011.

General Electric (GE) (2009): Renewing Responsibilities. GE 2009 Citizenship Report. General Electric (GE). Online verfügbar unter http://www.gecitizenship.com/reports/, zuletzt geprüft am 11.11.2011.

General Electric (GE) (2010a): GE in East, Central & West Africa. General Electric (GE). Online verfügbar unter http://www.ge.com/gh/docs/1287004265783_GE_ECW_Africa_brochure.pdf, zuletzt geprüft am 11.11.2011.

General Electric (GE) (2010b): GE Statement of Principles on Human Rights. General Electric (GE). Online verfügbar unter http://www.gecitizenship.com/reports/policies-positions/human-rights/, zuletzt aktualisiert am 2010, zuletzt geprüft am 11.11.2011.

General Electric (GE) (2010c): Global Challenges, Local Impact. Public Policy Grants GE Foundation Portfolio Review 2010. General Electric (GE). Online verfügbar unter http://www.ge.com/files_foundation/pdf/ge-public-policy-global-challenges.pdf=bv.43148975,d.Yms, zuletzt geprüft am 11.11.2011.

General Electric (GE) (2010d): Sustainable Growth. GE 2010 Citizenship Report. General Electric (GE). Online verfügbar unter http://www.gecitizenship.com/reports/, zuletzt geprüft am 11.11.2011.

General Electric (GE) (2011a): Citizenship. GE India. General Electric (GE). Online verfügbar unter http://www.ge.com/in/company/citizenship/index.html, zuletzt aktualisiert am 2011, zuletzt geprüft am 11.11.2011.

General Electric (GE) (2011b): Citizenship. GE Indonesia. General Electric (GE). Online verfügbar unter http://www.ge.com/id/en/company/citizenship/index.html, zuletzt aktualisiert am 2011, zuletzt geprüft am 11.11.2011.

General Electric (GE) (2011): Cyberabad Police Strengthen Citizen Centricity with Support from GE Volunteers. Online verfügbar unter http://www.genewscenter.com/content/detail.aspx?ReleaseID=12476&NewsAreaID=2&changeCurrentLocale=5#downloads, zuletzt geprüft am 11.11.2011.

General Electric (GE) (2011): GE and Science Prize invites entries from Young Life Scientists in India for Life Science's most prestigious award. Online verfügbar unter http://www.genewscenter.com/content/detail-Email.aspx?NewsAreaID=2&ReleaseID=12716&AddPreview=False, zuletzt geprüft am 11.11.2011.

General Electric (GE) (2011c): GE Citizenship. Public Policy. General Electric (GE). Online verfügbar unter http://www.gecitizenship.com/focus-areas/economy/public-policy/, zuletzt aktualisiert am 2011, zuletzt geprüft am 11.11.2011.

General Electric (GE) (2011d): GE Citizenship. Community Engagement. General Electric (GE). Online verfügbar unter http://www.gecitizenship.com/focus-areas/people/community-engagement/, zuletzt aktualisiert am 2011, zuletzt geprüft am 11.11.2011.

General Electric (GE) (2011e): GE Corporate Citizenship India. Fact Sheet. General Electric (GE). Online verfügbar unter http://www.ge.com/in/company/citizenship/index.html, zuletzt geprüft am 11.11.2011.

General Electric (GE) (2011): GE Healthcare announces its first healthcare Public Private Partnership in India. Online verfügbar unter http://www.genewscenter.com/content/detailEmail.aspx?NewsAreaID=2&ReleaseID=7460&AddPreview=False, zuletzt geprüft am 11.11.2011.

General Electric (GE) (2011): GE India Celebrates Diversity & Inclusiveness. Online verfügbar unter http://www.genewscenter.com/content/Detail.aspx?ReleaseID=13532&NewsAreaID=2, zuletzt geprüft am 21.11.2011.

General Electric (GE) (2011f): GE Indonesia. Fact Sheet. General Electric (GE). Online verfügbar unter http://www.ge.com/id/en/docs/1303146522598_indonesia_factsheet__english_April-11.pdf, zuletzt geprüft am 11.11.2011.

General Electric (GE) (2011g): GE Nigeria. Fact Sheet. General Electric (GE). Online verfügbar unter http://files.gecompany.com/gecom/country/Nigeria/GE_Nigeria_Brochure_Final.pdf, zuletzt geprüft am 11.11.2011.

General Electric (GE) (2011h): GE Volunteerism. Community Engagement. General Electric (GE). Online verfügbar unter http://www.gecitizenship.com/focus-areas/people/community-engagement/#Volunteerism, zuletzt aktualisiert am 2011, zuletzt geprüft am 11.11.2011.

General Electric (GE) (2011i): GE Volunteers. India. General Electric (GE). Online verfügbar unter http://www.gecitizenship.com/businesses-regions/regions/india/, zuletzt aktualisiert am 2011, zuletzt geprüft am 11.11.2011.

General Electric (GE) (2011j): Public-Private Partnerships: A Critical Tool for Driving Corporate Citizenship. General Electric (GE). Online verfügbar unter http://www.gecitizenship.com/blog/features/public-private-partnerships-a-critical-tool-for-driving-corporate-citizenship/, zuletzt aktualisiert am 2011, zuletzt geprüft am 11.11.2011.

Genschel, Philipp; Zangl, Bernhard (2007): Die Zerfaserung von Staatlichkeit und die Zentralität des Staates. Bremen: Sonderforschungsbereich 597 ‚Staatlichkeit im Wandel', Univ. Bremen.

Genschel, Philipp; Zangl, Bernhard (2008): Transformations of the state. From monopolist to manager of political authority. Bremen.

George, Alexander Lawrence; Bennett, Andrew (2005): Case studies and theory development in the social sciences. Cambridge, Mass.: MIT Press (BCSIA studies in international security). Online verfügbar unter http://www.gbv.de/dms/bowker/toc/9780262572224.pdf.

Gerring, John (2007 /// 2009): Case study research. Principles and practices. Repr. /// Reprinted. Cambridge: Cambridge Univ. Press. Online verfügbar unter http://www.loc.gov/catdir/enhancements/fy0733/2006051819-b.html/http://www.gbv.de/dms/bsz/toc/bsz259202088inh.pdf.

Gerring, John (2008): Social science methodology. A criterial framework. Reprinted. Cambridge: Cambridge Univ. Press.

Gerson, Allan (2001): Peace building. The private sector's role. In: *American journal of international law.*

Gerson, Allan; Colletta, Nat J. (2002): Privatizing peace. From conflict to security. Ardsley, NY: Transnational Publishers. Online verfügbar unter http://www.gbv.de/dms/sub-hamburg/345059034.pdf.

Getzschmann, Lutz (2011): Indien und die Naxaliten. Agrarrevolten und kapitalistische Modernisierung. 1. Aufl. Köln: ISP-Verl (Wissenschaft & Forschung, 25).

Global Reporting Initiative (2011): GRI Database. Hg. v. Global Reporting Initiative. Global Reporting Initiative (https://www.globalreporting.org/reporting/report-services/sustainability-disclosure-database/Pages/Discover-the-Database.aspx).

Goulbourne, Tricia (2003): Corporate Social Responsibility: The Business Case. Risk analysis and conflict impact assessment tools for multinational corporations. Country Indicators for Foreign Policy. Ottawa: Carleton University. Online verfügbar unter http://www4.carleton.ca/cifp/app/serve.php/1053.pdf, zuletzt geprüft am 11.11.2011.

Graz, Jean-Christophe; Nölke, Andreas (Hg.) (2008): Transnational private governance and its limits. London: Routledge (Routledge/ECPR studies in European political science, 51). Online verfügbar unter http://www.gbv.de/dms/sub-hamburg/517443953.pdf.

Guáqueta, Alexandra (2002): Economic agendas in armed conflict. Defining and developing the role of the UN. [New York, NY]: International Peace Academy. Online verfügbar unter http://www.fafo.no/nsp/NYC%20Symposium%20final%20report.pdf.

Hall, Rodney Bruce; Biersteker, Thomas J. (2002): The emergence of private authority in global governance. Cambridge, UK ;, New York: Cambridge University Press.

Harnischfeger, Johannes (2008): Democratization and Islamic Law. 1. Aufl. s.l: Campus Verlag. Online verfügbar unter http://ebooks.ciando.com/book/index.cfm/bok_id/14497.

Hasenclever, Andreas; Rittberger, Volker (Hg.) (2007): Macht und Ohnmacht internationaler Institutionen. Festschrift für Volker Rittberger. Frankfurt/Main: Campus-Verl. (Studien der Hessischen Stiftung Friedens- und Konfliktforschung, 53). Online verfügbar unter http://www.gbv.de/dms/sub-hamburg/522169813.pdf.

Hauer, Ralf (1990): Versunkene Kosten. Univ, Freiburg im Breisgau, Freiburg (Breisgau).

Haufler, Virginia (1993): Crossing the Boundary between Public and Private: International Regimes and Non-State Actors. In: Volker Rittberger und Peter Mayer (Hg.): Regime theory and international relations. Oxford, New York: Clarendon Press; Oxford University Press, S. 94–111.

Haufler, Virginia (2001): A public role for the private sector. Industry self-regulation in a global economy. Washington, DC: Carnegie Endowment for Internat. Peace (Global policy books from the Carnegie Endowment for International Peace). Online verfügbar unter http://www.gbv.de/dms/hbz/toc/ht013183541.pdf.

Haufler, Virginia (2006): The transparency principle and the regulation of corporations. In: Gunnar Folke Schuppert (Hg.): Global Governance and the role of non-state actors. 1. Aufl. Baden-Baden: Nomos, S. 47–62.

Haufler, Virginia (2008): MNCs and the International Community: Conflict, Conflict Prevention and the Privatization of Diplomacy. In: Volker Rittberger, Martin Nettesheim und Carmen Huckel (Hg.): Authority in the global political economy. Conflict, conflict prevention and the privatization of diplomacy. Basingstoke [England] ;, New York: Palgrave Macmillan, S. 217–237.

Hempel, Carl G.; Essler, Wilhelm Karl; Putnam, Hilary; Stegmüller, Wolfgang (1985): Epistemology, methodology, and philosophy of science. Essays in honour of Carl G. Hempel on the occasion of his 80th birthday, January 8th, 1985. Dordrecht, Holland ;, Boston, U.S.A: D. Reidel Pub. Co.

Hempel, Carl Gustav (1952): Problems of Concept and Theory Formation in the Social Sciences. In: Eastern Division American Philosophical Association (Hg.): Science, language, and human rights. Philadelphia: University of Pennsylvania Press.

Hempel, Carl Gustav; Lenzen, Wolfgang (1977): Aspekte wissenschaftlicher Erklärung. Berlin: de Gruyter (Grundlagen der Kommunikation).

Herrmann, Andrea; Cronqvist, Lasse (2006): Contradictions in qualitative comparative analysis (QCA). Ways out of the dilemma. Florence: European University Institute.

Hobbs, Milton (1993): The objectives of political science. Lanham, Md: Univ. Press of America.

Idemudia, Uwafiokun (2007): Corporate partnerships and community development in the Nigerian oil industry. Strengths and limitations. Geneva: UN Research Institute for Social Development. Online verfügbar unter http://www.ng.total.com/media/pdf/Idemudia.pdf.

Iff, Andrea (2010): Money makers as peace makers? Business actors in mediation processes. Bern: Swisspeace (Working paper/Swisspeace, 2010,2).

Ikelegbe, Augustine (2001): Civil society, oil and conflict in the Niger delta region of Nigeria. Ramifications of civil society for a regional resource struggle. In: *Journal of modern African studies : a quarterly survey of politics, economics and related topics in contemporary Africa*. Online verfügbar unter http://journals.cambridge.org/action/displayFulltext?type=1&fid=87360&jid=MOA&volumeId=39&issueId=03&aid=87359.

Imbusch, Peter; Zoll, Ralf (2010): Friedens- und Konfliktforschung. Eine Einführung. 5. Aufl. Wiesbaden: VS Verl. für Sozialwiss (Lehrbuch, 1). Online verfügbar unter http://dx.doi.org/10.1007/978-3-531-92009-2.

Imobighe, Thomas A. (2003): Civil society and ethnic conflict management in Nigeria. Ibadan: Spectrum Books.

Ite, Uwem E. (2004): Multinationals and corporate social responsibility in developing countries. A case study of Shell in Nigeria. In: *Ite, Uwem E. (2004) Multinationals and corporate social responsibility in developing countries : a case study of Shell in Nigeria. Corporate Social Responsibility and Environmental Management, 11 (1). pp. 1-11. ISSN (printed): 1535-3958. ISSN (electronic): 1535-3966.*

Ite, Uwem E. (2007): Changing times and strategies: Shell's contribution to sustainable community development in the Niger Delta, Nigeria. In: *Sustainable Development* 15 (1), S. 1–14.

Jahn, Detlef (2006): Einführung in die vergleichende Politikwissenschaft. Wiesbaden: VS Verlag für Sozialwissenschaften/Springer Fachmedien Wiesbaden GmbH Wiesbaden.

Jean, François; Rufin, Jean-Christophe (1999): Ökonomie der Bürgerkriege. 1. Aufl. Hamburg: Hamburger Ed.

Joras, Ulrike (2007): Companies in peace processes. A Guatemalan case study. Bielefeld: Transcript (Culture and social practice). Online verfügbar unter http://deposit.d-nb.de/cgi-bin/dok-serv?id=2960291&prov=M&dok_var=1&dok_ext=htm/http://www.gbv.de/d ms/bowker/toc/9783899426908.pdf.

Josua, Maria (2006): Qualitative Comparative Analysis (QCA) – Eine Einführung. In: Arno Mohr, Harald Barrios, Christoph H. Stefes, Martin Beck, Susanne Blancke, Volker Dreier et al. (Hg.): Lehr- und Handbücher der Politikwissenschaft. München: R. Oldenbourg Verlag, S. 59–70.

Kaldor, Mary (1999): New and old wars. Organized violence in a global era. 1. publ. Cambridge u.a: Polity Press.

Kaleck, Wolfgang; Saage-Maaß, Miriam (2008): Transnationale Unternehmen vor Gericht. Über die Gefährdung der Menschenrechte durch europäische Firmen in Lateinamerika ; eine Studie. Berlin: Heinrich-Böll-Stiftung.

Kanagaretnam, Pan; Brown, Susan (2006): Business, Conflict, and Peacebuilding: An Operational Framework. Hg. v. C. NetworkP.R. Pearson Peacekeeping Centre. Pearson Peacekeeping Centre, C. NetworkP.R. Canada.

Killick, Nick; Srikantha, VS; Günduz, Canan (2005): The Role of Local Business in Peacebuilding. Berghof research center for constructive conflict management. Berlin. Online verfügbar unter http://www.berghof-handbook.net/documents/publications/killick_etal_handbook.pdf.

King, Gary; Keohane, Robert O.; Verba, Sidney (1994): Designing social inquiry. Scientific inference in qualitative research. Princeton, NJ: Univ. Press. Online verfügbar unter http://www.loc.gov/catdir/description/prin021/93039283.html.

Koerber, Charles P. (2009): Corporate responsibility standards. Current implications and future possibilities for peace through commerce. In: *Journal of business ethics* (Supp.4), S. 4 (2009), 461-480.

Kohli, Atul; Evans, Peter B.; Katzenstein, Peter J.; Przeworski, Adam; Rudolph, Susanne Hoeber; Scott, James C.; Skocpol, Theda (1996): The Role of Theory In Comparative Politics: A Symposium. In: *World Politics* 48 (1), S. 1–49. Online verfügbar unter http://muse.jhu.edu/journals/world_politics/v048/48.1kohli.html.

Krahmann, Elke (2003): Conceptualizing Security Governance. In: *Cooperation and Conflict* 38 (1), S. 5–26.

Krahmann, Elke (2010): States, citizens and the privatization of security. 1. publ. Cambridge: Cambridge Univ. Press. Online verfügbar unter http://www.gbv.de/dms/bowker/toc/9780521125192.pdf.

Krajewski, Markus (2011): Rechtliche Steuerung transnationaler Unternehmen. In: Internationales Wirtschafts- und Finanzrecht in der Krise. Berlin: Duncker & Humblot, S. 35–70.

Kreutz, J. (2010): How and when armed conflicts end: Introducing the UCDP Conflict Termination dataset. In: *Journal of Peace Research* 47 (2), S. 243–250.

Kulke, Elmar (2009): Wirtschaftsgeographie. 4. Aufl. Paderborn: Schöningh (Grundriss Allgemeine Geographie, 2434). Online verfügbar unter http://www.utb-studi-e-book.de/9783838524344.

Lauth, Hans-Joachim; Pickel, Gert; Pickel, Susanne (2009): Methoden der vergleichenden Politikwissenschaft. Eine Einführung. 1. Aufl. Wiesbaden: VS Verlag für Sozialwissenschaften/GWV Fachverlage GmbH Wiesbaden.

Leibfried, Stephan; Zürn, Michael (Hg.) (2005): Transformations of the state? Cambridge: Cambridge Univ. Press (European review, 13.2005, Suppl. 1). Online verfügbar unter http://www.loc.gov/catdir/enhancements/fy0633/2004447882-d.html.

Lieberson, Stanley (1991): Small N's and Big Conclusions: An Examination of the Reasoning in Comparative Studies based on a Small Number of Cases. In: *Social Forces* 70 (2), S. 307–320.

Lieberson, Stanley (1994): More on the Uneasy Case for Using Mill-Type Methods in Small-N Comparative Studies. In: *Social Forces* 72 (4), S. 1225–1237.

Lijphart, Arend (1971): Comparative politics and the comparative method. In: *American political science review* 65 (3), S. 682–693.

Lilly, Damian (2000): The privatization of security and peacebuilding. A framework for action. London: International Alert.

Litvin, Daniel (2003): Weltreiche des Profits. Die Geschichte von Kommerz, Eroberung und Globalisierung. München: Gerling-Akad.-Verl.

Lungu, John; Mulenga, Chomba (2005): Corporate social responsibility practices in the extractive industry in Zambia. A report for the … 2nd ed. Ndola, Zambia: Mission Press.

Manby, Bronwen; Nanyenya-Takirambudde, Peter; McClintock, Michael; Tayler, Wilder (1999): The price of oil. Corporate responsibility and human rights violations in Nigeria's oil producing communities. New York, N.Y: Human Rights Watch.

Mankiw, Nicholas Gregory; Wagner, Adolf (2004): Grundzüge der Volkswirtschaftslehre. 3. Aufl. Stuttgart: Schäffer-Poeschel.

Mannewitz, Tom (2011): Two-Level Theories in QCA: A Discussion of Schneider and Wagemann's Two-Step Approach. Compasss Working Paper. Hg. v. COMPASSS. COMPASSS (64), zuletzt geprüft am 31.01.2012.

Marx, Axel (2006): Towards more robust model specification in QCA: Results from a methodological experiment. Compasss Working Paper. Hg. v. COMPASSS. COMPASSS.

May, Christopher (2006): Global corporate power. Boulder, Colo.: Rienner (International political economy yearbook, 15). Online verfügbar unter http://www.gbv.de/dms/bsz/toc/bsz256736057inh.pdf.

McIntosh, Malcolm; Waddock, Sandra; Kell, Georg (2004): Learning to talk. Corporate citizenship and the development of the UN global compact. Sheffield: Greenleaf.

Metcalfe, Steve (2009): The business case for involvement in conflict prevention, peace-building and post-conflict reconstruction. In: Patrick U. Petit (Hg.): Earth capitalism. Creating a new civilization through a responsible market economy. München: Utz Herbert, S. 207–217.

Miguel, Edward; Satyanath, Shanker; Sergenti, Ernest (2004): Economic shocks and civil conflict. An instrumental variables approach. In: *Journal of political economy* 112 (4), S. 725–753. Online verfügbar unter http://elsa.berkeley.edu/~emiguel/pdfs/miguel_conflict.pdf.

Mill, John Stuart (1875): A system of logic, ratiocinative and inductive: being a connected view of the principles of evidence and the methods of scientific investigation. 9. Aufl. London: Longmans, Green, Reader and Dyer.

Mitsubishi Corporation (2005): Sustainability Report 2005. To protect the future. To create the future. Mitsubishi Corporation. Online verfügbar unter http://www.mitsubishicorp.com/jp/en/ir/library/ar/archives.html, zuletzt geprüft am 11.11.2011.

Mitsubishi Corporation (2006): Sustainability Report 2006. To protect the future. To create the future. Mitsubishi Corporation. Online verfügbar unter http://www.mitsubishicorp.com/jp/en/ir/library/ar/archives.html, zuletzt geprüft am 11.11.2011.

Mitsubishi Corporation (2007): Sustainability Report 2007. To protect the future. To create the future. Mitsubishi Corporation. Online verfügbar unter http://www.mitsubishicorp.com/jp/en/ir/library/ar/archives.html, zuletzt geprüft am 11.11.2011.

Mitsubishi Corporation (2008): Sustainability Report 2008. For a sustainable future. Mitsubishi Corporation. Online verfügbar unter http://www.mitsubishicorp.com/jp/en/ir/library/ar/archives.html, zuletzt geprüft am 11.11.2011.

Mitsubishi Corporation (2009): Sustainability Report 2009. For a Sustainable Future. Mitsubishi Corporation. Online verfügbar unter http://www.mitsubishicorp.com/jp/en/ir/library/ar/archives.html, zuletzt geprüft am 11.11.2011.

Mitsubishi Corporation (2010): Sustainability Report 2010. Mitsubishi Corporation. Online verfügbar unter http://www.mitsubishicorp.com/jp/en/ir/library/ar/archives.html, zuletzt geprüft am 11.11.2011.

Mitsubishi Corporation (2011a): Completion of the Human Resource Development Center for Ethnic Minority People in India. Mitsubishi Corporation. Online verfügbar unter http://www.mitsubishicorp.com/jp/en/csr/contribution/report/international/archives02.html, zuletzt geprüft am 11.11.2011.

Mitsubishi Corporation (2011b): Regeneration of Tropical Forests. Indonesian Tropical Forest Regeneration Experimental Project. Mitsubishi Corporation. Online verfügbar unter http://www.mitsubishicorp.com/jp/en/csr/contribution/earth/activities03/activities03-05.html, zuletzt geprüft am 11.11.2011.

Muchlinski, Peter T. (2007): Multinational enterprises and the law. 2. Aufl. Oxford: Oxford Univ. Press (The Oxford international law library).

Mühle, Ursula (2010): The politics of corporate social responsibility. The rise of a global business norm. Frankfurt am Main: Campus.

Muno, Wolfgang (2009): Fallstudien und die vergleichende Methode. In: Susanne Pickel, Gert Pickel, Hans Joachim Lauth und Detlef Jahn (Hg.): Methoden der vergleichenden Politik- und Sozialwissenschaft. Neue Entwicklungen und Anwendungen. 1. Aufl. Wiesbaden: VS Verlag für Sozialwissenschaften, S. 113–133.

Nelson, Jane (2000): The business of peace. The private sector as a partner in conflict prevention and resolution. London: Prince of Wales Business Leaders Forum.

Oetzel, Jennifer; Getz, Kathleen A.; Ladek, Stephen (2007): The Role of Multinational Enterprises in Responding to Violent Conflict: A Conceptual Model and Framework for Research. In: *Am Business Law Journal* 44 (2), S. 331–358.

Olson, Mancur (1985): Die Logik des kollektiven Handelns. Kollektivgüter und die Theorie der Gruppen. 2., durchges. Tübingen: Mohr.

Omeje, Kenneth C. (2008): Extractive economies and conflicts in the global South. Multi-regional perspectives on rentier politics. Aldershot [u.a.]: Ashgate.

Organisation for Economic Co-operation and Development (2002): Multinational Enterprises in Situations of Violent Conflict and Widespread Human Rights Abuses. Hg. v. Organisation for Economic Co-operation and Development. Directorate for financial, fiscal and enterprise affairs. Paris (Working papers on international investment, 2002/1).

Orts, Eric W. (2001): War and the business corporation. Ann Arbor, MI: Davidson Institute.

Outreville, Francois (2007): The universe of the largest transnational corporations. New York, NY: United Nations (United Nations Publication, 3).

Patey, Luke (2006): Understanding multinational corporations in war-torn societies. Sudan in focus. København.

Pegg, Scott (1999): The Cost of Doing Business: Transnational Corporations and Violence in Nigeria. In: *Security Dialogue* 30 (4), S. 473–484.

Pennings, Paul; Keman, Hans; Kleinnijenhuis, Jan (1999): Doing research in political science. An introduction to comparative methods and statistics. London: SAGE Publ. Online verfügbar unter http://www.loc.gov/catdir/enhancements/fy0656/99070755-d.html.

Peters, Sönke H. F.; Brühl, Rolf; Stelling, Johannes N. (Hg.) (2010): Betriebswirtschaftslehre. Einführung. 12. Aufl. München: Oldenbourg (Oldenbourgs Lehr- und Handbücher der Wirtschafts- und Sozialwissenschaften).

Pickel, Susanne; Pickel, Gert; Lauth, Hans Joachim; Jahn, Detlef (Hg.) (2009): Methoden der vergleichenden Politik- und Sozialwissenschaft. Neue Entwicklungen und Anwendungen. 1. Aufl. Wiesbaden: VS Verlag für Sozialwissenschaften.

Pindyck, Robert S.; Rubinfeld, Daniel L. (2008): Mikroökonomie. 6. Aufl. München: Pearson Studium (vwl/mikroökonomie).

Popper, K. (1989): Logik der Forschung. 9. verbesserte Auflage. Tuebingen: J.C.B. Mohr (Die einheit der gesellschaftswissenschaften, 4).

Przeworski, Adam; Teune, Henry (1970): The logic of comparative social inquiry. New York: Wiley-Interscience (Comparative studies in behavioral science).

Ragin, Charles C. (1989): The comparative method. Moving beyond qualitiative and quantitative strategies. Berkeley: University of California Press. Online verfügbar unter http://www.worldcat.org/oclc/475690546.

Ragin, Charles C. (1994): Constructing social research. The unity and diversity of method. Nachdr. Thousand Oaks, Calif: Pine Forge Press (Sociology for a new century). Online verfügbar unter http://www.loc.gov/catdir/enhancements/fy0655/93047611-d.html.

Ragin, Charles C. (2000): Fuzzy-set social science. [Nachdr.]. Chicago: Univ. of Chicago Press.

Ragin, Charles C. (2004): Between Complexity and Parsimony: Limited Diversity, Counterfactual Cases, and Comparative Analysis. Online verfügbar unter http://www.escholarship.org/uc/item/1zf567tt.

Ragin, Charles C. (2008): Redesigning social inquiry. Fuzzy sets and beyond. Chicago, Ill: Univ. of Chicago Press.

Ragin, Charles C.; Becker, Howard S. (1992): What is a case? Exploring the foundations of social inquiry. Cambridge: Cambridge Univ. Press.

Ragin, Charles C.; Shulman, David; Weinberg, Adam; Gran, Brian (2003): Complexity, Generality, and Qualitative Comparative Analysis. In: *field meth* 15 (4), S. 323–340.

Rettberg, Angélika (2004): Business-led peacebuilding in Colombia. Fad or future of a country in crisis? London: Crisis States Programme. Online verfügbar unter http://eprints.lse.ac.uk/28201/1/wp56.pdf.

Rieth, Lothar (2009): Global governance und corporate social responsibility. Welchen Einfluss haben der UN Global Compact, die Global Reporting Initiative und die OECD-Leitsätze auf das CSR-Engagement deutscher Unternehmen? Univ., Diss.--Münster, 2009. Opladen: Budrich UniPress. Online verfügbar unter http://www.gbv.de/dms/zbw/606403183.pdf.

Rieth, Lothar; Zimmer, Melanie (2004): Transnational corporations and conflict prevention. The impact of norms on private actors. Tübingen: Center for Internat. Relations Peace and Conflict Studies Inst. for Political Science Univ. Tübingen (Tübinger Arbeitspapiere zur Internationalen Politik und Friedensforschung, 43). Online verfügbar unter http://www.gbv.de/dms/sub-hamburg/392342243.pdf.

Rieth, Lothar; Zimmer, Melanie (2007): Public Private Partnerships in der Entwicklungszusammenarbeit. Wirkungen und Lessons Learnt am Beispiel des GTZ/AVE Projektes. In: *Zeitschrift für Wirtschafts- und Unternehmensethik* 8 (2), S. 217–235.

Rihoux, B. (2006): Qualitative Comparative Analysis (QCA) and Related Systematic Comparative Methods: Recent Advances and Remaining Challenges for Social Science Research. In: *International Sociology* 21 (5), S. 679–706.

Rihoux, Benoît; Lobe, Bojana (2009): The case for Qualitative Comparative Analysis (QCA) : adding leverage for thick cross-case comparison. In: D. S. Byrne und Charles C. Ragin (Hg.): The SAGE handbook of case-based methods. London ;, Thousand Oaks, Calif: Sage, S. 222–242, zuletzt geprüft am 03.02.2012.

Rihoux, Benoît; Ragin, Charles C. (Hg.) (2009): Configurational comparative methods. Qualitative comparative analysis (QCA) and related techniques. Los Angeles, Calif: Sage (Applied social research methods series, 51).

Risse-Kappen, Thomas (2003): Transnational Actors and World Politics. In: Walter Carlsnaes, Thomas Risse-Kappen und Beth A. Simmons (Hg.): Handbook of international relations, Bd. 1. London ;, Thousand Oaks, Calif: SAGE Publications, S. 255–275.

Rosenbaum, David I.; Lamort, Fabian (1992): Entry, Barriers, Exit, and Sunk Costs: An Analysis. In: *Applied Economics* 24 (3), S. 297–304. Online verfügbar unter http://www.tandf.co.uk/journals/routledge/00036846.html.

Rosenberg, Alex (1998): Social science, methodology of. In: Edward Craig (Hg.): Routledge encyclopedia of philosophy. London: Routledge. Online verfügbar unter http://www.rep.routledge.com/article/R016SECT3, zuletzt geprüft am 02.11.2011.

Ross, Michael L. (2003): Oil, drugs, and diamonds. The varying roles of natural resources in civil war. In: Karen Ballentine (Hg.): The political economy of armed conflict. Beyond greed and grievance. Boulder, Colo.: Rienner (A project of the International Peace Academy), S. 47–72. Online verfügbar unter http://www.sscnet.ucla.edu/polisci/faculty/ross/OilDrugs.pdf.

Royal Dutch Shell plc (2001): People, planet and profits. The Shell Report 2001. Online verfügbar unter http://www.shell.com/global/aboutshell/investor/financial-information/annual-reports-and-publications/archive.html, zuletzt geprüft am 11.11.2011.

Royal Dutch Shell plc (2002): Meeting the energy challenge. The Shell Report 2002. Online verfügbar unter http://www.shell.com/global/aboutshell/investor/financial-information/annual-reports-and-publications/archive.html, zuletzt geprüft am 11.11.2011.

Royal Dutch Shell plc (2003): The Shell Report 2003. Meeting the energy challenge - our progress in contributing to sustainable development. Online verfügbar unter http://www.shell.com/global/aboutshell/investor/financial-information/annual-reports-and-publications/archive.html, zuletzt geprüft am 11.11.2011.

Royal Dutch Shell plc (2004): The Shell Report 2004. Meeting the energy challenge - our progress in contributing to sustainable development. Online verfügbar unter http://www.shell.com/global/aboutshell/investor/financial-information/annual-reports-and-publications/archive.html, zuletzt geprüft am 11.11.2011.

Royal Dutch Shell plc (2005): The Shell Sustainability Report 2005. Meeting the energy challenge. Online verfügbar unter http://www.shell.com/global/aboutshell/investor/financial-information/annual-reports-and-publications/archive.html, zuletzt geprüft am 11.11.2011.

Royal Dutch Shell plc (2006): The Shell Sustainability Report 2006. Meeting the energy challenge. Online verfügbar unter http://www.shell.com/global/aboutshell/investor/financial-information/annual-reports-and-publications/archive.html, zuletzt geprüft am 11.11.2011.

Royal Dutch Shell plc (2007a): Responsible energy. The Shell Sustainability Review 2007. Online verfügbar unter http://www.shell.com/global/aboutshell/investor/financial-information/annual-reports-and-publications/archive.html, zuletzt geprüft am 11.11.2011.

Royal Dutch Shell plc (2007b): Responsible energy. The Shell Sustainability Report 2007. Online verfügbar unter http://www.shell.com/global/aboutshell/investor/financial-information/annual-reports-and-publications/archive.html, zuletzt geprüft am 11.11.2011.

Royal Dutch Shell plc (2008a): Responsible energy. Sustainability Report. Royal Dutch Shell PLC Sustainability Report 2008. Online verfügbar unter http://www.shell.com/global/aboutshell/investor/financial-information/annual-reports-and-publications/archive.html, zuletzt geprüft am 11.11.2011.

Royal Dutch Shell plc (2008b): Responsible energy. Sustainability Review. Royal Dutch Shell PLC Sustainability Review 2008. Online verfügbar unter http://www.shell.com/global/aboutshell/investor/financial-information/annual-reports-and-publications/archive.html, zuletzt geprüft am 11.11.2011.

Royal Dutch Shell plc (2009): Global Business Coalition recognises Shell Petroleum Development Company for Niger Delta Aids Response programme. Online verfügbar unter http://www.shell.com/global/aboutshell/media/news-and-media-releases/2009/niger-delta-aids-response-program-24062009.html, zuletzt geprüft am 11.11.2011.

Royal Dutch Shell plc (2009a): Sustainability Report. Royal Dutch Shell PLC Sustainability Report 2009. Online verfügbar unter http://www.shell.com/global/aboutshell/investor/financial-information/annual-reports-and-publications/archive.html, zuletzt geprüft am 11.11.2011.

Royal Dutch Shell plc (2009b): Sustainability Review. Royal Dutch Shell PLC Sustainability Review 2009. Online verfügbar unter http://www.shell.com/global/aboutshell/investor/financial-information/annual-reports-and-publications/archive.html, zuletzt geprüft am 11.11.2011.

Royal Dutch Shell plc (2010a): Building trust. Royal Dutch Shell plc. Online verfügbar unter http://reports.shell.com/sustainability-report/2010/operatingresponsibly/communities/buildingtrust.html, zuletzt geprüft am 11.11.2011.

Royal Dutch Shell plc (2010b): Sustainability Report. Royal Dutch Shell PLC Sustainability Report 2010. Online verfügbar unter http://www.shell.com/global/aboutshell/investor/financial-information/annual-reports-and-publications/archive.html, zuletzt geprüft am 11.11.2011.

Royal Dutch Shell plc (2010c): Sustainability Summary. Royal Dutch Shell PLC Sustainability Summary 2010. Online verfügbar unter http://www.shell.com/global/aboutshell/investor/financial-information/annual-reports-and-publications/archive.html, zuletzt geprüft am 11.11.2011.

Royal Dutch Shell plc (2011a): Biodiversity. Shell in Nigeria. Online verfügbar unter http://www.shell.com.ng/aboutshell/media-centre/annual-reports-and-publications.html, zuletzt geprüft am 11.11.2011.

Royal Dutch Shell plc (2011b): Bonga deep water project. Shell in Nigeria. Online verfügbar unter http://www.shell.com/global/environment-society/society/nigeria/major-projects/bonga.html, zuletzt geprüft am 11.11.2011.

Royal Dutch Shell plc (2011c): Bonny Terminal upgrade. Royal Dutch Shell plc. Online verfügbar unter http://www.shell.com/global/environment-society/society/nigeria/major-projects/bonny.html, zuletzt geprüft am 11.11.2011.

Royal Dutch Shell plc (2011d): Bringing renewable power to the people. India. Royal Dutch Shell plc. Online verfügbar unter http://www.shell.com/global/environment-society/society/our-neighbours/social-investment/renewable-power.html, zuletzt geprüft am 11.11.2011.

Royal Dutch Shell plc (2011e): Buying and hiring locally. Royal Dutch Shell plc. Online verfügbar unter http://www.shell.com/global/environment-society/society/our-neighbours/hiring-locally.html, zuletzt geprüft am 11.11.2011.

Royal Dutch Shell plc (2011f): Conditions in the Niger Delta. Royal Dutch Shell plc. Online verfügbar unter http://www.shell.com/global/environment-society/society/nigeria/conditions.html, zuletzt geprüft am 11.11.2011.

Royal Dutch Shell plc (2011g): Domestic Gas. Shell in Nigeria. Online verfügbar unter http://www.shell.com.ng/aboutshell/media-centre/annual-reports-and-publications.html, zuletzt geprüft am 11.11.2011.

Royal Dutch Shell plc (2011h): Earning community trust. Royal Dutch Shell plc. Online verfügbar unter http://www.shell.com/global/environment-society/society/our-neighbours/trust.html, zuletzt geprüft am 11.11.2011.

Royal Dutch Shell plc (2011i): Environmental Performance - oil spills. Shell in Nigeria. Online verfügbar unter http://www.shell.com.ng/aboutshell/media-centre/annual-reports-and-publications.html, zuletzt geprüft am 11.11.2011.

Royal Dutch Shell plc (2011j): Gas Flaring. Shell in Nigeria. Online verfügbar unter http://www.shell.com.ng/aboutshell/media-centre/annual-reports-and-publications.html, zuletzt geprüft am 11.11.2011.

Royal Dutch Shell plc (2011k): Impact assessment of our activities. Royal Dutch Shell plc. Online verfügbar unter http://www.shell.com/global/environment-society/s-development/our-commitments-and-standards/impact-assessment.html, zuletzt geprüft am 11.11.2011.

Royal Dutch Shell plc (2011l): Improving lives in the Niger Delta. Shell in Nigeria. Online verfügbar unter http://www.shell.com.ng/aboutshell/media-centre/annual-reports-and-publications.html, zuletzt geprüft am 11.11.2011.

Royal Dutch Shell plc (2011m): Local Initiatives. Shell India's local community involvement. Royal Dutch Shell plc. Online verfügbar unter http://www.shell.com/ind/environment-society/society-tpkg/local-initiatives.html, zuletzt geprüft am 11.11.2011.

Royal Dutch Shell plc (2011n): Major projects. Shell in Nigeria. Royal Dutch Shell plc. Online verfügbar unter http://www.shell.com/global/environment-society/society/nigeria/major-projects.html, zuletzt geprüft am 11.11.2011.

Royal Dutch Shell plc (2011o): Naya Daur. India. Royal Dutch Shell plc. Online verfügbar unter http://www.shell.com/ind/environment-society/society-tpkg/local-initiatives/naya-daur.html, zuletzt geprüft am 11.11.2011.

Royal Dutch Shell plc (2011p): Nigeria. Society. Royal Dutch Shell plc. Online verfügbar unter http://www.shell.com/home/content/environment_society/society/nigeria/, zuletzt geprüft am 11.11.2011.

Royal Dutch Shell plc (2011q): Nigerian Content. Shell in Nigeria. Online verfügbar unter http://www.shell.com.ng/aboutshell/media-centre/annual-reports-and-publications.html, zuletzt geprüft am 11.11.2011.

Royal Dutch Shell plc (2011r): Ogoni Land. Nigeria. Royal Dutch Shell plc. Online verfügbar unter http://www.shell.com/global/environment-society/society/nigeria/ogoni-land.html, zuletzt geprüft am 11.11.2011.

Royal Dutch Shell plc (2011s): Operating in Nigeria. Royal Dutch Shell plc. Online verfügbar unter http://www.shell.com/global/environment-society/society/nigeria/video.html, zuletzt geprüft am 11.11.2011.

Royal Dutch Shell plc (2011t): Our Economic Contribution. Shell in Nigeria. Online verfügbar unter http://www.shell.com.ng/aboutshell/media-centre/annual-reports-and-publications.html, zuletzt geprüft am 11.11.2011.

Royal Dutch Shell plc (2011u): Our impact on local communities. Royal Dutch Shell plc. Online verfügbar unter http://www.shell.com/global/environment-society/society/our-neighbours/impact.html, zuletzt geprüft am 11.11.2011.

Royal Dutch Shell plc (2011v): Our neighbours. Royal Dutch Shell plc. Online verfügbar unter http://www.shell.com/global/environment-society/society/our-neighbours.html, zuletzt geprüft am 11.11.2011.

Royal Dutch Shell plc (2011w): Our operations. Nigeria. Royal Dutch Shell plc. Online verfügbar unter http://www.shell.com/home/content/environment_society/society/nigeria/operations/, zuletzt geprüft am 11.11.2011.

Royal Dutch Shell plc (2011x): Payments to governments. Royal Dutch Shell plc. Online verfügbar unter http://www.shell.com/global/environment-society/society/business/payments-to-governments.html, zuletzt geprüft am 11.11.2011.

Royal Dutch Shell plc (2011y): Politically sensitive regions. Royal Dutch Shell plc. Online verfügbar unter http://www.shell.com/global/environment-society/society/business/politically-sensitive-regions.html, zuletzt geprüft am 11.11.2011.

Royal Dutch Shell plc (2011z): Project Better World. India. Royal Dutch Shell plc. Online verfügbar unter http://www.shell.com/ind/environment-society/society-tpkg/local-initiatives/pbw-india-new.html, zuletzt geprüft am 11.11.2011.

Royal Dutch Shell plc (2011aa): Project Jyoti - enlightening lives … dispelling darkness. India. Royal Dutch Shell plc. Online verfügbar unter http://www.shell.com/ind/environment-society/society-tpkg/local-initiatives/drivers-trng.html, zuletzt geprüft am 11.11.2011.

Royal Dutch Shell plc (2011ab): Security. Nigeria. Royal Dutch Shell plc. Online verfügbar unter http://www.shell.com/home/content/environment_society/society/nigeria/security/, zuletzt geprüft am 11.11.2011.

Royal Dutch Shell plc (2011ac): Shell Foundation Programmes in India. Royal Dutch Shell plc. Online verfügbar unter http://www.shell.com/ind/environment-society/society-tpkg/shell-foundation.html, zuletzt geprüft am 11.11.2011.

Royal Dutch Shell plc (2011ad): Shell in Nigeria – working in a complex environment. Webchats. Shell International B.V. Online verfügbar unter http://www.shelldialogues.com/shell-in-nigeria, zuletzt geprüft am 11.11.2011.

Royal Dutch Shell plc (2011ae): Shell interests in Nigeria. Shell in Nigeria. Online verfügbar unter http://www.shell.com.ng/aboutshell/media-centre/annual-reports-and-publications.html, zuletzt geprüft am 11.11.2011.

Royal Dutch Shell plc (2011af): Shell Nigeria Gas: Driving Economic Growth. Shell in Nigeria. Online verfügbar unter http://www.shell.com.ng/aboutshell/media-centre/annual-reports-and-publications.html, zuletzt geprüft am 11.11.2011.

Royal Dutch Shell plc (2011ag): Social investment. Royal Dutch Shell plc. Online verfügbar unter http://www.shell.com/global/environment-society/society/our-neighbours/social-investment.html, zuletzt geprüft am 11.11.2011.

Royal Dutch Shell plc (2011ah): Social performance. Nigeria. Royal Dutch Shell plc. Online verfügbar unter http://www.shell.com/global/environ-ment-society/society/nigeria/social-performance.html, zuletzt geprüft am 11.11.2011.

Royal Dutch Shell plc (2011ai): Society. India. Royal Dutch Shell plc. Online verfügbar unter http://www.shell.com/home/content/ind/environ-ment_society/society_tpkg/, zuletzt geprüft am 11.11.2011.

Royal Dutch Shell plc (2011aj): Sustainable Development at Hazira. India. Royal Dutch Shell plc. Online verfügbar unter http://www.shell.com/ind/environment-society/society-tpkg/local-initiati-ves/sus-dev-hazira.html, zuletzt geprüft am 11.11.2011.

Royal Dutch Shell plc (2011ak): The Afam VI Power Plant & Okoloma Facil-ity. Shell in Nigeria. Online verfügbar unter http://www.shell.com/glo-bal/environment-society/society/nigeria/major-projects/afam.html, zuletzt geprüft am 11.11.2011.

Royal Dutch Shell plc (2011al): The Gbaran Ubie Integrated Oil and Gas Project. Shell in Nigeria. Online verfügbar unter http://www.shell.com.ng/aboutshell/media-centre/annual-reports-and-publications.html, zuletzt geprüft am 11.11.2011.

Royal Dutch Shell plc (2011am): The Global Memorandum of Understand-ing (GMoU). Shell in Nigeria. Online verfügbar unter http://www.shell.com.ng/aboutshell/media-centre/annual-reports-and-publications.html, zuletzt geprüft am 11.11.2011.

Royal Dutch Shell plc (2011an): The Operating Environment. Shell in Nige-ria. Online verfügbar unter http://www.shell.com.ng/aboutshell/media-centre/annual-reports-and-publications.html, zuletzt geprüft am 11.11.2011.

Royal Dutch Shell plc (2011ao): West African Gas Pipeline. Shell in Nigeria. Online verfügbar unter http://s09.static-shell.com/content/dam/shell/sta-tic/nga/downloads/pdfs/briefing-notes/wagp.pdf, zuletzt geprüft am 11.11.2011.

Royal Dutch Shell plc (2011ap): Working with others. Royal Dutch Shell plc. Online verfügbar unter http://www.shell.com/global/environment-society/s-development/working-with-others.html, zuletzt geprüft am 11.11.2011.

Sander, Matthias (1994): Die Bestimmung und Steuerung des Wertes von Marken. Eine Analyse aus Sicht des Markeninhabers. Zugl.: Tübingen, Univ., Diss. Heidelberg: Physica-Verl (Wirtschaftswissenschaftliche Beiträge, 90).

Sartori, G. (1991): Comparing and Miscomparing. In: *Journal of Theoretical Politics* 3 (3), S. 243–257.

Sartori, Giovanni (1970): Concept Misformation in Comparative Politics. In: *The American Political Science Review* 64 (4), S. 1033–1053. Online verfügbar unter http://www.jstor.org/stable/1958356.

Schenk, Hans-Otto; Tenbrink, Hiltrud; Zündorf, Horst (1984): Die Konzentration im Handel. Ursachen, Messung, Stand, Entwicklung und Auswirkungen der Konzentration im Handel und konzentrationspolitische Konsequenzen. Berlin: Duncker & Humblot (Schriftenreihe der Forschungsstelle für den Handel, 3. F., 9).

Scherer, Andreas Georg; Palazzo, Guido (2007): TOWARD A POLITICAL CONCEPTION OF CORPORATE RESPONSIBILITY: BUSINESS AND SOCIETY SEEN FROM A HABERMASIAN PERSPECTIVE. In: *Academy of Management Review* 32 (4), S. 1096–1120.

Scherer, Andreas Georg; Palazzo, Guido (Hg.) (2008): Handbook of research on global corporate citizenship. Cheltenham, UK ;, Northampton, MA: Edward Elgar.

Scherer, Andreas Georg; Palazzo, Guido; Baumann, Dorothée (2007): Global rules and private actors. Toward a new role of the transnational corporation in global governance. In: *Corporate social responsibility*, S. 1–24.

Schneider, Carsten Q.; Wagemann, Claudius (2007): Lehrbuch QCA und Fuzzy Sets. Ein Lehrbuch für Anwender und jene, die es werden wollen. 1. Aufl. s.l: Verlag Barbara Budrich. Online verfügbar unter http://ebooks.ciando.com/book/index.cfm/bok_id/12663.

Schneider, Carsten Q.; Wagemann, Claudius (2009): Standards guter Praxis in Qualitative Comparative Analysis (QCA) und Fuzzy-Sets. In: Susanne Pickel, Gert Pickel, Hans Joachim Lauth und Detlef Jahn (Hg.): Methoden der vergleichenden Politik- und Sozialwissenschaft. Neue Entwicklungen und Anwendungen. 1. Aufl. Wiesbaden: VS Verlag für Sozialwissenschaften, S. 387–412.

Schuppert, Gunnar Folke (Hg.) (2006a): Global Governance and the role of non-state actors. 1. Aufl. Baden-Baden: Nomos.

Schuppert, Gunnar Folke (2006b): The Changing Role of the State Reflected in the Growing Importance of Non-State Actors. In: Gunnar Folke Schuppert (Hg.): Global Governance and the role of non-state actors. 1. Aufl. Baden-Baden: Nomos, S. 203–244.

Shankleman, Jill (2006): Oil, profits, and peace. Does business have a role in peacemaking? Washington, DC: United States Inst. of Peace Press. Online verfügbar unter http://www.loc.gov/catdir/toc/ecip0618/2006024309.html/http://www.gbv.d e/dms/bowker/toc/9781929223992.pdf.

Sherman, Jake (2001): Private Sector Actors in Zones of Conflict: Research Challenges and Policy Responses. IPA Workshop Report. A report of the Fafo Institute for Applied Social Science Programme for International Cooperation and Conflict Resolution (PICCR) and the International Peace Academy project on "Economic Agendas in Civil Wars.". Hg. v. International Peace Academy. New York, N.Y.

Suder, Gabriele G. S. (Hg.) (op. 2008): International business under adversity. A Role in Corporate Responsibility, Conflict, Prevention and Peace. Cheltenham ;, Northampton (Mass.): E. Elgar.

Swanson, Philip (2002): Fuelling Conflict. The Oil Industry and Armed Conflict. Economies of Conflict: Private Sector Activity in Armed Conflict. Oslo: Fafo Institute for Applied Social Science.

Sweetman, Derek (2009): Business, conflict resolution, and peacebuilding. Contributions from the private sector to address violent conflict. London: Routledge (Routledge studies in peace and conflict resolution). Online verfügbar unter http://www.gbv.de/dms/sub-hamburg/589681451.pdf.

The Fund for Peace (2011a): Methodology. Conflict Assessment Indicators. Hg. v. The Fund for Peace. The Fund for Peace. Washington, D.C. Online verfügbar unter http://www.fundforpeace.org/global/?q=indicators, zuletzt aktualisiert am 17.12.2011.

The Fund for Peace (2011b): The Failed States Index. The Failed States Index 2011 Interactive Grid. Hg. v. The Fund for Peace und Foreign Policy. The Fund for Peace. Washington, D.C. Online verfügbar unter http://www.fundforpeace.org/global/?q=fsi-grid2011, zuletzt aktualisiert am 17.12.2011.

Themner, L.; Wallensteen, P. (2011): Armed conflict, 1946-2010. In: *Journal of Peace Research* 48 (4), S. 525–536.

Toyota Kirloskar Motors PVT, Ltd (2005): Environment Report 2005. Online verfügbar unter http://www.toyotabharat.com/inen/environment/index.aspx, zuletzt geprüft am 11.11.2011.

Toyota Kirloskar Motors PVT, Ltd (2006a): Environment & Social Report 2006. Online verfügbar unter http://www.toyotabharat.com/inen/environment/index.aspx, zuletzt geprüft am 11.11.2011.

Toyota Kirloskar Motors PVT, Ltd (2006b): Toyota steps in to help parched Ramnagar Town. Online verfügbar unter http://www.toyotabharat.com/inen/news/2006/jul_10.aspx, zuletzt geprüft am 11.11.2011.

Toyota Kirloskar Motors PVT, Ltd (2007): Environment & Social Report 2007. Online verfügbar unter http://www.toyotabharat.com/inen/environment/index.aspx, zuletzt geprüft am 11.11.2011.

Toyota Kirloskar Motors PVT, Ltd (2008): Environment & Social Report 2008. Online verfügbar unter http://www.toyotabharat.com/inen/environment/index.aspx, zuletzt geprüft am 11.11.2011.

Toyota Kirloskar Motors PVT, Ltd (2009): Toyota launches its Technical Education Program in Delhi. Online verfügbar unter http://www.toyotabharat.com/inen/news/2009/nov_6.aspx, zuletzt geprüft am 11.11.2011.

Toyota Kirloskar Motors PVT, Ltd (2010): Sustainability Report 2010. Online verfügbar unter http://www.toyotabharat.com/inen/environment/index.aspx, zuletzt geprüft am 11.11.2011.

Toyota Kirloskar Motors PVT, Ltd (2011a): Social Contribution. Online verfügbar unter http://www.toyotabharat.com/inen/about/social/social_contribution.aspx, zuletzt aktualisiert am 2011, zuletzt geprüft am 11.11.2011.

Toyota Kirloskar Motors PVT, Ltd (2011b): Sustainability Report 2011. Online verfügbar unter http://www.toyotabharat.com/inen/environment/index.aspx, zuletzt geprüft am 11.11.2011.

Toyota Motor Corporation (2002): Environmental Report 2002. Online verfügbar unter http://www.toyota-global.com/sustainability/report/archive/index.html#srer, zuletzt geprüft am 11.11.2011.

Toyota Motor Corporation (2003): Environmental and Social Report 2003. Online verfügbar unter http://www.toyota-global.com/sustainability/report/archive/index.html#srer, zuletzt geprüft am 11.11.2011.

Toyota Motor Corporation (2004): Environmental and Social Report 2004. Online verfügbar unter http://www.toyota-global.com/sustainability/report/archive/index.html#srer, zuletzt geprüft am 11.11.2011.

Toyota Motor Corporation (2005a): Environmental and Social Report 2005. Online verfügbar unter http://www.toyota-global.com/sustainability/report/archive/index.html#srer, zuletzt geprüft am 11.11.2011.

Toyota Motor Corporation (2005b): Neighbors 1. (Worldwide Social Contribution Activities at Toyota) (Vol. 1). Online verfügbar unter http://www.toyota-global.com/sustainability/report/archive/index.html, zuletzt geprüft am 11.11.2011.

Toyota Motor Corporation (2006a): Neighbors 2. (Worldwide Social Contribution Activities at Toyota) (Vol. 2). Online verfügbar unter http://www.toyota-global.com/sustainability/report/archive/index.html, zuletzt geprüft am 11.11.2011.

Toyota Motor Corporation (2006b): Neighbors 3. (Worldwide Social Contribution Activities at Toyota) (Vol. 3). Online verfügbar unter http://www.toyota-global.com/sustainability/report/archive/index.html, zuletzt geprüft am 11.11.2011.

Toyota Motor Corporation (2006c): Sustainability Report 2006. Online verfügbar unter http://www.toyota-global.com/sustainability/report/archive/index.html#srer, zuletzt geprüft am 11.11.2011.

Toyota Motor Corporation (2007a): Neighbors 4. (Worldwide Social Contribution Activities at Toyota) (Vol. 4). Online verfügbar unter http://www.toyota-global.com/sustainability/report/archive/index.html, zuletzt geprüft am 11.11.2011.

Toyota Motor Corporation (2007b): Neighbors 5. (Worldwide Social Contribution Activities at Toyota) (Vol. 5). Online verfügbar unter http://www.toyota-global.com/sustainability/report/archive/index.html, zuletzt geprüft am 11.11.2011.

Toyota Motor Corporation (2007c): Sustainability Report 2007. Online verfügbar unter http://www.toyota-global.com/sustainability/report/archive/index.html#srer, zuletzt geprüft am 11.11.2011.

Toyota Motor Corporation (2008a): Neighbors 6. (Worldwide Social Contribution Activities at Toyota) (Vol. 6). Online verfügbar unter http://www.toyota-global.com/sustainability/report/archive/index.html, zuletzt geprüft am 11.11.2011.

Toyota Motor Corporation (2008b): Sustainability Report 2008. Online verfügbar unter http://www.toyota-global.com/sustainability/report/archive/index.html#srer, zuletzt geprüft am 11.11.2011.

Toyota Motor Corporation (2009a): Neighbors 7. (Worldwide Social Contribution Activities at Toyota) (Vol. 7). Online verfügbar unter http://www.toyota-global.com/sustainability/report/archive/index.html, zuletzt geprüft am 11.11.2011.

Toyota Motor Corporation (2009b): Sustainability Report 2009. Online verfügbar unter http://www.toyota-global.com/sustainability/report/archive/index.html#srer, zuletzt geprüft am 11.11.2011.

Toyota Motor Corporation (2010a): Global Society/Local Communities. Social Contribution. Online verfügbar unter http://www.toyota-global.com/sustainability/csr_initiatives/stakeholders/society/mobility.html, zuletzt geprüft am 11.11.2011.

Toyota Motor Corporation (2010b): Sustainability Report 2010. Online verfügbar unter http://www.toyota-global.com/sustainability/report/archive/index.html#srer, zuletzt geprüft am 11.11.2011.

Toyota Motor Corporation (2011a): Society and Us. In: Toyota Code of Conduct, S. 15–18.

Toyota Motor Corporation (2011b): Sustainability Report 2011. Online verfügbar unter http://www.toyota-global.com/sustainability/report/archive/index.html#srer, zuletzt geprüft am 11.11.2011.

Toyota Motor Corporation (2011c): Toyota Code of Conduct. Online verfügbar unter http://www.toyota-global.com/company/vision_philosophy/toyota_code_of_conduct.html, zuletzt geprüft am 11.11.2011.

Toyota Motor Corporation (2011d): Toyota's Social Contribution Activities Activities. Online verfügbar unter http://www.toyota-global.com/sustainability/report/archive/index.html, zuletzt geprüft am 11.11.2011.

United Nations (2011): Global Compact. Participant Search. United Nations. New York, N.Y. Online verfügbar unter http://www.unglobalcompact.org/participants/search.

United Nations Conference on Trade and Development (2010a): The Top 50 financial TNCs ranked by Geographical Spread Index (GSI). Hg. v. United Nations Conference on Trade and Development. United Nations Conference on Trade and Development. New York, Geneva. Online verfügbar unter http://www.unctad.org/Templates/Page.asp?intItemID=2443&lang=1, zuletzt geprüft am 06.01.2012.

United Nations Conference on Trade and Development (2010b): The world's top 100 non-financial TNCs, ranked by foreign assets. Hg. v. United Nations Conference on Trade and Development. United Nations Conference on Trade and Development. New York, Geneva. Online verfügbar unter http://www.unctad.org/Templates/Page.asp?intItemID=2443&lang=1, zuletzt geprüft am 06.01.2012.

United Nations Conference on Trade and Development (2010c): World Investment Report 2010. ;. Investing in A Low-Carbon Economy: United Nations Environment Programme. Online verfügbar unter http://www.unctad.org/Templates/webflyer.asp?docid=15189&intItemID=6018&lang=1&mode=toc, zuletzt geprüft am 19.12.2011.

United Nations Conference on Trade and Development (2011): Largest Transnational Corporations. Hg. v. United Nations Conference on Trade and Development. United Nations Conference on Trade and Development. New York, Geneva. Online verfügbar unter http://www.unctad.org/Templates/Page.asp?intItemID=2443&lang=1, zuletzt geprüft am 06.01.2012.

United Nations, Secretary-General (2004): The Role of Business in Conflict Prevention, Peacekeeping and Post-Conflict Peacebuilding. Secretary-General's remarks at Security Council. Hg. v. Secretary-General United Nations. United Nations. New York, N.Y. Online verfügbar unter http://www.un.org/sg/statements/index.asp?nid=875, zuletzt geprüft am 11.02.2012.

Uppsala Conflict Data Program (2010): UCDP Conflict Termination Dataset Codebook. Hg. v. Uppsala Universitet. Department of Peace and Conflict Research. Uppsala, Sweden (Version 2010-1-November). Online verfügbar unter http://www.pcr.uu.se/digitalAssets/55/55056_UCDP_Conflict_Termination_Dataset_v_2010-1.pdf, zuletzt geprüft am 25.01.2012.

Uppsala Conflict Data Program (2011): UCDP/PRIO Armed Conflict Dataset Codebook. Hg. v. Uppsala Universitet. Department of Peace and Conflict Research. Uppsala, Sweden (Version 2011-04). Online verfügbar unter http://www.pcr.uu.se/digitalAssets/63/63324_Codebook_UCDP_PRIO_Armed_Conflict_Dataset_v4_2011.pdf, zuletzt geprüft am 25.01.2012.

Uppsala Universitet (Hg.) (2011): Uppsala Conflict Database. Uppsala Conflict Data Program (UCDP). Department of Peace and Conflict Research. Online verfügbar unter http://www.pcr.uu.se/research/ucdp/datasets/, zuletzt geprüft am 22.12.2011.

van Evera, Stephen (1997): Guide to methods for students of political science. 8. printing. Ithaca: Cornell Univ. Press (Cornell paperbacks). Online verfügbar unter http://www.dandelon.com/intelligentSEARCH.nsf/alldocs/C1256E33002DF7C1C1257296002D5E42/.

Venugopal, Rajesh (2010): Business for peace, or peace for business? The role of corporate peace activism in the rise and fall of Sri Lanka's 2001 - 2004 peace process. In: *Corporate social responsibility*, S. 148–164.

Vink, M. P.; van Vliet, O. (2009): Not Quite Crisp, Not Yet Fuzzy? Assessing the Potentials and Pitfalls of Multi-value QCA. In: *Field Methods*.

Visser, Wayne; Matten, Dirk; Pohl, Manfred (Hg.) (2008): The A to Z of Corporate Social Responsibility. A Complete Reference Guide to Concepts, Codes and Organisations: John Wiley & Sons Inc.

Voppel, Götz (1999): Wirtschaftsgeographie. Räumliche Ordnung der Weltwirtschaft unter marktwirtschaftlichen Bedingungen ; mit 25 Tabellen. Stuttgart: Teubner (Teubner-Studienbücher der Geographie).

Wal-Mart Stores Inc. (2005): 2005 Report on Ethical Sourcing. Wal-Mart Stores Inc. Online verfügbar unter http://corporate.walmart.com/global-responsibility/environment-sustainability/global-responsibility-report, zuletzt geprüft am 11.11.2011.

Wal-Mart Stores Inc. (2006): 2006 Report on Ethical Sourcing. Wal-Mart Stores Inc. Online verfügbar unter http://corporate.walmart.com/global-responsibility/environment-sustainability/global-responsibility-report, zuletzt geprüft am 11.11.2011.

Wal-Mart Stores Inc. (2008): 2007-2008 Sustainability Progress Report. Wal-Mart Stores Inc. Online verfügbar unter http://corporate.walmart.com/global-responsibility/environment-sustainability/global-responsibility-report, zuletzt geprüft am 11.11.2011.

Wal-Mart Stores Inc. (2009): 2009 Global Sustainability Report. Wal-Mart Stores Inc. Online verfügbar unter http://corporate.walmart.com/global-responsibility/environment-sustainability/global-responsibility-report, zuletzt geprüft am 11.11.2011.

Wal-Mart Stores Inc. (2010): Global Sustainability Report 2010. Progress Update. Wal-Mart Stores Inc. Online verfügbar unter http://corporate.walmart.com/global-responsibility/environment-sustainability/global-responsibility-report, zuletzt geprüft am 11.11.2011.

Weber, Max (1988): Gesammelte Aufsätze zur Wissenschaftslehre. 7. Aufl. Hg. v. Johannes Winckelmann. Tübingen: Mohr (Soziologie, 1492).

Weber, Max; Shils, Edward (1949): The methodology of the social sciences;. Glencoe [Ill.]: Free Press.

Weller, Christoph (2006): Globalisierung, transnationale Konflikte und der Frieden in der Weltgesellschaft. Hg. v. Online-Akademie der Friedrich-Ebert-Stiftung. Online-Akademie der Friedrich-Ebert-Stiftung. Bonn. Online verfügbar unter http://www.fes-online-akademie.de/down-load.php?d=christoph_weller.pdf.

Wenger, Andreas; Möckli, Daniel (2003): Conflict prevention. The untapped potential of the business sector. Boulder, Colo.: Lynne Rienner. Online verfügbar unter http://www.gbv.de/dms/hbz/toc/ht013594002.pdf.

White, Joseph B.; Albright, Madeleine (2002): Interview: The Business of Peace. In: *Vanderbilt Journal of Transitional Law* 35 (2), S. 697–701.

Wight, Colin (2003): Philosophy of Social Science and Internatinonal Relations. In: Walter Carlsnaes, Thomas Risse-Kappen und Beth A. Simmons (Hg.): Handbook of international relations. London ;, Thousand Oaks, Calif: SAGE Publications, S. 23–51.

Williams, Oliver F. (2008): Peace through commerce. Responsible corporate citizenship and the ideals of the United Nations global compact. Notre Dame, Ind.: Univ. of Notre Dame Press (John W. Houck Notre Dame series in business ethics). Online verfügbar unter http://www.gbv.de/dms/zbw/571138888.pdf.

Windisch, Rupert (1987): Privatisierung natürlicher Monopole im Bereich von Bahn, Post und Telekommunikation. Tübingen: Mohr (Wirtschaftswissenschaftliche und wirtschaftsrechtliche Untersuchungen, 22).

Windsor, Duane (op. 2008): The sustainable peace roles of international extractive industries. In: Gabriele G. S. Suder (Hg.): International business under adversity. A Role in Corporate Responsibility, Conflict, Prevention and Peace. Cheltenham ;, Northampton (Mass.): E. Elgar, S. 119–139.

Wolf, K. D.; Deitelhoff, N.; Engert, S. (2007): Corporate Security Responsibility: Towards a Conceptual Framework for a Comparative Research Agenda. In: *Cooperation and Conflict* 42 (3), S. 294–320.

Wolf, Klaus Dieter (2005): Möglichkeiten und Grenzen der Selbststeuerung als gemeinwohlverträglicher politischer Steuerungsform. In: *Zeitschrift für Wirtschafts- und Unternehmensethik* 6 (1), S. 51–68.

Wolf, Klaus Dieter (2008): Emerging patterns of global governance: the new interplay between the state, business and civil society. In: Andreas Georg

Scherer und Guido Palazzo (Hg.): Handbook of research on global corporate citizenship. Cheltenham, UK;, Northampton, MA: Edward Elgar, S. 225–248.

Wolf, Klaus Dieter (2010): Output, Outcome, Impact: Focusing the Analytical Lens for Evaluating the Success of Corporate Contributions to Peace-Building and Conflict Prevention. Hessische Stiftung Friedens- und Konfliktforschung. Frankfurt am Main (PRIF Working Paper, 3).

World Association of Non-Governmental Organizations (WANGO) (2011): Worldwide NGO Directory. Hg. v. World Association of Non-Governmental Organizations (WANGO). World Association of Non-Governmental Organizations (WANGO). Online verfügbar unter http://www.wango.org/resources.aspx?section=ngodir, zuletzt aktualisiert am 17.12.2011.

World Bank (2011): World dataBank. World Development Indicators & Global Development Finance. Washington, D.C. Online verfügbar unter http://databank.worldbank.org/ddp/home.do?Step=1&id=4, zuletzt geprüft am 20.12.2011.

Zürn, Michael (2003): From Interdependence to Globalization. In: Walter Carlsnaes, Thomas Risse-Kappen und Beth A. Simmons (Hg.): Handbook of international relations, Bd. 1. London;, Thousand Oaks, Calif: SAGE Publications, S. 235–254.

Annex I

Variablenart	Variablenbezeichnung	Kodierung
Abhängig	Corporate Security Responsibility	CSECR
Unabhängig	Größe	SZE
	Rechtsähnliche Zuordnung von Haftung bzw. Verantwortlichkeit	ACCGC
	Unternehmensethik	COD
	Produktsichtbarkeit (Imageabhängigkeit)	BREQ
	Anlagen- und Ressourcennähe („sunk costs")	ANLSUNK
	Staatliche Fehlfunktion	FAILSTA
	Dichte von NGOs (Aktivitäten)	NGO
	Wettbewerb	COMP
	Konfliktgegenstand	COISSU
	Konfliktphase	COPHAS

Quelle: Eigene Darstellung.

Annex II

SZE{0} * COD{1} * BREQ{0} * ANLSUNK{0} * FAILSTA{2} * NGO{1} * COMPT{1} * COISSU{1} * COPHAS{0} +
(ABB Ltd. (Nigeria)+Roche Group (Nigeria))

SZE{0} * ACCGC{1} * COD{1} * BREQ{0} * ANLSUNK{1} * FAILSTA{0} * NGO{1} * COMPT{1} * COISSU{0} * COPHAS{2} +
(ABB Ltd. (Indonesia),BASF AG (Indonesia))

SZE{1} * ACCGC{0} * COD{1} * BREQ{0} * ANLSUNK{1} * FAILSTA{2} * NGO{1} * COMPT{0} * COISSU{1} * COPHAS{0} +
(Air Liquide (Nigeria))

SZE{1} * ACCGC{0} * COD{1} * BREQ{0} * ANLSUNK{1} * FAILSTA{1} * NGO{1} * COMPT{0} * COISSU{1} * COPHAS{1} +
(Air Liquide (India))

SZE{1} * ACCGC{0} * COD{1} * BREQ{0} * ANLSUNK{1} * FAILSTA{0} * NGO{1} * COMPT{0} * COISSU{0} * COPHAS{2} +
(Air Liquide (Indonesia))

SZE{0} * ACCGC{1} * COD{1} * BREQ{0} * ANLSUNK{1} * FAILSTA{2} * NGO{1} * COMPT{2} * COISSU{1} * COPHAS{0} +
(Deutsche Post AG (Nigeria))

SZE{0} * ACCGC{1} * COD{1} * BREQ{2} * ANLSUNK{0} * FAILSTA{2} * NGO{0} * COMPT{1} * COISSU{1} * COPHAS{0} +
(Mitsubishi Corporation (Nigeria))

SZE{0} * ACCGC{0} * COD{1} * BREQ{0} * ANLSUNK{0} * FAILSTA{1} * NGO{1} * COMPT{1} * COISSU{1} * COPHAS{1} +
(Roche Group (India))

SZE{0} * ACCGC{1} * COD{1} * BREQ{1} * ANLSUNK{0} * FAILSTA{0} * NGO{2} * COMPT{0} * COISSU{0} * COPHAS{2} +
(Royal Dutch/Shell Group (Indonesia))

SZE{0} * ACCGC{0} * COD{1} * BREQ{1} * ANLSUNK{0} * FAILSTA{2} * NGO{0} * COMPT{1} * COISSU{1} * COPHAS{0} +
(Toyota Motor Corporation (Nigeria))

SZE{0} * ACCGC{0} * COD{1} * BREQ{1} * ANLSUNK{1} * FAILSTA{0} * NGO{0} * COMPT{1} * COISSU{0} * COPHAS{2} +
(Toyota Motor Corporation (Indonesia))

SZE{2} * ACCGC{0} * COD{1} * BREQ{0} * ANLSUNK{0} * FAILSTA{2} * NGO{2} * COMPT{2} * COISSU{1} * COPHAS{0} +
(WPP Group Plc (Nigeria))

SZE{2} * ACCGC{0} * COD{1} * BREQ{0} * ANLSUNK{0} * FAILSTA{1} * NGO{2} * COMPT{2} * COISSU{1} * COPHAS{1} +
(WPP Group Plc (India))

SZE{2} * ACCGC{0} * COD{1} * BREQ{0} * ANLSUNK{0} * FAILSTA{0} * NGO{2} * COMPT{2} * COISSU{0} * COPHAS{2} +
(WPP Group Plc (Indonesia))

SZE{0} * ACCGC{0} * COD{1} * BREQ{1} * ANLSUNK{0} * FAILSTA{2} * NGO{2} * COMPT{2} * COISSU{1} * COPHAS{0} +
(Wal-Mart Stores (Nigeria))

SZE{0} * ACCGC{1} * COD{1} * BREQ{0} * ANLSUNK{0} * FAILSTA{1} * NGO{0} * COMPT{0} * COISSU{1} * COPHAS{1} +
(ArcelorMittal (India))

SZE{0} * ACCGC{1} * COD{1} * BREQ{0} * ANLSUNK{0} * FAILSTA{0} * NGO{0} * COMPT{0} * COISSU{0} * COPHAS{2} +
(ArcelorMittal (Indonesia))

SZE{1} * ACCGC{1} * COD{1} * BREQ{0} * ANLSUNK{1} * FAILSTA{1} * NGO{1} * COMPT{1} * COISSU{1} * COPHAS{1} +
(Eads NV (India))

SZE{1} * ACCGC{1} * COD{1} * BREQ{0} * ANLSUNK{0} * FAILSTA{0} * NGO{1} * COMPT{1} * COISSU{0} * COPHAS{2} +
(Eads NV (Indonesia))

SZE{2} * ACCGC{1} * COD{1} * BREQ{0} * ANLSUNK{1} * FAILSTA{0} * NGO{1} * COMPT{1} * COISSU{1} * COPHAS{1} +
(Grupo Ferrovial (India))

SZE{0} * ACCGC{0} * COD{1} * BREQ{2} * ANLSUNK{1} * FAILSTA{1} * NGO{0} * COMPT{1} * COISSU{0} * COPHAS{2} +
(Hutchison Whampoa Limited (Indonesia))

SZE{0} * ACCGC{1} * COD{1} * BREQ{1} * ANLSUNK{1} * FAILSTA{0} * NGO{1} * COMPT{1} * COISSU{1} * COPHAS{1} +
(Anheuser-Busch Inbev SA (India))

SZE{0} * ACCGC{0} * COD{1} * BREQ{1} * ANLSUNK{0} * FAILSTA{0} * NGO{2} * COMPT{0} * COISSU{1} * COPHAS{1}
(Vodafone Group Plc (India))

Quelle: Eigene Aufbereitung auf Grundlage von „Tosmana Report der *Tosmana* Version 1.3.2, vgl. Annex 21-24.

Annex III

Die folgenden kursorischen Fallstudien dienen der Messung der *CSecR* sowie zur Bewertung des Konfliktgegenstandes für die *Output*- bzw. *Outcome*-Dimension. Wie in der Operationalisierung dargestellt, kann die Messung nicht für alle Variablen in einer systematischen Form erfolgen, sondern muss qualitativ, von Fall zu Fall unternommen werden.

Indien

In Indien liegt der Fokus der Untersuchung auf dem Konflikt mit den Naxaliten. Die Bezeichnung der Naxaliten als solche geht zurück auf den Bauernaufstand von Naxalbari (West-Bengal) im Jahr 1967.[505] Im Zuge dessen entstand die maoistische Guerillabewegung der Naxaliten.[506] Noch heute sind diese Gruppen in 40 % des indischen Territoriums aktiv, wobei vor allem Anhängerschaften der Adivasi (der indischen Ureinwohner), die in der sog. untersten Kaste der indischen Gesellschaft verortet sind, in den ländlichen Regionen beheimatete sind und von der Landwirtschaft leben.[507]

Inzwischen sind in machen Bundesstaaten „Parallelgesellschaften" aufgebaut worden, in denen die Naxaliten das regionale Schul- und Justizwesen nahezu steuern und damit den staatlichen Einfluss deutlich mindern.[508] Doch findet sich hier kein klassischer Terrorismus, sondern eher ein Partisanenkrieg, der eine Vielzahl von Anhängern benötigt und auf Infrastruktur und sicherheitspolitische Aspekte abzielt (Brückenbesetzung, Angriffe auf Polizeistationen). Dennoch qualifiziert die Gewalt gewissermaßen für die Definition „Terrorismus". Gleichzeitig ist für diese Gewalt auch eine breite militärische Basis erforderlich.[509]

Die Regierung Indiens stand den Zuständen jahrelang hilflos gegenüber, bis 2006 ein Umdenken der Regierung stattgefunden hat: Neigte sie früher eher

---

[505] Getzschmann 2011, S. 13.
[506] Getzschmann 2011, S. 13.
[507] Getzschmann 2011, S. 13 f.
[508] Getzschmann 2011, S. 221, 364.
[509] Getzschmann 2011, S. 13 ff.

zu militärischem Eingreifen oder Polizeigewalt und -präsenz, wird die Situation nunmehr zunehmend hinterfragt und nach der grundsätzlichen Ursache gesucht.

Angeblich treiben Probleme wie Zukunftslosigkeit oder Armut die Menschen zu den Naxaliten, allerdings gibt es dafür keine sicheren Erkenntnisse oder Untersuchungen. Vielmehr wird vermutet, dass dies nur einige wenige von vielen Annahmen sind, nicht jedoch die Hauptursache für den bewaffneten Konflikt darstellen (sozioökonomische Ursachen).[510]

Im Zuge der gesellschaftlichen und ökonomischen Entwicklung Indiens kam es zu Veränderungen in den Produktionsverhältnissen, die zunehmend industrialisiert wurden. Hilfeleistungen an Landwirte kamen allerdings durch Naxaliten, denn weder Staat noch andere Einrichtungen kamen für die Folgen der Industrialisierung mit Entschädigungszahlungen auf.[511] Im Zuge dessen kam es weiterhin zur Verwehrung des Zugangs zu Ressourcen, sodass die Landwirte gezwungen waren, ihre Produkte für wenig Geld an Zwischenhändler zu verkaufen.[512] Zwangsumsiedlungen waren die Folge, da aufgrund von Großprojekten, wie Staudämmen, insgesamt bis zu 60 Millionen Menschen, darunter vor allem Adivasi, ihre Ländereien verlassen mussten.[513]

Statistische Daten zeigen, dass in den Jahren 2009 / 2010 in 20 von 26 Staaten, Konflikte zwischen der Regierung und den Naxaliten auftraten, wobei 998 Tote zu beklagen waren und der Konflikt weiterhin als akut eingestuft wird.[514]

Der Kampf gegen die Gruppen wird seitens der Regierung seit 2009 noch stärker in den Fokus gerückt. Hierzu finden sich diverse Pressemitteilungen der Regierung, wie etwa vom 8. Juli 2009:

---

[510] Getzschmann 2011, S. 16 f.
[511] Getzschmann 2011, S. 277 f.
[512] Getzschmann 2011, S. 271.
[513] Getzschmann 2011, S. 195 ff.
[514] Getzschmann 2011, S. 220.

„die Regierung hat eine integrierte Herangehensweise im Umgang mit linksextremistischen Aktivitäten im Bereich Sicherheit, Entwicklung und öffentlicher Teilhabe beschlossen. Die entsprechenden Bundesstaaten sind für die verschiedenen Probleme verantwortlich, die im Zusammenhang mit der Naxalitenaktivitäten [...] stehen. Die Zentralregierung unterstützt ihre Bemühungen auf verschiedene Weise [...]."[515]

Dabei kann die indische Regierung auch auf die Unterstützung durch andere Gruppen zählen, etwa den Salwa Judum, die als Bürgerwehr ohne gesetzliche Grundlage vom Staat entlohnt werden.[516]

Nigeria

In Nigeria gibt es über 250 unterschiedliche ethnische Gruppen, oft mit eigener Sprache, von denen zwei Drittel den Hausa-Fulani, den Yoruba bzw. den Igbo angehören.[517] Im Norden sind die Menschen vorrangig islamischen Glaubens, wohingegen im Süden Christen die Mehrheit stellen. Zwischen diesen beiden Teilen verläuft jedoch keine genaue Trennlinie, sodass sich die Verteilung auch nicht ausschließlich derart darstellt. Die führende Elite, unterstützt durch Großunternehmen, und das von ethischen Interessen geleitete Militär, entfernen sich immer mehr von der nicht-elitären Bevölkerung, die in bitterer Armut lebt und keinerlei Ambitionen auf sozialen Aufstieg hegt.[518] Hierbei ist von Bedeutung, dass im Norden bedeutend mehr Menschen in Armut leben. Außerdem ist die Gesundheitsversorgung schlechter als in den südlichen, vorrangig christlich geprägten Gebieten.[519] Das Land weist insgesamt eine sehr hohe Arbeitslosigkeit auf, besonders unter Jugendlichen, wobei Schätzungen zufolge das Verhältnis von Muslimen zu Christen nahezu gleich ist.[520]

Nach Etablierung demokratischer Strukturen nach 1999 veränderten sich die Interessen der Gesellschaft.[521] Beherrschte lange Zeit der Kampf für Demokratie die Agenda, so stehen nun Marginalisierung, Ressourcenkontrolle und Bekämpfung von Ungleichheiten im Vordergrund, wobei besonders das Niger-Delta, wo militante Gruppen entstanden sind, die gewaltsam für jene

---

[515] Getzschmann 2011, S. 220.
[516] Getzschmann 2011, S. 285 f.
[517] Campbell 2011, S. XIV.
[518] Campbell 2011, S. XIV.
[519] Campbell 2011, S. 11.
[520] Imobighe 2003, S. 14.
[521] Imobighe 2003, S. 9 f.

Forderungen eintreten, immer wieder einen Krisenherd in der Region darstellt.[522]

Insgesamt entstanden im Prozess nach der Demokratisierung sehr viele
Gruppen, die ethnisch unterschiedlich geprägt sind, allerdings sind auf-
grund der Dynamik jenes Prozesses zunehmend ethnische Interessen in den
Fokus der Forderungen gerückt, die wiederum immer radikaler geworden
sind. In diesem Sinne fördert nicht nur der Kampf der Gruppen untereinan-
der und gegen den Staat die Militarisierung der Gruppen, sondern auch das
Vertreten der Interessen mit Waffengewalt bzw. zunehmende Militanz und
Waffenschmuggel.[523]

Die aktuelle Situation besteht, weil jede Volksgruppe eng mit der Religion
verhaftet ist.[524] Die jeweils die Gruppen direkt umgebende Umwelt zeichnet
sich durch ungleiche Verteilung von Ressourcen, Wettbewerb um seltene
Rohstoffe sowie lebensnotwendige Bedarfsgüter, aber auch durch andere
Vorstellungen in Bezug auf politische und ökonomische Ziele aus.[525]

Das Land ist geprägt von ethnischen bzw. ethnisch-religiösen und politischen Konflikten, wobei der Staat allein nicht in der Lage ist, die Konflikte
zu lösen; sei es aus mangelnder Kompetenz im Konfliktmanagement oder
anderen Gründen.[526] Daher Bedarf es anderer Institutionen oder Partner innerhalb der Gesellschaft, die sich dem Konflikt annehmen.[527] Dabei sowie in
Bezug auf die Stärkung der Demokratie und Weitergabe von Informationen
spielt die Open Society Initiative for West Africa (OSIWA) eine nicht zu ver-
achtende Rolle.[528]

Weiterhin ist auch der „Sharia-Konflikt" im größten afrikanischen Land von
großer Bedeutung, nicht zuletzt, weil er direkt mit religiösen Aspekten verbunden ist. In den nördlichen Gebieten des Landes gelten teilweise die Ge-

---

[522] Imobighe 2003, S. 9 f.
[523] Imobighe 2003, S. 15.
[524] Imobighe 2003, S. 25.
[525] Imobighe 2003, S. 33.
[526] Imobighe 2003, S. 36.
[527] Imobighe 2003, S. 259 f.
[528] Harnischfeger 2008, S. 207 ff.

setze der Sharia, wobei sich die christliche Vertretung zu einer neutralen Haltung bekennt und akzeptiert, dass die Sharia in familiären Konflikten zum Einsatz kommt; eine generelle Übertragung dieser auf die Rechtsprechung akzeptiert sie jedoch nicht.[529] Auch die Frage nach der Vorherrschaft und führenden Rolle im Land ist hierbei bedeutsam.[530] Radikale Muslime, die sich unter anderem in der sog. Boko Haram-Gruppe organisieren, versuchen diese mit Gewalt einzufordern und zu erreichen.[531]

Indonesien

Zwischen 1997 und 2002 wurden in Indonesien, aufgrund gesellschaftlicher Konflikte, ca. 10.000 Menschen getötet. Sie sind Opfer ethnischer Gewalt geworden, speziell von Auseinandersetzungen zwischen Muslimen und Christen.[532]

Die späten 1990er Jahre brachten die Gefahr der Destabilisierung des Landes mit sich, wobei gleichzeitig die Schwäche der staatlichen Streitkräfte deutlich wurde; diese waren zu keinem Zeitpunkt Herr der Lage gewesen.[533]

Der Kern des Konfliktes bestand darin, dass sich Teile der Gesellschaft unterrepräsentiert und benachteiligt fühlten, etwa ethnische Minderheiten, denen der Zugang zu Ressourcen verhindert wurde.[534]

Umwälzende politische Veränderungen nach 1998 führten zu Demonstrationen und zum Versuch der Einflussnahme durch die unterschiedlichen ethnischen Gruppen.[535] Dabei verdeutlichte sich, dass besonders Transmigration zwischen den zahlreichen Inseln, unterschiedliche Entwicklungen der einzelnen Gruppen und Gebiete zeitigte, wodurch sich auch die wirtschaftliche Situation ungewöhnlich stark wandte; die Nachfrage in bestimmten Regionen stieg, in anderen hingegen kaum.[536]

---

[529] Harnischfeger 2008, S. 207 ff.
[530] Harnischfeger 2008, S. 13 ff.; 217 ff.
[531] Campbell 2011, S. 25; 52 f.; 60.
[532] Bertrand 2004, S. 1.
[533] Bertrand 2004, S. 2.
[534] Bertrand 2004, S. 4; 9 ff.
[535] Bertrand 2004, S. 5.
[536] Bertrand 2004, S. 91 ff.

Dabei spielten sowohl Programme zur Transmigration, durch welche Muslime wieder in muslimisch geprägte Regionen „in-migrierten", als auch die selbstbestimmte Transmigration eine wesentliche Rolle. In den Gebieten, in denen die „In-Migranten" in den 1980er Jahren hauptsächlich heimisch wurden, brach 1999 prozentual eher selten ein Konflikt aus. Jedoch entstanden Probleme zwischen Migranten und Einheimischen, weil sich ethnische und religiöse Vorstellungen mit ökonomischen und politischen Faktoren vermischten. Der Glaube führte jedoch nicht nur zu Fanatismus, sondern bildete auch die einzige Form der Selbstachtung und des Selbstbewusstseins, abgesehen vom gesellschaftlichen Druck auf die Individuen und der Einschränkung ihrer Freiheit.[537] Dennoch gelang letztendlich die Integration, woraus schließlich eine Nation in Indonesien (inklusive Nationalismus) resultierte.[538]

---

[537] Bertrand 2004, S. 99 ff.
[538] Bertrand 2004, S. 161 f.

Annex IV

Unternehmensengagement in Form von CSecR in Nigeria

In Nigeria lässt sich hinsichtlich einer direkten *CSecR* folgendes finden:

General Electric (GE) führt in Nigeria zahlreiche Maßnahmen durch, die im Sinne einer direkten *CSecR* zu verstehen sind.[539] Aus den „Policy Grands" geht hervor, dass es für GE nicht ausreicht, wenn Gesetze in Konflikt- bzw. Krisenregionen „geschrieben" stehen. Vielmehr fordert GE mit dem „World Justice Project", dass Einsatz gezeigt und auf Konferenzen für deren Implementierung und Exekution geworben wird. Andererseits versorgt GE Krankenhäuser direkt mit Gütern und Geräten, durch welche die medizinische Versorgung der Menschen in den Konfliktgebieten verbessert wird (etwa Sinken der Kindersterblichkeitsrate). Weiterhin förderte GE im „Women Network", Frauen mit unterschiedlicher gesellschaftlicher und kultureller Prägung und führte diese zusammen, mit dem Ziel, deren Sozialkontakte bzw. soziale Teilhabe zu verbessern und in Sinne einer Plattform den kulturellen Austausch zu befördern. Schließlich werden im „Nigerian National Youth Service" junge Menschen über Bildungsoffensiven an die kulturelle Diversität herangeführt und über diese aufgeklärt.

Shell verfolgt in Nigeria ebenfalls eine offensive Linie, welche die Kriterien der *CSecR* erfüllt.[540] Unter anderem wird unter dem Begriff „Gbaron Ubie" ein Projekt durchgeführt, welches die soziale Situation, die Gesundheit und die Infrastruktur, etwa durch den Bau von Brücken und Trinkwasseranlagen, Schulen, Verwaltungsgebäuden und Anlagen zur Erzeugung von Elektrizität, verbessern soll. Weiterhin wurde im Rahmen der „Economic Contribution" Unterstützung für öffentliche Projekte zugesagt, bei denen eine enge

---

[539] Vgl. General Electric (GE) 2005, 2006, 2007, 2008a, 2008b, 2009, 2010a, 2010b, 2010c, 2010d, 2011a, 2011b, 2011, 2011, 2011d, 2011c, 2011e, 2011, 2011, 2011f, 2011g, 2011h, 2011i, 2011j.

[540] Vgl. Royal Dutch Shell plc 2001, 2002, 2003, 2004, 2005, 2006, 2007b, 2007a, 2008a, 2008b, 2009, 2009a, 2009b, 2010a, 2010b, 2010c, 2011c, 2011d, 2011e, 2011f, 2011h, 2011k, 2011m, 2011n, 2011o, 2011p, 2011r, 2011s, 2011u, 2011v, 2011w, 2011x, 2011y, 2011z, 2011aa, 2011ab, 2011ac, 2011ag, 2011ah, 2011ai, 2011aj, 2011ap, 2011a, 2011b, 2011g, 2011i, 2011j, 2011l, 2011q, 2011t, 2011ad, 2011ae, 2011af, 2011ak, 2011al, 2011am, 2011an, 2011ao.

Zusammenarbeit mit der Regierung und der „Niger Delta Development Group" bekannt wurde, durch welche einerseits mehr Investitionen in die Agrarwirtschaft sowie Bildung erreicht, andererseits kleine Unternehmen unterstützt und einen Verbesserung der medizinischen Versorgung gewährleistet werden sollen. Schließlich wird seitens der Shell-Group in den Themenkomplexen Sicherheit und Training kräftig investiert. Dabei wird hauptsächlich Sicherheitspersonal eingestellt, das die Güter des Unternehmens sowie die Mitarbeiter und deren Familienmitglieder schützt; zudem bestehen zahlreiche Trainingsmaßnahmen. Seit 2010 werden sogar im Konflikt involvierte Militante bei der Rückkehr in die Gesellschaft unterstützt; das Programm soll Besagte wieder in ein Arbeitsverhältnis führen.

Unternehmensengagement in Form von CSecR in Indien und Indonesien

In Indien lässt sich in Bezug auf eine direkte *CSecR* folgendes finden:

Für ABB kann aufgrund unterschiedlicher Initiativen von einer *CSecR* gesprochen werden.[541] So versorgt ABB bspw. mit der Initiative „Working in the Community" Schulen, die in der Nähe der Produktionsstätten liegen, mit Mittagessen. Weiterhin startete ABB, gemeinsam mit dem WWF, ein Projekt zur elektrischen Versorgung von Menschen in abgelegenen Dörfern, wobei die Möglichkeiten zur Elektrizitätsversorgung unter anderem durch Solarenergie ermöglicht wurde; laut Report profitierten 8.000 Menschen davon und haben nun längere Tage. In einem anderen Sustainability Review erwähnte ABB, dass Schulen gebaut bzw. renoviert, Toiletten saniert und Schülerinnen und Schülern vor allem Trinkwasser bereitgestellt wurde; gesprochen wurde in diesem Zusammenhang auch von genereller Bildungsförderung.

BASF setzt sich durch den Bau von Trinkwasserspeichern und neu geschaffener Wasser-Labore für Schulen direkt für den Ausbau der Infrastruktur ein. Außerdem kämpft BASF mit dem „Citizens Guide" aktiv gegen Korruption,

---

[541] Vgl. ABB Asea Brown Boveri Ltd. 2000, 2001, 2002a, 2002b, 2003, 2004b, 2004a, 2005b, 2005a, 2006a, 2006b, 2006c, 2007, 2008, 2009, 2010a, 2010, 2010b, 2011a, 2011b, 2011c, 2011d, 2011e, 2012.

indem Maßnahmen zur Aufklärung, zu einer besseren Informationspolitik sowie zu einer im Allgemeinen besseren Politik unterstützt werden.[542]

Auch Mitsubishi engagiert sich im Ausbau der Infrastruktur und sorgt durch zur Verfügung stellen von Straßenlampen für Elektrizität in abgelegen Dörfern. Außerdem wirkt sich Agrarförderung in beachtlichem Rahmen positiv auf die Lebensverhältnisse der Landwirte aus.[543]

Alle anderen Unternehmen führen, wenn überhaupt, nur indirekte Maßnahmen durch, welche sich auf Spenden und dadurch verbunden Projekte beziehen (bspw. in Indonesien).[544] Dazu zählen Bildungsinitiativen, Baumpflanzungen und sog. „Volunteer Days", an denen zumeist Mitarbeiter soziales Engagement im Allgemeinen zeigen; diese Initiativen sind weitestgehend freiwillig.

Abgesehen von den in vorstehender, kursorischer Fallstudie genannten Maßnahmen, die gemäß Operationalisierung in 3.2 signifikant für die Messung von *CSecR* sind, finden sich auf den Unternehmensseiten sowie in den jährlichen Berichten der Unternehmen weitere (indirekte) Initiativen und Maßnahmen. Dies gilt besonders für die *indirekte CSecR* der Unternehmen in Indonesien. All diese Quellen sind auf der für vorliegende Arbeit eigens eingerichteten Internetseite im Ordner „Empirie" vollständig einseh- und herunterladbar (vgl. Vorwort zum Buch), sodass die Messung der *CSecR* insgesamt darüber nachvollzogen werden kann und damit im wissenschaftlichen Sinne belegt ist.

Für Indonesien war aus den zur Verfügung stehenden Quellen eine indirekte *CSecR* von folgenden Unternehmen herauszulesen: Deutsche Post DHL, General Electric (GE), Mitsubishi Corporation und Roche. Aufgrund des kursorischen Charakters der Fallstudien sowie in Anbetracht der Tatsache, dass es

---

[542] Vgl. BASF 2011b, 2001, 2002, 2004, 2005, 2007a, 2007b, 2009, 2010a, 2010b, 2011a.
[543] Vgl. Mitsubishi Corporation 2005, 2006, 2007, 2008, 2009, 2010, 2011a, 2011b.
[544] Vgl. F. Hoffmann-La Roche AG 2011b, 2006, 2007a, 2001, 2002, 2003a, 2003b, 2004a, 2004b, 2005, 2007b, 2010a, 2010b, 2010c, 2010d, 2010e, 2011a; Toyota Motor Corporation 2011d; Toyota Kirloskar Motors PVT 2005, 2006a, 2006b, 2007, 2008, 2009, 2010, 2011a, 2011b; Toyota Motor Corporation 2002, 2003, 2004, 2005a, 2005b, 2006a, 2006b, 2006c, 2007a, 2007b, 2007c, 2008a, 2008b, 2009a, 2009b, 2010a, 2010b, 2011a, 2011b, 2011c; Bharti Walmart Private Ltd.; Wal-Mart Stores Inc. 2005, 2006, 2008, 2009, 2010.

sich "nur" um eine indirekte *CSecR* handelt, sollen die einzelnen Initiativen hier nicht nochmals explizit wiedergegeben werden. Sie sind jedoch im Sinne des vorstehenden Absatzes zu Indien sowie gemäß wissenschaftlicher Praxis belegt und auf der eigens für diese Arbeit eingerichteten Internetseite vollständig einseh- und herunterladbar (vgl. Vorwort des Buches).

ibidem-Verlag

Melchiorstr. 15

D-70439 Stuttgart

info@ibidem-verlag.de

www.ibidem-verlag.de
www.ibidem.eu
www.edition-noema.de
www.autorenbetreuung.de

www.ingramcontent.com/pod-product-compliance
Lightning Source LLC
Chambersburg PA
CBHW061146220326
41599CB00025B/4377